Couverture inférieure manquante

Début d'une série de documents
en couleur

27748

Conserver la Cocaïne

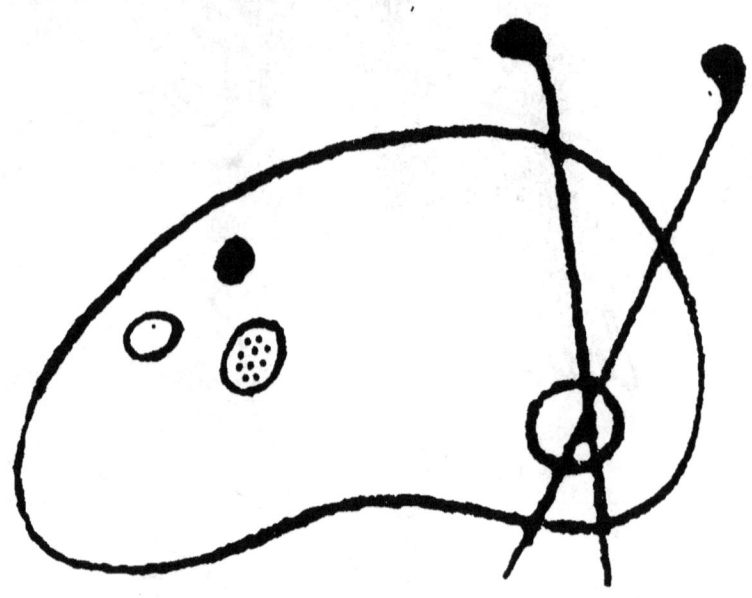

Fin d'une série de documents en couleur

10 fes in-16 Dble couronne
1250 ex.

8° Y² 50553

LE
ROMAN DU PRINCE OTHON

AUTRES OUVRAGES DU TRADUCTEUR

THE LIGHT OF SCARTHEY, a Romance.
> London, Osgood, Mc Ilvaine and Co.
> George Bell and Sons' Colonial Library.

CONSEQUENCES, a Novel.
> New York, D. Appleton and Co.
> Tauchnitz's Collection of British Authors.
> London, Richard Bentley and Son.

"LA BELLA" AND OTHERS, Studies of Character and Action.
> London, Cassells and Company, Ld.
> New York, D. Appleton and Company.
> Tauchnitz's Collection of British Authors.

SCHOOLS AND MASTERS OF FENCE, a History of the Fencing Art (Illustrated).
> London George Bell and Sons.
> New York, Macmillan and Co.

L'ESCRIME ET LES ESCRIMEURS (Traduction A. Fierlants).
> Paris, Paul Ollendorff.

ENGLISH BOOK-PLATES, Ancient and Modern (Illustrated).
> London, George Bell and Sons.
> New York, Macmillan and Co.

THE JERNINGHAM LETTERS (1782-1848). — Excerpts from the Correspondence and Diaries of the Honourable Lady Jerningham, and of her daughter, Lady Bedingfeld, Edited, with Notes, by Egerton Castle, M.A., F.S.A.
> London, Richard Bentley and Son.

THE LORD OF TOLLENDHAL.
> London, Rickard Bentley and Son.

> Sous presse.)

R. L. STEVENSON

Le Roman
du
Prince Othon

TRADUIT DE L'ANGLAIS

PAR

EGERTON CASTLE

PARIS
LIBRAIRIE ACADÉMIQUE DIDIER
PERRIN ET Cie, LIBRAIRES-ÉDITEURS
35, QUAI DES GRANDS-AUGUSTINS, 35
1897
Tous droits réservés.

(DÉDICACE DU TRADUCTEUR)

A

SIR FRÉDÉRICK POLLOCK, Baronnet,

MAÎTRE ÈS ARTS, DOCTEUR EN DROIT, MEMBRE
CORRESPONDANT DE L'INSTITUT DE FRANCE,
PROFESSEUR DE JURISPRUDENCE
A L'UNIVERSITÉ D'OXFORD,
ETC., ETC.

C'est à vous, mon cher Sir Frédérick, à l'ami et à l'homme de lettres, que je dédie ce volume. Quelle que soit votre opinion comme critique sur le résultat de ce travail, je sais qu'il aura au moins un mérite à vos yeux, celui d'être un tribut d'admiration pour un écrivain dont vous appréciez si hautement le génie.

Je prends donc plaisir à inscrire votre nom en tête d'un ouvrage qui, malgré ses difficultés sans cesse renouvelées, a été plein de charme pour moi, et dont vous, linguiste savant, m'avez fait voir tous les écueils, sans toutefois chercher sérieusement à me dissuader de l'entreprise. Ne serait-ce que pour cela, je vous devrais une dette de reconnaissance.

Vous vous souvenez, sans doute, de l'idée première dont je vous fis part, touchant ce travail. J'avais déjà essayé ma plume à la traduction d'un chapitre pris au hasard dans ce livre si original, si délicat, et si parfaitement inconnu en France, petit essai que M. Charles Baxter, à l'occasion de son dernier voyage à Samoa, devait soumettre à l'auteur lui-même.

De tous ses premiers ouvrages, *Prince Otto* était peut-être celui pour lequel Stevenson conservait le plus d'affection, celui qu'il considérait comme le plus parfait au point de vue purement littéraire. La dédicace du roman même, les lettres de l'auteur, et plus d'un passage de ses *Souvenirs* en font foi. D'autre part, c'est peut-être celui de ses livres qui a eu le moins de succès populaire. Nous n'avons pas à nous en étonner. Il faut un lecteur au palais raffiné pour apprécier la saveur délicate, un esprit orné pour jouir du style si épuré et des motifs si subtilement enchaînés, de cette gracieuse histoire. Cette classe de lecteurs est nécessairement peu nombreuse. C'est ainsi que nous voyons les récits d'aventures de Stevenson, tels que *L'île au Trésor*; ses histoires fantaisistes : *Suicide-Club*, *Le Dynamiteur*, et autres *Nouvelles Mille et Une Nuits*, ou bien encore *Le cas étrange du Dr. Jekyll*, traduits déjà dans plusieurs langues, tandis que c'est à peine si nous entendons jamais citer *Le Prince Othon* à l'étranger.

J'ai sous les yeux un essai fort intéressant sur *Le Roman étrange en Angleterre*, de Th. Bentzon. Après avoir passé en revue plusieurs autres ouvrages de Robert Louis Stevenson : « On voit — fait remarquer cet écrivain, fort savant en tout ce qui concerne notre littérature moderne, — que pour un romancier dans le *mouvement*, M. Stevenson a des principes *vieux style*.

» Dans *Prince Otto*, où les questions philosophiques et politiques s'entremêlent à beaucoup de paradoxes, l'auteur de *New Arabian Nights* nous prouve qu'il a lu *Candide*, et qu'il se souvient aussi d'Offenbach. Vous chercheriez en vain sur une carte la principauté de Grünewald, bien que sa situation soit indiquée entre le grand-duché aujourd'hui éteint de Gérolstein et la Bohême maritime. En revanche, le nom du premier ministre Gondremark vous rappelle un acteur de *La Vie Parisienne*. Dans ce badinage sérieux, *un peu trop délayé*, on voit le Prince Othon, un gentil prince en porcelaine de Saxe, mériter le mépris de son peuple par sa conduite indigne d'un souverain, conduite pourtant d'un galant homme très chevaleresque, mais trop épris de la chasse, des petits vers français et d'une jeune épouse qui, finalement, prête les mains à son incarcération dans une forteresse, pour être plus libre de jouer le rôle de Catherine II, ou de Sémiramis. Vous y verrez aussi comment les témoignages d'héroïsme de la jolie Séraphine se bornent à un coup de couteau donné au premier ministre qui, jaloux de gouverner en son nom, voudrait être un favori dans toute la force du terme, et comment la proclamation de la République met fin, soudain, à ces complots de cour, à ces intrigues, à ces drames secrets ; comment le Prince et la Princesse, fugitifs et dépossédés, à pied, sans le sou, se rencontrent dans la campagne, oublient leurs désastres, leurs grandeurs, et se mettent tout simplement à s'aimer, ravis, en somme, de cette chute qui les a jetés aux bras l'un de l'autre pour jamais.

» La réconciliation de Leurs Altesses sur le grand chemin est un des rares duos d'amour que nous ayons rencontrés au cours des romans qui nous occupent. Il est charmant, ce duo, car l'esprit enfin y fait trêve, l'esprit moqueur, léger, glacial et trop tendu, dont M. Stevenson abuse. »

Je vous cite ce passage en entier, car c'est la seule allusion, courte ou longue, que j'aie pu trouver en France, à un livre qui certes mérite d'y être mieux connu. De plus, cette notice isolée qui, en somme, n'est qu'à demi favorable, indique que même « Th. Bentzon », critique compétent comme vous le savez, a glissé trop rapidement sur un ouvrage dont l'allure un peu française eût dû exciter plus fortement son intérêt. Elle y voit surtout des reflets de *Candide*. J'y verrais, moi, plus volontiers l'influence du genre introspectif, de la « sensibilité » un peu alambiquée, mais si finement nuancée de Sterne. Or, *Le Voyage sentimental* eût pu tout aussi bien appartenir à la littérature française, que *Le Voyage autour de ma chambre*.

« Les admirateurs du *Prince Othon*, m'écrivait un jour M. Sidney Colvin, sont peut-être un groupe moins nombreux, mais ceux-là sont les vrais *Stevensoniens*. » Nous avons là l'opinion d'un critique distingué. Stevenson lui-même avait pressenti qu'en écrivant ce livre il s'adressait à un cercle restreint. Qu'en dit-il dans une lettre, datée d'Hyères, en 1884, lettre que M. Edmund Gosse a eu l'amabilité de me communiquer ? « Mon roman d'*Othon*, qui a été si près de me massacrer, n'est même pas encore achevé, bien que (Dieu soit loué !) la fin en soit si proche maintenant que, encore quelques jours de santé tolérable, et j'espère voir enfin le toit couronner l'édifice. J'y ai mis bien du travail, et par conséquent je ne m'attends pas à lui voir trouver grande faveur auprès du public. »

Il m'avait donc semblé que cette entreprise de rendre un de ses livres favoris dans une langue que lui-même il aimait, admirait et connaissait si bien, ne pourrait que plaire à Stevenson, et j'attendais, avant de la poursuivre plus loin, d'avoir son opinion sur ma version de ce chapitre bizarre : *Où il est traité d'une vertu chrétienne*, que j'avais choisi comme spécimen.

Hélas ! il ne devait pas en être ainsi. Au bout de quelques semaines, la nouvelle nous parvint de la mort, au sein de son île des mers du Sud, de cet artiste admirable. Pendant quelque temps j'abandonnai l'idée de publier cette traduction, pensant que, privée du cachet spécial que la sanction de l'auteur aurait pu lui donner, elle ne pourrait plus présenter le même intérêt pour le lecteur. Plus tard, cependant, dans une lettre qu'il m'envoya des antipodes, M. Charles Baxter, vieil ami de Stevenson, et maintenant l'un de ses exécuteurs testamentaires, m'engagea vivement à y songer de nouveau. Je me remis à l'œuvre, et si *Le Roman du Prince Othon*, annoncé déjà depuis plus d'une année, n'a pas paru plus tôt, la faute ne m'en revient pas ; il est achevé depuis bien des mois.

Le hasard voulut que ce fût à l'ombre d'une de ces anciennes *Residenzen* d'Allemagne, autrefois palais de petits princes régnants, mais ne conservant plus rien de princier que la physionomie de ses façades genre *rocaille*, de ses jardins à terrasses, de ses allées savamment disposées pour imiter dans un espace restreint les grands parcs à la française, de ses grilles armoriées qui séparent la ville endormie de la petite cour ennuyée, et qui rappellent à l'imagination l'époque oubliée où chaque principicule teuton tâchait d'avoir son petit Saint-Germain, son Versailles en miniature, ce fut là, dis-je, que, pendant quelques semaines de printemps, passées dans ce milieu ancien régime (qui eût fort bien pu, au temps de sa prospérité, être la capitale d'Othon lui-même), je m'amusai à traduire l'histoire charmante que Stevenson avait placée dans un cadre semblable.

Ainsi que je l'ai déjà dit, la tâche de ma traduction était attrayante dès l'abord ; elle ne le devint que plus pendant l'exécution. La traduction d'un chef-d'œuvre de style peut se comparer à la reproduction par la gravure d'un tableau de maître. Dans les deux cas, la transformation est astreinte à une multitude de conventions artistiques, et le résultat, en somme, ne peut jamais être qu'une espèce de compromis. Mais cette copie est un travail rempli de révélations. Tout admirateur passionné de l'art délicat de Stevenson que j'étais déjà, je n'avais jamais mesuré complètement la perfection technique de sa méthode, la subtilité de ses nuances, avant d'avoir essayé de les reproduire dans une autre langue, quelque familière que pût m'être cette dernière.

De fait, la prose de Stevenson — travaillée, étudiée, ciselée, un peu *précieuse* même, prose où, ainsi que dans un poème parachevé, les mots se parent de couleurs nouvelles et inimitables, et prennent une force inaccoutumée, selon la place que leur assigne dans la période le génie de l'écrivain — n'est pas traduisible dans le sens rigoureux du mot. En pareil cas, il y a deux méthodes à suivre : l'une est celle de la traduction tout à fait libre, adoptant la paraphrase partout où l'équivalent ne se rencontre pas aisément, ne cherchant qu'à rendre l'effet général, qu'à répéter dans une autre langue l'histoire imaginée par l'auteur, sans trop se préoccuper de sa manière, de son style enfin. Avec cette méthode, le résultat est un livre marqué plus spécialement au coin du talent littéraire du traducteur lui-même, mais dans lequel l'individualité du modèle se trouve singulièrement déguisée. Si jamais vous vous sentez la curiosité de voir jusqu'où peut aller la divergence d'effets de n'importe quel passage d'un seul et même ouvrage original traduit par deux écrivains différents, comparez les versions françaises du *Suicide-Club*, publiées respectivement par Calmann Lévy et par la maison Hetzel. La première est celle de M. Louis Despréaux, la seconde est d'un écrivain anonyme. Toutes deux sont excellentes de style et de vigueur; mais, mettez-les en regard, et c'est à peine si vous pourrez croire qu'elles sont vraiment basées sur le même texte. Il est vrai, d'autre part, que ceci est une question qui touche fort peu le lecteur ordinaire, lequel généralement s'intéresse surtout aux scènes qu'on fait dérouler sous ses yeux, et se préoccupe assez peu du style de l'œuvre première, tant que celui du traducteur ne le choque pas.

L'autre méthode, plus ardue, est de viser au même résultat littéraire tout en serrant l'original dans son caractère national, dans ses excentricités de style même, d'aussi près que le comporte le génie de la langue. Pour les admirateurs de Stevenson (et leur nombre semble augmenter rapidement en France), j'aime à croire qu'une traduction serrée, même au prix d'un effet un peu exotique parfois, doit présenter un intérêt tout particulier.

Je ne puis prévoir quelle faveur pourra trouver auprès du lecteur cette *curiosité littéraire* : une traduction française par un auteur anglais, mais je ne crois pas avoir perdu mon temps en essayant de rendre dans une langue qui s'y prête si bien un des ouvrages les plus caractéristiques de Robert Louis Stevenson, et, à mon avis, le chef-d'œuvre de ce génie, maintenant, hélas ! et si prématurément, éteint.

E. C.

(DÉDICACE DE L'AUTEUR)

A
NELLY VAN DE GRIFT
(Madame Adulfo Sanchez, de Monterey).

Enfin, après tant d'années, j'ai le plaisir de vous présenter de nouveau au *Prince Othon*, dont vous vous souvenez comme d'un tout petit bonhomme, sans plus de conséquence, à vrai dire, que n'en pouvaient avoir alors quelques feuillets de notes prises pour moi, de votre aimable main. La vue de son nom vous rappellera un vieux chalet, couvert de plantes grimpantes, qui offrait déjà toutes les apparences d'une antiquité respectable, et semblait inséparable du jardin verdoyant où il s'élevait, mais qui cependant avait dans son jeune temps voyagé sur mer; dont les pièces, arrimées dans la panse d'un navire, avaient doublé le cap Horn, et entendu sans doute les pas et les cris des matelots, le sifflet du contremaître. Il vous en rappellera les habitants, si singulièrement assortis, et maintenant dispersés si loin les uns des autres : les deux chevaux, le chien, les quatre chats, dont quelques-uns vous contemplent encore en ce moment même, pendant que vous lisez ces lignes; la pauvre dame, infortunée épouse d'un écrivain; le petit garçon chinois, qui probablement est à cette heure-ci en train d'amorcer sa ligne au bord de quelque rivière de la Terre Fleurie : et plus particulièrement il vous rappellera l'Écossais qui alors, en toute apparence, s'en allait mourant, et que vos bons soins ont tant contribué à ranimer et à maintenir sur la bonne voie.

Vous vous souvenez sans doute qu'il était plein d'ambitions, cet Écossais, plein de desseins pour l'avenir : aussitôt qu'il aurait complètement recouvré la santé, vous vous rappelez la fortune qu'il devait gagner, les voyages qu'il devait entreprendre, les plaisirs dont il devait jouir lui-même et faire part à son prochain, et (entre autres choses) le chef-d'œuvre qu'il allait faire du *Prince Othon* !

Eh bien, nous autres Écossais, nous ne consentons jamais à nous tenir pour battus. Nous lûmes ensemble, en ce temps-là, l'histoire de Braddock, où il est raconté comment, alors qu'on l'emportait mourant, du théâtre de sa défaite, il se promettait de mieux réussir la prochaine fois, histoire qui toujours touchera un cœur vaillant, derniers mots dignes d'un capitaine plus fortuné !

J'essaie donc de penser comme Braddock. J'ai toujours bien l'intention de reconquérir la santé ; je suis toujours décidé, d'une façon ou d'une autre, dans ce livre-ci ou dans celui qui le suivra, à créer enfin un chef-d'œuvre ; et je suis aussi toujours résolu, de quelque façon et à quelque époque que ce soit, à revoir votre visage et à sentir de nouveau votre main dans la mienne.

En attendant, ce petit voyageur en papier part à ma place, traverse les mers immenses, les plaines interminables, les sombres chaînes de montagnes, parvient enfin à Monterey, et s'arrête à votre porte, chargé d'affectueuses salutations. Faites-lui bon accueil, je vous prie. Il vient d'une maison où (de même qu'autour de votre foyer là-bas) sont réunies quelques épaves de notre société d'Oakland ; — il vient d'une maison où, malgré son nom calédonien, étrange à vos oreilles, malgré son éloignement, on vous aime tendrement.

R. L. S.

Skerryvore, Bournemouth.

LIVRE PREMIER

PRINCE ERRANT

CHAPITRE I

OU LE PRINCE PART EN QUÊTE D'AVENTURE

Vous chercheriez en vain sur la carte d'Europe l'État de Grunewald. Principauté indépendante et membre infinitésimal de l'Empire d'Allemagne, ayant joué pendant quelques siècles son rôle dans les discordes européennes, elle disparut enfin à la maturité des âges et sous la baguette magique de certains diplomates déplumés, comme disparaît un spectre à l'aube. Moins fortunée que la Pologne, elle n'a légué aucun regret à la mémoire des hommes, et jusqu'au souvenir même de ses frontières s'est effacé.

C'était un lambeau de territoire montagneux, couvert d'épaisses forêts. Maints cours d'eau prenaient naissance dans ses vallons, et animaient ses moulins. Elle possédait une ville, Mittwalden, et nombre de hameaux, se reliant entre eux çà et là au-dessus des torrents par un pont couvert, et dont les toits bruns et rouges semblaient grimper les uns sur les autres le long de la montée ardue. Fredonnement de moulins, clapotis d'eau courante, saine odeur de sciure résineuse, bruissements et senteurs de la brise dans les rangées immenses des sapins de la montagne, coups de feu isolés du chasseur lointain, échos sourds de la cognée au fond des bois, chemins impossibles, truites fraîches du souper servi dans quelque chambre d'auberge proprette et nue — et le chant des oiseaux, et la musique du clocher villageois, — telles étaient les impressions de Grunewald qu'emportait alors le voyageur.

Au nord et à l'est les derniers contreforts de la Forêt-Verte s'abaissent en profils divers pour s'enfoncer enfin sous une vaste plaine. De ce côté s'étendaient les frontières de maints petits États voisins, parmi lesquels se trouvait le grand-duché de Gérolstein, depuis lors également aboli. Au sud se trouvait l'Etat relativement puissant de la Bohême-Maritime, royaume célèbre pour ses fleurs, les ours de ses montagnes, la tendresse d'âme et la simplicité extraordinaire de ses habitants. Dans le cours des siècles, plus d'un mariage avait uni les maisons royales de Grunewald et de Bohême ; le dernier prince de Grunewald, celui dont je me propose de raconter l'histoire, descendait de Perdita, fille unique de Florizel Ier, roi de Bohême. On opinait même généralement dans la principauté que le sang mâle et rude des anciens Grunewalds avait tant soit peu perdu de son antique vigueur par suite de ces alliances. Les charbonniers, les scieurs de long, les manieurs de hache parmi les sapins serrés de la forêt, gens fiers de leurs mains dures, de leurs farouches superstitions, de leur ignorance sagace, ne cachaient pas leur mépris pour la mollesse de la race suzeraine.

La date précise de l'année de grâce où commence ce récit peut être abandonnée aux conjectures du lecteur; mais quant à la saison (ce qui, dans un conte comme celui-ci, est plus important), il est bon d'établir que le printemps était alors assez avancé pour que le montagnard, entendant tout le jour résonner le cor vers le nord-ouest du territoire, pût se dire que le prince Othon et ses chasseurs couraient les bois pour la dernière fois jusqu'à l'arrivée de l'automne.

Sur ses confins du nord-ouest, les hauteurs du Grunewald s'affaissent rapidement, déchirées çà et là en escarpes rocheuses; l'aspect désert et sauvage du terrain forme un contraste frappant avec celui de la plaine au delà, riche et cultivée. A cette époque, deux voies seulement la traversaient; l'une, la route impériale, menant à Brandenau en Gérolstein, s'allongeait obliquement sur la côte en suivant les pentes les plus douces; l'autre, au contraire, ceignait en bandeau le front même des cimes, s'engouffrant dans les gorges et trempant dans l'écume des cascades: à un endroit, elle contournait une certaine tour ou maison forte qui s'élevait à pic sur la lèvre d'un formidable précipice, d'où la vue s'étendait des frontières de Grunewald aux riches et populeuses plaines de Gérolstein. Le Felsenburg (ainsi s'appelait cette tour) servait tantôt de prison, tantôt de rendez-vous de chasse; et quoiqu'elle fût, à l'œil nu, d'apparence si abandonnée, les bons bourgeois de Brandenau, de leur terrasse de tilleuls où ils se promenaient le soir, pouvaient avec l'aide d'une lunette d'approche en compter les fenêtres.

Dans le coin de montagne boisée renfermé entre ces deux chemins, les cors de chasse continuèrent toute la journée à semer le tumulte; enfin, comme le soleil commençait à s'approcher de l'horizon, une sonnerie triomphale proclama la curée. Le premier et le second piqueur s'étaient retirés un peu à l'écart, et du haut d'une éminence promenaient leurs regards le long de l'épaule affaissée de la colline et sur l'espace libre de la plaine. De la main ils s'abritaient les yeux, car le soleil les frappait de face — la gloire de son coucher était un peu pâle ce soir-là. À travers la trame confuse des milliers de peupliers glabres, des volutes fumeuses se déroulant d'innombrables cheminées et des vapeurs du soir planant sur la campagne, les ailes d'un moulin-à-vent posé sur une légère élévation s'agitaient avec une netteté singulière — comme les oreilles d'un âne. Et tout près, semblable à une blessure ouverte, la grande route impériale, artère de voyage, courait droit au soleil couchant.

Il est un refrain de la Nature que personne n'a mis encore ni en paroles humaines ni en musique — on pourrait l'appeler *L'Invitation du Grand Chemin*. C'est cet air qui murmure sans cesse à l'oreille du bohémien; c'est sous son inspiration que nos ancêtres nomades errèrent tout le cours de leur vie. La scène, l'heure, la saison, s'accordaient en harmonie délicate. L'air était peuplé d'oiseaux de passage — toute une armée de points noirs naviguant sur le ciel au dessus de Grunewald vers l'occident et le septentrion: et au dessous, la grande voie semblait faire signe de suivre la même direction.

Mais les deux chasseurs sur la colline n'entendaient rien de cet appel. Ils étaient, à vrai dire, assez préoccupés, fouillant des yeux chaque repli du terrain à leurs pieds, et par l'impatience de leurs gestes trahissant à la fois l'irritation et l'inquiétude.

— Je ne le vois pas, Kuno, s'écria le premier piqueur. Rien, pas une trace... pas un crin de son cheval. Rien, mon brave. Il est lancé ; taïaut, taïaut ! Pour un denier, vois-tu, je mettrais la meute sur sa piste.

— Peut-être est-il rentré ? fit Kuno, mais d'un ton peu convaincu.

Et l'autre, en ricanant : — Rentré ! Je lui en donne pour douze jours, avant qu'il ne rentre au palais. Voilà que cela recommence, tout comme il y a trois ans, avant son mariage. Une vraie honte ! Prince héréditaire... fou héréditaire ! En ce moment, te dis-je, notre gouvernement, sur sa blanche jument, est en train de sauter la frontière. Hein ? — qu'est-ce ? Non, point — sur ma parole je fais plus de cas d'une bonne pouliche ou d'un chien anglais. Foin de ton Othon !

— Mon Othon ? — Pourquoi mon Othon ? grogna Kuno.

— L'Othon de qui, alors ?

— Tu sais bien que tu te couperais le bras pour lui demain, dit Kuno, se retournant brusquement.

Le piqueur se récria. — Moi ? Allons donc ! Je suis grunewaldien, patriote enrôlé ; j'ai ma médaille. Moi, tenir pour un prince ? Je tiens pour Gondremark et la liberté.

— Bon, bon, c'est égal. Si un autre osait dire tout cela devant toi, tu l'éventrerais sur place — ça tu le sais.

— Et toi tu ne penses qu'à lui, c'est une vraie toquade. — Tiens, que disais-je? Regarde là-bas. Voilà ton prince qui détale!

En effet, environ un mille plus bas sur la côte, un cavalier, monté sur un cheval blanc, passait comme le vent sur la bruyère d'une éclaircie, pour disparaître presque aussitôt de l'autre côté, derrière un rideau d'arbres.

— Avant dix minutes il aura franchi la frontière, et sera en Gérolstein. Allons, dit Kuno, il n'y a rien à faire!

— S'il m'abîme cette jument, jamais je ne lui pardonnerai! ajouta l'autre en reprenant ses rênes.

Comme ils tournaient bride pour rejoindre leurs compagnons, le soleil plongea et disparut; et à l'instant même les teintes ternes et graves de la nuit tombante s'abattirent sur la forêt.

CHAPITRE II

OU LE PRINCE JOUE LE RÔLE D'HAROUN-AL-RASCHID

Il était nuit close, et le prince se frayait encore chemin à travers la jeune verdure des vallées basses, et quoique les étoiles, allumées déjà, laissassent entrevoir les rangs interminables de sapins en pyramides, noirs et réguliers comme des cyprès, leur lumière ne pouvait rendre grand service dans de telles solitudes ; et depuis quelque temps il s'avançait au hasard.

La face austère de la nature, l'incertitude de son entreprise, le ciel ouvert, le grand air, le grisaient de joie ; le rauque murmure d'une rivière à sa gauche lui ravissait l'oreille.

Huit heures étaient déjà passées quand il entrevit le terme de ses difficultés et put déboucher enfin du taillis sur la grande route blanche et ferme. Elle s'étendait devant lui, descendant la côte en vaste courbe vers l'est, et se laissant voir au loin comme une faible lueur entre les fourrés et les bouquets d'arbres. Othon arrêta son cheval et regarda. La grande route !... s'allongeant toujours, lieues sur lieues, et toujours en rejoignant de nouvelles, jusqu'aux derniers confins de l'Europe ; ici côtoyant le ressac des mers, là reflétant la lumière des cités ; et sur cet immense réseau, de toutes parts, l'armée innombrable des vagabonds et des voyageurs se mouvant comme de concert, et à cette heure tous s'approchant de l'auberge et du repos du soir !... Ces nuages tourbillonnèrent dans son esprit ; ce fut, un instant, une bouffée de désirs, un reflux de tout son sang, qui le poussaient follement à piquer des deux et à s'élancer pour toujours dans l'inconnu. Mais cela passa vite : la faim, la fatigue, et cette habitude, qu'on appelle le sens commun, d'adopter le moyen terme, reprirent le dessus. Il était sous l'empire de cette dernière humeur, quand son regard tomba tout à coup sur deux fenêtres éclairées, entre lui et la rivière.

Il prit un petit sentier pour s'en approcher, et quelques minutes plus tard il frappait du manche de son fouet à la porte d'une grosse ferme. A son appel répondit d'abord de la basse-cour un chœur d'aboiements furieux, puis bientôt apparut un grand vieillard à tête blanche, abritant de ses doigts la flamme d'une chandelle. Cet homme avait dû être en son temps d'une grande vigueur et fort beau ; mais à l'heure présente il était bien caduc ; il n'avait plus de dents, et quand il parla ce fut d'une faible voix de fausset.

— Vous me pardonnerez, j'espère, dit Othon ; je suis un voyageur et me suis complètement égaré.

— Monsieur, répondit le vieux, tremblotant et d'un air très digne, vous êtes à la ferme de la Rivière, et je suis Killian Gottesheim, pour vous servir. Nous sommes ici, Monsieur, à distance égale de Mittvalden en Grunewald et de Brandenau en Gérolstein : six lieues de l'un et de l'autre et une route excellente, mais d'ici là pas une enseigne d'auberge, pas même la plus mince buvette de charretier. Il vous faudra donc pour cette nuit accepter mon hospitalité, hospitalité rude, Monsieur, mais vous êtes le bienvenu ; car, ajouta-t-il en saluant, c'est Dieu qui envoie l'hôte.

Othon salua de son côté : — Ainsi soit-il. Et de cœur je vous remercie.

— Fritz, dit alors le vieillard, se retournant vers l'intérieur, mène à l'écurie le cheval de ce gentilhomme ! Et vous, Monsieur, daignez entrer.

Othon pénétra dans une salle formant la majeure partie du rez-de-chaussée, salle qui autrefois avait sans doute été divisée, car, vers le fond, le plancher se rehaussait d'une marche, et l'âtre flambant, ainsi que la table blanche dressée pour le souper, semblaient être élevés sur un dais. A l'entour, bahuts noirs, armoires à coins de cuivre, rayons fumeux portant la vieille vaisselle de campagne ; sur les murailles, fusils et bois de cerfs, et quelques feuilles de ballade, une grande horloge à cadran fleuri de roses, et dans un coin, la promesse tacite et réconfortante d'un tonnelet de vin.

Un jeune gaillard de vigoureuse tournure s'empressa d'emmener la jument blanche, qu'Othon, après avoir été dûment présenté par M. Killian Gottesheim à Mlle Ottilie, sa fille, suivit à l'écurie, comme il convient sinon à un prince, du moins à un bon cavalier. Lorsqu'il rentra, une omelette fumante flanquée de tranches de jambon l'attendait déjà sur la table, plats qui firent bientôt place à un ragoût suivi de fromage. Ce ne fut que quand son hôte eut complètement satisfait à sa faim, et que la compagnie se fut rassemblée autour du foyer pour finir la cruche de vin, que la courtoisie méticuleuse de Killian Gottesheim lui permit enfin d'interroger le prince.

— Monsieur vient sans doute de loin ? demanda-t-il.

— Oui, d'assez loin, comme vous dites, répondit Othon ; et, comme vous l'avez vu, bien disposé pour rendre justice à la cuisine de mademoiselle votre fille.

— Du côté de Brandenau, peut-être ?

— Justement. Et même, ajouta le prince, entremêlant, selon l'habitude de tout hâbleur, un fil de vérité dans le tissu de ses mensonges, je pensais dormir à Mittwalden, si je ne m'étais pas fourvoyé.

— Ce sont les affaires qui vous amènent à Mittwalden ? continua l'hôte.

— Non, simple curiosité. Jamais je n'ai vu la principauté de Grunewald.

Le vieux branla la tête, et, de sa voix aiguë :

— Ah ! un bon pays, fit-il. Bon pays, et belle race, tant hommes que sapins ! Nous nous tenons pour à demi grunewaldiens, nous autres, si près de la frontière ; et notre rivière là-bas est toute eau de Grunewald, bonne eau jusqu'à la dernière goutte. Ah ! oui, c'est un beau pays ! Un Grunewaldien, tenez, vous brandit une hache que bien des hommes de Gérolstein peuvent à peine soulever ; et pour ce qui est des sapins, il doit, ma fi, Monsieur, y en avoir plus dans ce petit Etat, que de gens dans le monde entier. Voilà bien vingt ans que je n'ai franchi les marches ; car on devient casanier sur le retour, voyez-vous, mais je m'en souviens comme d'hier. Montée ou descente, la route va tout droit d'ici à Mittwalden, et, tout le long, rien que beaux sapins verts, petits et grands ; et de l'eau courante, de l'eau courante pour qui en veut ! Nous avions là, tout près de la route, un petit coin de forêt que j'ai vendu, et chaque fois que je pense à la pile d'écus sonnants qu'on m'en a donnée, je me mets malgré moi à calculer ce que pourrait bien valoir la forêt entière.

— Et le prince ? demanda Othon. Vous ne le voyez jamais, je suppose ?

Ici le jeune homme prit la parole pour la première fois : — Non, dit-il, et, ce qui plus est, nous n'en avons nulle envie.

— Pourquoi cela ? Il est donc bien détesté ?

— Détesté, non, répondit le vieux fermier ; dites méprisé, Monsieur.

— Vraiment ? fit le prince d'une voix un peu faible.

Chargeant sa longue pipe et secouant la tête, Killian continua : — Méprisé, c'est le mot. Et, à mon avis, justement méprisé. Voilà pourtant un homme qui avait l'occasion belle. Eh bien, qu'en a-t-il fait ? Il chasse à courre... Il s'habille fort joliment, ce qui est même une chose dont un homme devrait avoir honte. Il joue la comédie. Et si jamais il fait autre chose, la nouvelle, du moins, n'en est pas venue jusqu'à nous.

— Tout cela est pourtant bien innocent, dit le prince. Que voudriez-vous donc qu'il fît, la guerre ?

— Non, Monsieur. Mais je vais vous dire ce que

j'en pense. Cinquante ans j'ai été maître sur cette ferme de la Rivière, cinquante ans j'y ai travaillé au jour le jour. J'ai labouré, j'ai semé, j'ai récolté. Debout à l'aube, ne rentrant qu'à la nuit. Qu'en est-il advenu? Pendant tout ce temps elle m'a nourri, moi et ma famille; après ma femme, ma ferme a toujours été la meilleure affection de ma vie; et maintenant que ma fin approche, je la laisse en meilleur état que lorsqu'on me l'a laissée. Et c'est toujours ainsi: quand on travaille bravement, suivant l'ordre de la nature, on gagne son pain, on est fortifié, tout ce qu'on touche se multiplie. Et c'est mon humble avis que si ce prince voulait seulement travailler sur son trône comme moi j'ai travaillé sur ma ferme, il y trouverait à la fois la prospérité et une bénédiction.

— Je partage votre opinion, Monsieur, répondit Othon. Cependant le parallèle est inexact. La vie du paysan est simple, naturelle; celle du prince est aussi compliquée qu'artificielle. Dans le cas du premier il est aisé de bien agir; dans celui du second, il est fort difficile de ne pas mal faire. Que votre moisson avorte, vous pouvez vous découvrir et dire: la volonté de Dieu soit faite; mais qu'un prince ait un échec, il se peut qu'il soit lui-même à blâmer pour son entreprise. Et peut-être, si tous les rois d'Europe s'en tenaient à des plaisirs aussi innocents, leurs sujets s'en trouveraient mieux.

— Bien dit, s'écria le jeune homme. Quant à cela, vous avez raison. C'est la vérité pure. Je vois que vous êtes, comme moi, bon patriote et ennemi des tyrans.

Othon, assez déconcerté par cette déclaration, se hâta de changer de terrain. — Néanmoins, dit-il, ce que vous me racontez de ce prince Othon m'étonne. A vrai dire, on me l'avait peint sous des couleurs plus agréables. On m'avait dit qu'au fond c'était un brave garçon, qui ne faisait tort qu'à lui-même.

— Cela, c'est bien vrai, s'écria la jeune fille. C'est un beau prince et bien aimable; et l'on en sait plus d'un qui se ferait tuer pour lui.

— Bah!... Kuno, dit Fritz. Un être ignorant!

Le vieillard éleva de nouveau sa voix chevrotante. — Kuno! Ah! oui, Kuno! Comme Monsieur est étranger et paraît curieux de ce qui concerne le prince, je crois en vérité que cette histoire pourrait le divertir. Il faut donc vous dire, Monsieur, que ce Kuno fait partie du train de chasse. Un garçon sans éducation, buveur, tapageur : un vrai Grunewaldien, comme nous disons en Gérolstein. Nous le connaissons assez, car il a poussé plus d'une fois jusqu'ici, à la recherche de ses chiens égarés, et tous les gens sont bienvenus dans ma maison, de quelque position, de quelque pays qu'ils soient. Du reste, entre Gérolstein et Grunewald, la paix dure depuis si longtemps que les routes, comme ma porte, sont ouvertes à tout venant, et les oiseaux eux-mêmes ne se préoccupent pas plus des frontières, que les gens d'ici.

— En effet, dit Othon, cela a été une longue paix; une paix de siècles.

— De siècles, comme vous le dites, Monsieur; et ce serait d'autant plus dommage si elle ne devait pas durer toujours. Enfin, pour en revenir à ce

Kuno, il se trouve un jour en faute; et Othon, qui a la main vive, vous lève son fouet et, à ce qu'on dit, vous le rosse d'importance. D'abord Kuno le supporta de son mieux; mais à la fin, ma foi, il éclata, et se retournant contre le prince, le défia de jeter son fouet et de lutter avec lui comme un homme. Nous sommes forts lutteurs dans le pays, et c'est à la lutte généralement que se décident nos querelles. Or donc, Monsieur, le prince accepta, et comme ce n'est, après tout, qu'un être assez chétif, les choses changèrent promptement de tournure, et l'homme qu'un moment auparavant il fouaillait comme un esclave, l'enleva d'un coup d'épaule et l'envoya rouler la tête la première.

— Et lui cassa le bras gauche, s'écria Fritz, et, il y en a qui disent, le nez aussi. Et moi je dis : c'est bien fait ! Homme contre homme ; lequel vaut mieux, à ce compte-là ?

— Et alors ? demanda Othon.

— Oh ! alors Kuno le reporta chez lui, et dès ce jour ce furent les meilleurs amis du monde ! Je vous ferai observer, continua Gottesheim, que je ne dis pas que cette histoire lui fasse du tort, mais, il n'y a pas à dire, elle est drôle. On devrait réfléchir, avant de frapper son prochain, car, comme dit mon neveu, homme contre homme, c'est ainsi qu'on jugeait autrefois.

— Eh bien, dit Othon, si l'on me demandait ce que j'en pense, je vous étonnerais peut-être... mais il me semble à moi que ce jour-là ce fut le prince qui obtint la vraie victoire.

Killian devint tout à coup sérieux : — Et vous

auriez raison, fit-il. Devant Dieu, sans doute aucun, vous seriez dans le vrai; mais les hommes, Monsieur, voient les choses d'un autre œil... et ils rient.

— On en a fait une chanson, dit Fritz. Attendez donc... tin-tin tarara.

Mais Othon, qui n'avait grand souci d'écouter la chanson, l'interrompit : — Enfin, hasarda-t-il, le prince est jeune, il a le temps de se ranger.

— Permettez, déjà pas si jeune, s'écria Fritz. Un homme de quarante ans!...

M. Gottesheim précisa : — Trente-six, dit-il. Et Mlle Ottilie, toute désillusionnée, de se récrier : — Oh! un homme tout à fait passé? On le disait si beau, quand il était jeune!

— Chauve, aussi, ajouta Fritz.

Othon passa ses doigts dans ses cheveux. A cet instant, certes, il n'était rien moins qu'heureux; et en comparaison avec le présent, même les ennuyeuses soirées de son palais à Mittwalden commençaient à lui sourire. Il protesta : — Oh! trente-six ans, que diable! — Un homme n'est pas vieux à trente-six ans. C'est justement mon âge.

— Je vous en aurais donné plus, reprit le fausset du vieillard. Mais s'il en est ainsi, alors vous êtes du même âge que maître Ottekin (comme on l'appelle), et je parierais bien un écu que vous avez fait meilleure besogne dans le temps. Quoique cela paraisse peu en comparaison avec un grand âge comme le mien, c'est déjà un bon bout de chemin de fait, et à cet âge les éventés et les fainéants commencent à se fatiguer et à vieillir. Ma foi, oui, Monsieur, à trente-six ans tout homme (s'il est serviteur de Dieu) devrait s'être fait un foyer et une bonne renommée, et vivre au sein de l'un et de l'autre; il devrait s'être choisi une femme et voir les fruits d'une union bénie grandir autour de lui, et ses œuvres devraient déjà, comme dit l'Evangile, commencer à le suivre.

— Ah bien ! Mais il est marié, le prince ! s'écria Fritz, pouffant grossièrement de rire.

— Cela semble vous divertir, Monsieur ? fit Othon.

— Eh ! oui donc, répliqua le jeune rustaud. Est-ce que vous ne saviez pas cela ? Je croyais que toute l'Europe le savait. Et il ajouta une pantomime suffisante pour expliquer son insinuation à l'esprit le plus obtus.

— Il est évident, Monsieur, reprit M. Gottesheim, que vous n'êtes pas du pays ! Mais, le fait est que toute la famille princière, toute la cour, ne consistent qu'en débauchés et en fripons — les uns valent les autres. Voyez-vous, Monsieur, ces gens-là vivent dans l'oisiveté, et, ce qui s'ensuit généralement, dans la corruption. La princesse a un amant, un baron (à ce qu'il prétend), du fond de la Prusse. Et le prince, Monsieur, est si piètre homme, qu'il porte le chandelier. Là même n'est pas le pire, car cet étranger et sa maîtresse règlent ensemble les affaires d'Etat, tandis que le prince empoche le salaire et abandonne tout à vau-l'eau. Cela amènera pour sûr un châtiment dont, quelque vieux que je sois, je verrai peut-être la venue.

— Bon oncle, dit Fritz avec une animation nouvelle, pour ce qui concerne Gondremark vous vous méprenez, mais pour le reste vos paroles sont d'un bon patriote, et vraies comme l'Évangile. Quant au prince, s'il voulait seulement étrangler sa femme, moi, pour ma part, je lui pardonnerais peut-être bien encore.

— Non, Fritz, cela ne serait qu'ajouter le crime au péché. Et, s'adressant de nouveau au malheureux prince : car vous observerez, continua le vieillard, que cet Othon ne peut s'en prendre qu'à lui-même de tous ces désordres : il a sa jeune femme, il a sa principauté, et il a juré de les chérir toutes les deux.

— Juré à l'autel, répéta Fritz. Mais ayez donc foi dans les serments des princes !

— Hé bien ! Monsieur, poursuivit le fermier, toutes les deux il les abandonne à une espèce d'aventurier prussien. Sa jeune femme, il la laisse pécher et tomber de mal en pis, au point qu'on en parle dans toutes les guinguettes... et elle a vingt ans à peine ! Son pays, il le laisse écraser d'impôts, opprimer d'armements, pousser à la guerre.

— La guerre ! s'écria Othon.

— On le dit, Monsieur, ceux qui observent ces manèges disent que c'est la guerre. Tout cela, voyez-vous, Monsieur, est bien triste. C'est une chose terrible que cette jeune femme se préparant ainsi à descendre en enfer toute chargée des malédictions du peuple. C'est une chose terrible pour un petit Etat si gentil, si prospère, d'être mal gouverné. Mais s'en plaigne qui peut, Othon du moins n'en a pas le droit, suivant mon humble opinion. Il reçoit selon ses œuvres : puisse le ciel faire miséricorde à son âme ! C'est celle d'un grand et stupide pécheur.

— Il a manqué à sa parole : donc il est parjure. Il reçoit le salaire et néglige le travail : ce qui, en un mot, s'appelle voler. Cocu, il l'est déjà, et de naissance c'est un sot ! Peut-on dire plus ? Et là-dessus Fritz claqua ses doigts d'un air de mépris.

— Maintenant, sans doute, reprit le fermier, vous commencez à comprendre pourquoi nous avons si mince opinion du prince Othon. On peut être juste et homme de bien dans la vie privée ; on peut, d'autre part, Monsieur, faire preuve de vertus civiques. Mais quand l'homme n'est bon à rien, ni d'une façon ni de l'autre, alors que le Seigneur l'éclaire !... voilà tout. Ce Gondremark même, que Fritz admire si fort...

— Pour cela, oui ! interrompit ce dernier. Gondremark, voilà un homme selon mon cœur. Que n'avons-nous son pendant en Gérolstein !

Le vieillard secoua la tête : — Cet homme, dit-il, est mauvais. C'est mal commencer la besogne que de manquer aux commandements de Dieu. Ceci pourtant je vous le concède : au moins c'est un homme qui travaille pour ce qu'il reçoit.

— Et moi je vous dis qu'en lui est l'espoir de Grunewald, s'écria Fritz. Il ne répond peut-être pas à toutes vos vieilles idées démodées, tous vos principes à l'ancienne ; c'est entièrement un esprit moderne ; il suit les lumières et les progrès de l'âge. Il fait parfois des fautes : qui n'en fait pas ? Mais ce qui lui tient du plus près au cœur, c'est le bien du peuple. Et retenez bien ceci, vous, Monsieur, qui êtes un libéral et par conséquent ennemi de tous ces gouvernements-là ; retenez bien ceci, s'il vous plaît : un de ces beaux jours vous verrez, en Grunewald, qu'on vous prendra ce fainéant de prince à cheveux jaunes et sa Messaline blafarde de princesse, et qu'on vous les promènera à reculons jusqu'à la frontière ; alors on proclamera le baron Gondremark premier président. J'ai entendu cela dans un discours. C'était à une assemblée à Brandenau ; les délégués de Mittwalden répondaient de quinze mille hommes. Quinze mille enrégimentés,... et chacun avec sa médaille de ralliement autour du cou. Voilà du Gondremark.

— Eh oui ! Monsieur, reprit le vieux, vous voyez où tout cela mène : aujourd'hui folles paroles ; demain, peut-être, entreprises plus folles encore. Une chose, au moins, est certaine, c'est que ce Gondremark a un pied dans les corridors du palais et l'autre dans les loges maçonniques. Il se donne pour ce qu'il est la mode maintenant d'appeler un patriote ; un patriote, Monsieur... ce Prussien !

— Qu'entendez-vous par : il se donne ? se récria Fritz. C'est un patriote ! Aussitôt la République proclamée, il va abjurer son titre. Je l'ai entendu dire, dans un discours.

— Eh ! Il lâchera le titre de baron pour celui de président, répliqua Killian. Roi solive, roi cigogne. Du reste, vous qui vivrez après moi, vous en verrez les fruits.

Ici la jeune fille, tirant le vieillard par le pan de son habit, lui dit à l'oreille : — Mon père, voyez donc... pour sûr le gentilhomme se sent mal !

— Je vous demande mille pardons, s'écria le fermier, rappelé à ses devoirs d'hospitalité; puis-je vous offrir quelque chose ?

— Je vous remercie. Je suis très fatigué, répondit Othon; j'ai trop compté sur mes forces. Si vous aviez la bonté de me faire montrer ma chambre, je vous en serais reconnaissant.

— Ottilie, dit le vieillard, vite, une lumière ! De fait, Monsieur, vous semblez un peu pâlot. Une goutte de cordial ? Non ?... Alors suivez-moi, je vous en prie; je vais vous conduire à la chambre des hôtes. Et, tout en montant l'escalier devant le prince, le bon vieux poursuivit : — Vous ne serez pas le premier, de beaucoup, qui aura fait bon somme sous mon toit. Un bon souper, un coup de vin honnête, une conscience à l'aise et un bout de jaserie tranquille avant de s'aller coucher, valent mieux pour le sommeil que tous les laits de poule, toutes les drogues du monde. Il ouvrit une porte : — Voici, Monsieur. Vous êtes au port. C'est petit, mais c'est frais. Les draps sont blancs et sentent la lavande. La fenêtre donne sur la rivière; et à mon sens, il n'y a pas de musique comme celle d'une petite rivière. Cela vous chante toujours le même air, mais c'est le bon et vous ne vous en fatiguez jamais, ce qu'on ne saurait dire de vos joueurs de violons. Cela vous met l'âme au grand air; et, bien qu'une bonne maison ne soit pas à mépriser, quelle maison peut être aussi belle que la campagne du bon Dieu ? Et pardessus tout, Monsieur, cela vous fait rentrer le calme dans le cœur tout comme de dire vos prières. Sur ce, Monsieur, je prends congé de vous, et c'est en vous souhaitant un sommeil de prince.

Et, s'inclinant avec courtoisie pour la vingtième fois, le vieillard abandonna son hôte à ses réflexions.

CHAPITRE III

OU LE PRINCE CONSOLE L'AGE ET LA BEAUTÉ, ET PRÊCHE LA DISCRÉTION EN MATIÈRE D'AMOUR

Le prince sortit de bon matin: à l'heure du premier concert des oiseaux, de l'air paisible et pur, des ombres qui s'allongent démesurément sous les rayons obliques du soleil. Pour qui a passé une mauvaise nuit, la fraîcheur de cette heure est tonique et vivifiante. Gagner une marche sur ses semblables endormis, être l'Adam de ce nouveau jour, cela lui calmait et lui fortifiait l'esprit: le prince, respirant avec force et s'arrêtant de temps à autre, se mit à marcher de compagnie avec son ombre à travers la rosée des champs, et il se sentit tout réjoui.

Un sentier longé par un treillis menait au vallon de la rivière; il s'y engagea. Cette rivière n'était qu'un torrent de montagne, désordonné et écumant. Tout près de la ferme, en cascade semblable à une blanche touffe de crins entremêlés, elle sautait un petit précipice, pour tomber, pressée, tourbillonnante, dans le bassin qu'elle s'était creusé. Jusque vers le milieu de ce petit lac s'avançait un rocher qui d'un côté s'abaissait en promontoire; ce fut là qu'Othon grimpa et s'assit pour réfléchir.

Bientôt le soleil perça le rideau de branches et de jeune feuillage qui formait une sorte de berceau de verdure au-dessus de la cascade, et les éclats dorés et les ombres fuyantes vinrent marbrer la surface du creux. Les dards de lumière plongeaient profondément dans le sein de l'onde tremblante, et une pointe, scintillante comme un diamant, s'alluma au milieu du tourbillon. L'air devenait chaud là où s'attardait Othon ; chaud et capiteux. Les rayons se balançaient, s'entrelaçaient sur la surface mobile de l'eau ; leurs reflets papillonnaient sur le rocher, et la cascade agitait l'air autour d'elle comme un rideau flottant.

Othon, fatigué par sa nuit blanche, harcelé par les horribles fantômes du remords et de la jalousie, se prit d'amour, soudain, pour ce coin rempli d'échos, diapré de soleil et d'ombre. Blotti, embrassant ses genoux, plongé dans une espèce d'extase, il regardait, admirant, s'émerveillant, se perdant parmi ses vagues pensées. Rien n'irrite aussi vraisemblablement les façons du libre arbitre, que cet émoi inconscient avec lequel, tout en suivant à l'aveugle les lois fluides, un cours d'eau lutte contre les obstacles. C'est en tous points la comédie de l'homme et du destin. Absorbé dans le spectacle de cette réitération constante, Othon descendit par degrés dans une égale profondeur de somnolence et de philosophie : Prince et Onde, tous deux heurtés dans le cours de leurs desseins, emprisonnés tous deux par quelque influence intangible dans un petit coin du monde. Prince et

Onde, futils l'un et l'autre au suprême degré dans la cosmologie des hommes. Onde et Prince : Prince et Onde...

Il sommeillait déjà depuis quelque temps, sans doute, quand le son d'une voix le rappela à lui.

— Monsieur... disait-elle. Il se retourna et vit la fille du fermier qui, du bord de l'eau, et tout effrayée de sa propre hardiesse, lui faisait timidement signe. C'était une bonne et honnête fille, florissante de santé, heureuse, vertueuse. Belle de cette beauté que donnent le bonheur et la santé, sa confusion lui prêtait pour le moment un charme de plus.

Othon se leva, et, s'approchant d'elle : — Bonjour, dit-il. Je me suis levé de bonne heure... je rêvais.

— Oh! Monseigneur, s'écria la jeune fille. Je viens vous supplier d'épargner mon père, car je puis assurer Votre Altesse que s'il avait su qui vous étiez il se serait coupé la langue plutôt. Et Fritz aussi. . Comme il s'est conduit! Mais moi je me doutais bien de quelque chose, et ce matin je m'en fus droit à l'écurie, et qu'est-ce que je vois?... La couronne de Votre Altesse sur l'étrier! Mais, oh! Monseigneur, je me suis bien dit que pour sûr vous les épargneriez : car ils étaient innocents comme des agneaux.

— Ma chère, dit Othon, à la fois amusé et flatté, vous vous méprenez. C'est moi qui fus dans mon tort; je n'aurais pas dû taire mon nom, et amener ces messieurs à parler de moi. Et c'est moi qui vous supplie de vouloir bien garder mon secret et ne pas révéler mon manque de courtoisie.

Quant à redouter ma vengeance, vos parents sont en toute sûreté en Gérolstein ; même sur mon propre territoire, vous devez bien le savoir, je n'ai aucune puissance.

— Oh! Monseigneur, fit-elle, avec une révérence, on ne peut pas dire cela : les piqueurs se feraient tuer pour vous.

— Heureux prince ! dit Othon. Mais, bien que vous soyez trop polie pour l'avouer, vous avez eu plus d'une occasion d'apprendre que je ne suis qu'une vaine parade. Pas plus tard qu'hier soir on nous l'a clairement affirmé. Voyez-vous cette ombre mobile sur ce rocher? Le prince Othon, je le crains fort, n'est que l'ombre qui danse, et le rocher solide s'appelle Gondremark. Ah ! si vos parents s'étaient attaqués à Gondremark !... Mais, heureusement, le plus jeune est un de ses admirateurs. Et quant à cet excellent vieillard, Monsieur votre père, c'est un homme sage. Il parle admirablement, et je parierais gros que c'est, de plus, un honnête homme.

— Oh ! pour honnête, Votre Altesse, oui, il est honnête. Et Fritz ne l'est pas moins. Tout ce qu'ils en ont dit, ce n'était que jaseries et sornettes. Quand les gens de la campagne, voyez-vous, se mettent à caqueter, ce n'est que pour rire. Ils ne songent pas à ce qu'ils disent, c'est moi qui vous le certifie. A la ferme voisine, si vous y alliez, vous en entendriez autant sur le compte de mon père.

— Nenni, nenni ! interrompit Othon, vous allez trop vite: tout ce qui a été dit contre le prince...

— Oh ! c'était une honte ! s'écria la fille.

— Non pas, répliqua Othon; c'était la vérité. Hélas! oui, la vérité. Je suis bien tel qu'ils m'ont dépeint, bien tel... et pire encore.

— Ah! par exemple! s'écria Ottilie. Est-ce comme cela que vous agissez? Ma foi, vous ne feriez qu'un pauvre soldat! Moi, qu'on m'accuse, je ne me laisse pas faire: je réponds, moi; ça ne fait ni une ni deux, et j'ai la langue bien pendue... Oh! je me défends, allez! Je ne laisserais reconnaître mon tort par personne, pas même si je l'avais sur le front. Voilà comment il faut faire, si vous voulez qu'on vous respecte. Mais, vrai, je n'ai jamais entendu pareille sottise... on dirait que vous êtes honteux. Vous êtes chauve aussi, peut-être?

Othon ne put s'empêcher de rire. — Oh! j'abandonne celle-là; non, je ne suis pas chauve.

— Et bon? Allons, voyons, vous savez bien que vous l'êtes, bon; je vous forcerai à le dire... Votre Altesse, je vous demande humblement pardon, c'est sans vouloir vous manquer de respect. Et puis, au fond, vous savez que vous l'êtes.

— A cela que dois-je répondre? Vous êtes cuisinière, et vous faites même une cuisine excellente (je saisis l'occasion pour vous remercier de ce ragoût). Eh bien, n'avez-vous jamais vu de bonnes choses si diaboliquement accommodées par une cuisine inepte, que personne ne pouvait manger le fricot? Voilà mon cas, ma chère. Je suis tout plein de bons ingrédients, mais le plat ne vaut rien. Je suis, je vous le donne en un mot... du sucre dans la salade.

— Cela m'est égal, vous êtes bon ! répéta en rougissant la jeune fille, un peu mortifiée de n'avoir pu comprendre.

— Une chose au moins est claire, répliqua Othon, c'est que vous êtes bonne, vous.

— Ah ! voilà bien ce qu'ils disaient tous de vous, dit Ottilie, moralisant. Quelle langue pour enjôler les gens ! Quelle langue de flatteur !

Le prince se prit à rire d'un petit air satisfait :

— Oh ! mais vous oubliez, dit-il, que je suis un homme tout à fait passé !

— A vous entendre on vous prendrait pour un enfant, et, prince ou non, si vous veniez me déranger à ma cuisine, je vous attacherais un torchon aux basques... Bonté Divine ! ajouta-t-elle, se reprenant, il faut espérer que Votre Altesse me pardonnera. Ma foi, je ne peux jamais m'en souvenir !

— Ni moi non plus, dit Othon, et voilà justement ce qu'on me reproche.

Ils avaient en ce moment tout l'air d'un couple amoureux ; le grondement de la chute d'eau les forçait, il est vrai, d'élever la voix au-dessus du diapason ordinaire des amoureux, mais, à quelque observateur jaloux les épiant d'en haut, leur gaieté et leur rapprochement pouvaient facilement donner de l'ombrage.

Une voix rude, venant d'un buisson de ronces, se mit à appeler Ottilie par son nom. Elle pâlit :

— C'est Fritz, dit-elle ; il faut que je parte.

— Partez donc, ma chère. Inutile de vous dire : partez en paix, car vous avez, je crois, découvert que de près je ne suis pas fort à craindre. Et, d'un très beau geste, le prince la congédia ; sur quoi mademoiselle Ottilie, en quelques bonds, remonta la rive et disparut dans le fourré, s'arrêtant seulement un instant pour lui tirer une petite révérence, toute rougissante de s'apercevoir que, dans ce court intervalle, elle avait encore une fois oublié la qualité de l'étranger.

Othon s'en retourna à son promontoire rocheux ; mais son humeur était changée. Maintenant le soleil versait la lumière plus d'aplomb sur le petit lac, et, à la surface, l'eau blonde et jaillissante, l'azur du ciel, le vert doré du jeune feuillage, dansaient en arabesques chatoyantes. Les tourbillons riaient et s'illuminaient de teintes prismatiques. L'âme du prince commençait à être troublée par la beauté de ce vallon situé si près de ses frontières ; si près, mais au delà ! Jamais il n'avait connu la joie de la possession dans aucune des mille et une choses belles et curieuses qui étaient à lui, mais à ce moment il se sentait envieux du bien d'un autre. Ce n'était, à la vérité, qu'une envie souriante, une envie d'amateur, mais enfin elle était là : c'était la passion d'Achab pour les vignes, en petit. Et il eut un soulagement quand parut sur la scène M. Killian lui-même.

— J'espère, Monsieur, commença le vieux fermier, que vous avez bien dormi sous mon simple toit ?

Othon évita la question : — Je suis, dit-il, en train d'admirer le site charmant qu'il est de votre privilège d'habiter.

— Oui, c'est champêtre, répondit M. Gottesheim, jetant à l'entour un regard de satisfaction.

Oui, c'est un petit coin bien champêtre. Et il y a là, du côté de l'ouest, une terre excellente, grasse, un terrain excellent, bien profond. Je voudrais vous faire voir mon blé dans les dix arpents. Non, il n'y a pas une ferme en Grunewald, et bien peu en Gérolstein, qui vaillent la ferme de la Rivière. Les unes rendent soixante (c'est ce que je me dis, tout en semant), les unes rendent soixante, d'autres soixante-dix, d'autres encore la centaine... et chez moi cent vingt ! Mais cela, Monsieur, dépend en partie du fermier.

— Et la rivière est poissonneuse ?

— Un véritable vivier. Même ici il ferait bon flâner, si l'on avait loisir, avec cette eau qui tambourine dans son bassin noir, et toute cette verdure enguirlandant les rochers... Et voyez un peu, jusqu'aux cailloux du bon Dieu, ne dirait-on pas de l'or et des pierres précieuses ? Mais, Monsieur, vous en êtes déjà à l'âge où, si je puis me permettre l'observation, vous devriez commencer à craindre les rhumatismes. De trente à quarante, c'est, pour ainsi dire, le temps de leurs semailles, et il fait froid et humide à se promener de si bon matin avec l'estomac vide. Prenez mon humble avis, Monsieur, et marchons.

— De tout mon cœur, répondit gravement Othon. Et tout en marchant : Ainsi donc, continua-t-il, vous avez vécu ici toute votre vie ?

— Ici, je suis né ; et je voudrais pouvoir dire : ici je mourrai. Mais la fortune, Monsieur, c'est la fortune qui fait tourner la roue ! On la dit aveugle, mais j'aime plutôt penser qu'elle voit un peu plus loin que nous. Mon grand-père, mon père, et moi, nous avons tous labouré dans ces arpents : mes sillons suivent la trace des leurs. Leurs noms et le mien se voient sur le banc du jardin : deux Killians et un Johann... Oui, Monsieur, dans mon vieux jardin, des hommes de bien se sont préparés pour la grande transformation. Je crois encore voir mon vieux père, le brave homme, avec son bonnet de coton, en faire le tour pour tout voir une bonne dernière fois. « Killian, me dit-il, vois-tu la fumée de mon tabac? Eh bien, voilà la vie!... » C'était sa dernière pipe, et je crois qu'il le savait. Et ce devait être une chose étrange, sans doute, que de laisser là les arbres qu'il avait plantés, le fils qu'il avait engendré, même la vieille pipe en tête de turc qu'il avait fumée depuis qu'il était jeune gars et s'en allait courtiser son amoureuse. Mais ici-bas nous n'avons pas de demeure stable. Quant à ce qui est de l'éternelle, il est consolant de songer que nous avons d'autres mérites que les nôtres sur quoi compter. Et pourtant vous ne sauriez croire comme l'idée de mourir dans un lit étranger me chagrine le cœur.

— Vous faut-il donc vous y résoudre? Et pour quelle raison? demanda Othon.

— La raison? On va vendre la ferme; trois mille écus, répondit M. Gottesheim. Si ç'avait été le tiers, je puis dire sans me vanter qu'avec mes épargnes et mon crédit j'aurais pu trouver la somme. Mais trois mille,... à moins d'avoir une chance étonnante, et que le nouveau propriétaire ne me retienne sur la ferme, il ne me reste plus qu'à déménager.

A cette nouvelle Othon sentit redoubler sa fantaisie pour l'endroit, fantaisie à laquelle vinrent se mêler de nouveaux sentiments. Si tout ce qu'il apprenait était exact, Grunewald menaçait de devenir assez malsain pour un prince régnant. Il pourrait être sage de se préparer un asile; et quel ermitage plus charmant pouvait-on concevoir? M. Gottesheim, de plus, avait évoqué sa sympathie. Tout homme, au fin fond de son cœur, aime assez à jouer le rôle de génie bienfaisant. Paraître sur la scène au bon moment, pour prêter aide au vieux fermier qui l'avait si fort maltraité en paroles, cela sembla au prince l'idéal d'une belle revanche. A cette perspective ses idées se ranimèrent, et il recommença à se considérer lui-même avec quelque respect.

— Je crois, dit-il, pouvoir vous trouver un acheteur; quelqu'un qui serait heureux de continuer à profiter de votre expérience.

— Est-il possible, Monsieur! s'écria le vieux. Ah! je vous serais fièrement obligé; car je commence à voir qu'un homme a beau s'exercer toute sa vie à la résignation, c'est comme la médecine : au bout du compte on ne réussit jamais à s'y faire.

— S'il vous convient de faire préparer le contrat, vous pouvez même grever l'acheteur de votre intérêt personnel, dit Othon, pour que l'usufruit vous en soit assuré pour la vie.

— Votre ami, hasarda Killian, votre ami, il ne voudrait pas sans doute laisser aussi les droits de réversion?... Fritz est un bon gars.

— Fritz est jeune, dit froidement le prince. Qu'il s'obtienne une position par ses efforts, et non par héritage.

Mais M. Gottesheim reprit avec insistance : — Il y a longtemps qu'il travaille sur cette ferme, Monsieur, et, à mon âge avancé (car j'aurai septante-huit ans, vienne la moisson), cela pourrait causer de l'embarras au propriétaire, de ne savoir qui mettre à ma place. Pouvoir compter sur Fritz, cela serait toujours un souci d'évité. Je crois pouvoir dire qu'il se laisserait tenter par une situation permanente.

— Le jeune homme a des idées subversives, répliqua Othon.

— Peut-être, cependant l'acheteur... recommença Killian.

L'impatience alluma une légère rougeur sur la joue d'Othon : — L'acheteur, dit-il, c'est moi.

— C'est ce que j'aurais dû deviner, répondit le vieillard, en saluant avec une dignité obséquieuse. Vous avez rendu un vieux paysan bien heureux, et je puis dire, en vérité, qu'à mon insu j'ai donné l'hospitalité à un ange. Monsieur, si seulement les grands de ce monde (et par ces mots j'entends ceux dont la position est puissante) avaient le cœur placé comme vous, que de foyers se rallumeraient, que de pauvres gens retrouveraient des chansons !

— Il ne faut pas juger trop sévèrement, Monsieur, dit Othon ; nous avons tous nos faiblesses.

— Cela est bien vrai, fit M. Gottesheim avec onction. Et sous quel nom dois-je connaître mon généreux propriétaire ?

Le double souvenir d'un voyageur anglais qu'il avait, la semaine auparavant, reçu à la cour, et d'un vieux chenapan de la même nation que dans sa jeunesse il avait connu, vint fort à propos à l'aide du prince. — Je m'appelle Transome, répondit-il. Je suis un voyageur anglais. C'est aujourd'hui mardi. Jeudi, avant midi, l'argent sera prêt. Nous nous retrouverons, s'il vous plaît, à Mittwalden, à *l'Étoile du matin.*

— En toutes choses justes, je serai toujours bien humblement à vos ordres, répondit le fermier. Vous êtes donc anglais! C'est une race de grands voyageurs. Votre Seigneurie a-t-elle de l'expérience en matières agricoles?

— J'ai déjà eu occasion de m'en occuper, dit le prince, non pas, il est vrai, en Gérolstein. Mais la fortune fait tourner la roue, comme vous le dites, et je désire me trouver préparé à ses révolutions.

— Vous avez bien raison, Monsieur, dit Killian.

Ils marchaient sans se presser et se rapprochaient en ce moment de la ferme, remontant le long du treillis jusqu'au niveau de la prairie. Depuis quelque temps ils entendaient des voix qui devenaient de plus en plus distinctes à mesure qu'ils s'avançaient. Enfin, sortant du vallon, ils aperçurent, à peu de distance, Fritz et Ottilie : lui, rouge de colère, la voix enrouée, accentuant chaque phrase d'un coup de poing dans la paume de sa main ; elle, un peu à l'écart, tout ébouriffée d'agitation, et se défendant avec volubilité.

— Eh là, mon Dieu!... fit M. Gottesheim, qui, à ce spectacle, parut disposé à s'éloigner. Mais Othon marcha droit aux amoureux, pensant bien entrer pour quelque chose dans leur querelle. Et en effet, Fritz n'eut pas plus tôt aperçu le prince, qu'il prit une pose tragique comme pour l'attendre et le défier.

— Oh! vous voilà donc, s'écria-t-il, quand il fut à portée de voix. Vous êtes un homme, vous, et il faudra bien que vous me répondiez... Que faisiez-vous, là-bas, tous les deux? Pourquoi vous cachiez-vous derrière les buissons? Puis se retournant, furieux, sur Ottilie: — Dieu du ciel! s'écria-t-il. Et dire que c'est à une femme comme toi que j'ai donné mon cœur!...

— Pardon, interrompit Othon, c'est à moi, ce me semble, que vous vous adressiez. En vertu de quelle circonstance ai-je à vous rendre compte des faits et gestes de cette demoiselle? Etes-vous son père, son frère, son époux?

— Eh, monsieur! répondit le paysan, vous le savez aussi bien que moi, c'est ma promise; je l'aime et elle est censée m'aimer. Mais, et qu'elle comprenne bien cela, il faut que tout soit cartes sur table. J'ai ma fierté aussi, moi!

— Allons, dit le prince, je vois qu'il est nécessaire que je vous explique ce que c'est que l'amour: l'amour se mesure à la bonté du cœur. Que vous soyez fier, c'est fort possible; mais elle, de son côté, ne peut-elle avoir aussi quelque estime de soi? Je ne parle pas de moi. Peut-être, si l'on voulait s'enquérir si minutieusement de votre conduite à vous, trouveriez-vous embarrassant de devoir tout expliquer?

— Cela n'est pas répondre, dit le jeune homme. Vous savez bien qu'un homme est un homme, et qu'une femme n'est qu'une femme; ça, c'est reconnu partout, haut et bas. Je vous fais une question, je vous la répète: je ne sors pas de là. — Il traça une ligne à terre, et y posa le pied.

— Quand vous aurez mieux approfondi les doctrines du libéralisme, dit le prince, peut-être changerez-vous de ton. Vos poids et mesures, mon jeune ami, ne sont pas de bon aloi. Vous avez une balance pour la femme, une autre pour l'homme, une pour les princes, une autre pour les garçons-fermiers. Pour le prince qui néglige son épouse, vous vous montrez fort sévère. Mais l'amoureux qui insulte sa fiancée... qu'en faites-vous? Vous vous servez du mot amour; j'imagine que cette demoiselle pourrait avec raison demander qu'on la délivre d'un amour tel. Car si moi, tout étranger que je suis, je m'étais permis la dixième partie de cette grossièreté, vous m'auriez, et en toute justice, cassé la tête. Et en la protégeant contre pareille insolence vous n'eussiez fait que ce qu'il sied à un amant. Protégez-la donc d'abord contre vous-même!

— Bien dit, fit le vieillard, qui les mains jointes derrière lui, et courbant sa grande taille, assistait à la scène. C'est vrai comme l'Ecriture.

Fritz fut ébranlé, non seulement par l'air d'imperturbable supériorité du prince, mais aussi par une lueur de conscience qui lui montrait son tort. Du reste l'appel à ses idées libérales l'avait troublé.

— C'est bon, dit-il, si j'ai été malhonnête je veux bien l'admettre. Je ne songeais pas à mal... et d'ailleurs j'étais dans mon droit (ce qui ne veut pas dire que je ne sois pas aussi au-dessus de toutes ces vieilles idées), mais si j'ai parlé vertement, eh bien, je lui demande pardon!

— Alors n'en parlons plus, dit Ottilie.

— Mais avec tout ça, reprit Fritz, je n'ai pas

ma réponse. Je demande ce que vous aviez à vous dire tous les deux. Elle prétend qu'elle a promis de n'en point parler, mais moi je veux le savoir. La politesse, c'est bien, mais on ne m'en fait pas accroire. J'ai droit à la justice, quoique je ne sois que l'amoureux.

— Demandez à M. Gottesheim, répliqua Othon, et vous apprendrez que je n'ai pas perdu mon temps. Depuis mon lever ce matin, j'ai convenu d'acheter la ferme; je veux bien satisfaire une curiosité que je trouve déplacée.

— Oh alors! répondit Fritz, s'il était question d'affaires, c'est différent. Tout de même je ne comprends guère pourquoi on ne voulait pas me le laisser savoir. Mais si le gentilhomme va acheter la ferme, il n'y a, autrement, plus rien à dire, je suppose?

— Naturellement, fit M. Gottesheim, avec un accent de conviction profonde.

Mais Ottilie fit preuve de plus de courage : — Là, tu vois bien! s'écria-t-elle. Que te disais-je tout le temps? Je te répétais que ce que je faisais c'était pour ton bien. Tu vois maintenant! N'as-tu pas honte de ton caractère méfiant? Ne devrais-tu pas te mettre à deux genoux devant ce gentilhomme... et devant moi?

CHAPITRE IV

OU LE PRINCE, CHEMIN FAISANT, RÉCOLTE
QUELQUES OPINIONS

Par un véritable triomphe de stratégie, Othon parvint à s'échapper un peu avant midi. De cette façon il fut quitte de la reconnaissance pesante de M. Killian, ainsi que de la reconnaissance confidentielle de la pauvre Ottilie ; mais il ne se débarrassa pas si facilement de Fritz. Ce jeune politique offrit, avec force regards mystérieux, de l'accompagner jusqu'à la grande route, et Othon, redoutant quelque reste de jalousie, et par égard pour la jeune fille, n'osa pas refuser. Tout en s'avançant, il observait son compagnon avec inquiétude, et espérait de tout cœur en avoir bientôt fini. Pendant quelque temps Fritz marcha en silence à côté du cheval, et ils avaient fait plus de la moitié du chemin projeté, quand, d'un air un peu confus, il leva les yeux vers le cavalier, et commença l'attaque : — N'êtes-vous pas, demanda-t-il, ce qu'on appelle un socialiste ?

— Mais... non, répondit Othon. Pas précisément ce qu'on entend par là. Pourquoi cette question ?

— Je vais vous le dire, répliqua le jeune homme. J'ai bien vu tout de suite que vous étiez un progressiste ardent, que vous vous reteniez seulement par crainte du vieux Killian. Quant à cela, Monsieur, vous aviez raison : les vieux sont toujours poltrons. Mais, à cette heure, il y a tant de groupes différents, qu'on ne peut jamais savoir d'avance jusqu'à quel point osera aller le plus hardi. Je n'eus la certitude complète que vous apparteniez aux penseurs avancés, que lorsque vous commençâtes à parler des femmes et de l'amour libre.

— En vérité, s'écria Othon, je n'ai jamais soufflé mot de chose pareille !

— Cela va sans dire... oh ! non, rien de compromettant ! Vous semiez les idées, voilà tout, les amorces de fond, comme dit notre président. Mais il faut être fin pour me tromper, car je connais nos orateurs, leur manière de faire, et leurs doctrines. Et, entre nous, ajouta Fritz, baissant la voix, je suis affilié moi-même... Oh ! oui, j'appartiens à une société secrète, j'ai ma médaille ! Il découvrit un ruban vert qu'il portait autour du cou, et fit admirer à Othon une médaille d'étain sur laquelle se voyait l'image d'un phénix, avec la légende : *Libertas*. — Et maintenant vous voyez que vous pouvez avoir confiance en moi. Je ne suis point un de vos vantards de taverne, je suis révolutionnaire convaincu. Et il jeta sur Othon un regard séducteur.

— Je comprends, répondit le prince. C'est tout à fait charmant. Mais, voyez-vous, Monsieur, ce qu'on peut faire de mieux pour son pays, c'est d'être tout d'abord un honnête homme. Pour ma part, quoique vous soyez parfaitement dans le vrai en supposant que je sois mêlé aux questions politiques, je suis tout à fait incompétent, tant par caractère que par intelligence, pour y jouer un rôle de chef. La nature, je le crains, n'a voulu faire de moi qu'un subalterne. Et pourtant nous avons tous quelque chose à quoi commander, quand ce ne serait qu'à notre humeur, Monsieur Fritz, et un homme qui songe à se marier doit s'observer de près : la position du mari, comme celle du prince, est tout artificielle ; dans l'une comme dans l'autre, il est difficile de bien faire. Suivez-vous le raisonnement ?

— Oui, certes, je suis le raisonnement, répondit le jeune homme, tout penaud et fort déconcerté par le genre de renseignements qu'il avait obtenu. Mais, se ranimant : — Est-ce pour en faire un arsenal, demanda-t-il, que vous avez acheté la ferme ?

— Nous verrons, répondit en riant le prince. Ne montrons pas trop de zèle ; en attendant, si j'étais vous, je ne soufflerais mot là-dessus.

— Oh ! pour cela, ayez confiance, Monsieur ! s'écria Fritz en empochant un écu. Quant à vous, vous n'avez rien dit... du premier coup je soupçonnais ce qu'il en était ; je pourrais même dire que j'en étais sûr. Rappelez-vous, ajouta-t-il, si l'on a besoin d'un guide, que je connais, moi, tous les sentiers de la forêt.

Othon, seul de nouveau, poursuivit son chemin en riant à part lui. Cette conversation avec Fritz l'avait immensément amusé. Il n'était pas non plus mécontent de sa conduite à la ferme. Bien des hommes, se disait-il, eussent, même sous une moindre provocation, plus mal agi. Et pour compléter ses impressions harmonieuses, la beauté du chemin et l'air printanier lui réjouissaient tous deux le cœur.

Montant, descendant, se repliant sur les collines boisées, la grande route, blanche et large, se déroulait vers Grunewald. De chaque côté se dressaient les sapins solidement plantés dans la fraîcheur de la terre, et protégeant entre leurs pieds noueux les mousses épaisses et le jaillissement des ruisseaux ; et quoique les uns fussent larges et forts, les autres élancés et plus grêles, tous se tenaient fermes dans la même attitude, avec la même physionomie, comme une armée silencieuse présentant les armes. Dans toute sa longueur, la grande route évitait les villes et les villages qu'elle laissait à droite et à gauche. De temps en temps, il est vrai, le prince pouvait entrevoir au fond d'un vallon vert quelque congrégation de toits ; ou peut-être, au-dessus de lui, la cabine solitaire d'un bûcheron. Mais la route était une entreprise internationale : visant les grandes cités lointaines, elle dédaignait la petite vie de Grunewald. De là sa grande solitude. Près de la frontière Othon rencontra un détachement de ses propres troupes marchant dans la poussière chaude. Il fut reconnu et acclamé, sans beaucoup d'enthousiasme, à son passage. Dès lors, et pour longtemps, il demeura seul avec les grands bois. Peu à peu l'heureuse influence sous laquelle il se trouvait commença à se dissiper. Ses pensées intimes revinrent à la charge comme un essaim d'insectes venimeux : le souvenir de la conversation de la nuit précédente l'assaillit comme une grêle de soufflets. De l'orient à l'occident il chercha du regard quelque consolateur, et bientôt remarqua sur la colline un chemin de traverse assez raide, et un cavalier qui le descendait avec précaution. Une voix, une présence humaine, à pareil moment, lui semblaient en elles-mêmes bienvenues comme la source dans le désert. Othon, arrêtant son cheval, attendit l'approche de l'étranger.

Ce dernier se trouva être un campagnard à figure rougeaude et lippue, chargé d'une double sacoche, et portant, attachée à la ceinture, une bouteille de grès. Il répondit gaiement, quoique d'une voix un peu épaisse, à l'appel du prince, et en même temps fit une embardée passablement bacchique sur sa selle. Il était clair que la bouteille n'était plus pleine.

— Allez-vous vers Mittwalden ? demanda le prince.

— Jusqu'à la route de Tannenbrunn, répondit l'homme ; allons-nous de compagnie ?

— Avec plaisir, je vous attendais même dans cet espoir.

Ils se trouvaient côte à côte. Suivant son instinct de paysan, l'homme examina d'abord de son œil trouble la monture de son compagnon : — Diantre, s'écria-t-il, vous montez une belle bête, l'ami ! Puis, ayant satisfait sa curiosité, il s'occupa d'un détail pour lui tout secondaire, la figure de son compagnon, et tressauta : — Le prince ! cria-t-il, et il salua, non sans une nouvelle embardée qui cette fois faillit le désarçonner. Je demande pardon à

Votre Altesse, de ne pas l'avoir reconnue tout de suite...

Le dépit enleva au prince tout son sang-froid :
— Puisque vous me connaissez, dit-il, il est inutile que nous fassions route ensemble. Je vous précéderai donc, avec votre permission. Mais, comme il se disposait à éperonner sa jument blanche, le manant, à moitié ivre, allongea le bras et lui saisit la bride.

— Dites donc, vous, fit-il, prince ou non, ce n'est pas comme ça qu'on se conduit. Oui-dà ! sous cape cela vous va bien de me tenir compagnie... mais du moment que je vous connais, avec ma permission, vous me précéderez !... Mouchard ! Et, tout cramoisi à la fois de boisson et de vanité mortifiée, le drôle cracha, pour ainsi dire, le mot à la figure du prince.

Othon se sentit tout à coup horriblement confus : il s'aperçut qu'il venait de présumer grossièrement sur son rang. Peut-être aussi un petit frisson de crainte personnelle se mêlait-il à ce remords, car le gaillard avait vigoureuse encolure et ne possédait qu'à demi sa raison. — Lâchez mes rênes ! lui dit-il, cependant, avec une reprise suffisante d'autorité. Et quand, un peu à son propre étonnement, il vit l'homme obéir : Sachez, Monsieur, continua-t-il, que bien que j'eusse pu prendre plaisir à cheminer avec vous en simple particulier qui converse intelligemment avec un autre, et à recevoir de cette façon vos opinions véritables sur divers sujets, il me serait fort peu intéressant d'écouter les vains compliments que vous débiteriez à votre prince.

— Vous croyez que je vous mentirais, peut-être ! hurla l'homme à la bouteille, s'empourprant de plus en plus.

— J'en suis certain, répliqua Othon qui retrouva tout son sang-froid. Vous ne me montreriez point, par exemple, la médaille que vous portez au cou. Car il venait d'apercevoir certain ruban vert à la gorge du malotru.

Le changement fut instantané. La face rouge se marbra de jaune; une main épaisse et tremblante alla tâter le cordon révélateur. Quelle médaille ?... s'écria l'homme, singulièrement dégrisé. Je n'ai pas de médaille !

— Pardonnez-moi, dit le prince. Je puis même vous dire ce qu'elle porte, à savoir : un phénix dans les flammes, avec le mot *Libertas*. Et comme le médaillé restait bouche béante, Othon continua en souriant : Cela vous sied bien, en vérité, de venir vous plaindre de l'impolitesse d'un homme dont vous complotez l'assassinat !

— L'assassinat ! bégaya l'autre. Pour ça, non. Jamais ! Je ne me mêle pas de choses criminelles, moi.

— Vous êtes singulièrement mal renseigné, dit Othon; la conspiration, en elle-même, est chose criminelle... et qui entraîne la peine de mort. Oui, Monsieur, la peine de mort : je vous garantis l'exactitude parfaite de ce que j'avance. Inutile, cependant, de vous laisser aller à cette déplorable agitation... je ne suis pas gendarme. Mais quand on veut se mêler de politique, il est bon de regarder au revers de la médaille.

— Votre Altesse !... commença le sire à la bouteille.

— Laissez donc! dit le prince. Vous êtes républicain, qu'avez-vous à faire d'altesses? Mais poursuivons notre chemin. Puisque vous le désirez si fort, je n'aurai pas le cœur de vous priver de ma compagnie. Et, aussi bien, j'ai une question à vous adresser: pourquoi, puisque vous êtes un corps si nombreux, car vous êtes fort nombreux, quinze mille hommes, m'a-t-on dit, et cela est sans doute au-dessous de la vérité, ai-je raison?

L'homme fit entendre un son inarticulé.

— Eh bien, donc, reprit Othon, puisque vous formez un parti si considérable, pourquoi ne pas vous présenter devant moi avec vos requêtes?... que dis-je! avec vos ordres? Ai-je la réputation d'être si passionnément attaché à mon trône? J'ai peine à le croire. Voyons, montrez-moi votre majorité, et sur l'instant j'abdique. Dites cela à vos amis. Assurez-les de ma part de ma docilité. Faites-leur comprendre que, quelle que puisse être leur idée de mes imperfections, il leur serait impossible de me tenir pour plus impropre à gouverner que je ne le fais moi-même. Je suis un des plus mauvais princes de l'Europe: pourront-ils enchérir là-dessus?

— Il est bien loin de ma pensée,... commença l'homme.

— Vous verrez que vous finirez par vous poser en défenseur de mon gouvernement! s'écria Othon. Vraiment, si j'étais vous, je quitterais les conjurations. Vous êtes aussi mal bâti pour faire un conjuré que, moi pour faire un roi.

— Il y a une chose, au moins, que je dirai tout haut. Ce n'est pas tant de vous que nous nous plaignons, que de votre dame.

— Pas un mot de plus, Monsieur! dit le prince. Puis, après un moment, d'un ton de colère et de mépris : Encore une fois, ajouta-t-il, je vous conseille de renoncer à la politique. Et si jamais je vous revois, que je vous revoie moins gris! Un homme qui s'enivre dès le matin, est bien le dernier qui ait le droit de porter un jugement, même sur le pire des princes.

— J'ai pris une goutte, mais je n'ai pas bu, précisa l'homme, l'air tout triomphant de sa judicieuse distinction. Et même, mettons que j'aie bu... eh bien! après? Personne ne dépend de moi. Mais ma scierie chôme et j'en accuse votre femme. Suis-je le seul? Allez le demander partout. Que font nos scieries? Que font les jeunes gens qui devraient avoir du travail? Et l'argent, comment circule-t-il? Tout est enrayé. Non, Monsieur, c'est bien différent... car je souffre de vos fautes, moi; je paye pour elles de ma bourse... de la bourse d'un pauvre homme, pardine! Mais mes fautes, en quoi vous regardent-elles? Gris ou non, je puis toujours bien voir que le pays va à tous les diables, et voir aussi à qui en est le tort. Maintenant, j'ai dit mon dire ; faites-moi jeter, si bon vous semble, dans vos prisons empestées... ça m'est égal. J'ai parlé vrai. Sur quoi, je reste en arrière, pour débarrasser Votre Altesse de ma société. Et le scieur, arrêtant son cheval, salua gauchement.

— Je vous ferai observer, dit Othon, que je ne vous ai pas demandé votre nom. Je vous souhaite une bonne promenade. Et il partit au galop.

Mais, quelque allure qu'il prît, cette entrevue

avec le scieur lui restait comme une poire d'angoisse dans le gosier. Il avait commencé par subir une leçon sur la politesse, et fini par éprouver une défaite en matière de logique; et, dans les deux cas, de la part d'un homme qu'il regardait avec mépris. Tous les tourments de sa pensée lui revinrent avec une nouvelle amertume. Vers trois heures de l'après-midi, étant arrivé au chemin de traverse qui menait à Beckstein, il se décida à s'y engager pour aller dîner à loisir. Rien, après tout, ne pouvait être pire que de continuer de la sorte.

En entrant dans la salle d'auberge, à Beckstein, il remarqua dès l'abord un jeune homme à figure intelligente, attablé, un livre ouvert devant lui. Othon fit placer son couvert près du lecteur, et, s'excusant comme il convenait, entama la conversation en lui demandant ce qu'il lisait.

— Je parcours, répondit le jeune homme, le dernier ouvrage de M. le docteur Hohenstockwitz, cousin et bibliothécaire de votre prince de Grunewald; homme d'une haute érudition, et non sans quelques lueurs d'esprit.

— Je connais M. le Docteur, dit Othon, mais pas encore son ouvrage.

— Deux privilèges que je ne puis que vous envier, répondit poliment le jeune homme. Un honneur pour le présent, un plaisir à venir.

— M. le Docteur est, je crois, fort estimé pour son savoir? demanda le prince.

— C'est, Monsieur, un exemple remarquable de la force intellectuelle, répondit le lecteur. Qui, parmi nos jeunes gens, s'occupe de son cousin, tout prince régnant qu'il soit? Qui, d'autre part, n'a entendu parler du docteur Gotthold? C'est que le mérite intellectuel, seul, de toutes les distinctions, est basé sur la nature.

— J'ai le plaisir de m'adresser à un philosophe, hasarda Othon, à un auteur peut-être?

Le sang monta aux joues du jeune homme:
— Comme vous le supposez, Monsieur, dit-il, je puis prétendre à ces deux distinctions. Voici ma carte. Je suis le licencié Rœderer, auteur de plusieurs ouvrages sur la théorie et la pratique de la politique.

— Vous m'intéressez énormément, dit le prince, d'autant plus que j'entends dire en Grunewald que nous sommes à la veille d'une révolution. Dites-moi, je vous prie, puisque vous faites une étude spéciale de ces questions, augureriez-vous favorablement d'un pareil mouvement?

— Je vois, Monsieur, dit le jeune écrivain, avec un certain accent d'aigreur, que vous n'avez pas connaissance de mes opuscules. Je suis ferme partisan du principe autoritaire. Je ne partage d'aucune façon toutes ces fantaisies illusoires, ces utopies dont les empiristes s'éblouissent eux-mêmes et exaspèrent les ignorants. L'âge de ces idées, croyez-moi, est passé, ou tout au moins le sera bientôt

— Quand je regarde autour de moi... commença Othon.

— Quand vous regardez autour de vous, interrompit le licencié, vous voyez les ignorants. Mais nous autres, dans le laboratoire de l'opinion, sous la lampe studieuse, nous commençons déjà à éliminer toutes ces faussetés. Nous commençons à retourner vers l'ordre de la nature, vers ce que je pourrais appeler (empruntant une expression à la thérapeutique) la méthode expectante pour le traitement des abus. Ne vous méprenez pas au sens de mes paroles, continua-t-il ; un pays dans la condition que nous voyons à Grunewald, un prince comme votre prince Othon, nous devons formellement les condamner. Tous deux sont surannés. Néanmoins je chercherais le remède, non pas dans les convulsions brutales, mais dans l'accession paisible d'un souverain plus capable. Je vous amuserais, sans doute, ajouta le licencié, oui, je crois que je vous amuserais, si je vous expliquais mon idéal d'un prince. Nous qui avons travaillé dans le silence du cabinet, nous ne songeons plus, à cette heure, à la vie d'action : les deux genres d'existence sont, nous l'avons prouvé, incompatibles. Je ne voudrais certes pas d'un philosophe sur le trône ; mais, d'autre part, je voudrais en voir un toujours tout près, comme conseiller. Comme prince je proposerais un homme d'une bonne intelligence moyenne, plutôt vive que profonde, un homme aux manières courtoises, ayant à la fois l'art de plaire et de commander, un homme observateur, d'humeur facile, séduisant. Je me suis permis de vous étudier depuis votre entrée ici : eh bien ! Monsieur, si j'étais un sujet de Grunewald, je prierais le ciel de placer sur le siège du gouvernement un homme tel que vous.

— Ah bah ! s'écria le prince... Vraiment ?

Le licencié Rœderer se mit à rire de bon cœur.

— Je pensais bien que je vous étonnerais, dit-il. Ce ne sont pas là les idées des masses.

— Oh! non, je vous assure, dit Othon.

— Ou plutôt, précisa le licencié, ce ne sont pas là leurs idées d'aujourd'hui; mais un jour viendra où ces idées prendront le dessus.

— Vous me permettrez, Monsieur, d'en douter, dit Othon.

— La modestie, continua le théoricien avec un petit rire, est toujours chose admirable. Mais je vous assure qu'un homme tel que vous, ayant à ses côtés un homme comme le docteur Gotthold, par exemple, serait, selon moi, dans tout ce qui est essentiel, un souverain idéal.

De ce train-là les heures s'écoulaient agréablement pour Othon. Mais malheureusement le licencié, qui était assez douillet en selle et adonné aux demi-étapes, couchait cette nuit-là à Beckstein. Et pour s'assurer des compagnons de route jusqu'à Mittwalden et se défaire ainsi autant que possible de la compagnie de ses propres pensées, le prince dut s'insinuer dans les bonnes grâces de certains marchands de bois, venus de divers États de l'Empire, qui buvaient ensemble et assez bruyamment au fond de la salle.

La nuit était déjà tombée quand ils se mirent en selle. Les marchands étaient en gaieté et braillaient fort; ils avaient tous une figure de lune d'août. Ils se faisaient des niches, chantaient seuls ou en chœur, oubliaient leur compagnon de voyage et s'en ressouvenaient tour à tour. Othon combinait de cette façon les avantages de la société et de la solitude, écoutant tantôt leurs bavardages et leurs remarques ineptes, tantôt les voix de la forêt. L'obscurité étoilée, les faibles brises des bois, la musique intermittente des fers sur la route, formaient un tout harmonieux qui s'accordait avec son esprit. Il était donc encore d'une humeur des plus égales quand ils arrivèrent ensemble au sommet de la longue colline qui surplombe Mittwalden.

Au fond du bassin boisé les lumières de la petite ville formaient un bassin scintillant de rues entrelacées. A l'écart, sur la droite, se voyait le palais, illuminé comme une fabrique.

L'un des marchands, bien qu'il ne reconnût point Othon, était de la principauté.

— Voilà ! s'écria-t-il, indiquant le palais de son fouet, voilà l'auberge de Jézabel !

— Comment, c'est comme ça que vous l'appelez ? fit un autre en riant.

— Mon Dieu, oui ; c'est ainsi qu'on l'appelle, répondit le Grunewaldien, et il entonna une chanson que la compagnie, en gens déjà familiers avec l'air et les paroles, reprit en chœur. Son Altesse Sérénissime Amélie, Séraphine, princesse de Grunewald, était l'héroïne de la ballade: Gondremark en était le héros. La honte siffla aux oreilles d'Othon. Il s'arrêta court, et, comme étourdi du coup, demeura immobile sur sa selle. Les chanteurs continuèrent de descendre la colline sans lui.

La chanson se chantait sur un air populaire, canaille et goguenard, et longtemps après que les paroles en furent devenues indistinctes, le rythme, s'élevant et s'abaissant, sonna l'insulte dans le cerveau du prince. Il prit la fuite pour y échapper. Tout près, à la droite, un chemin se dirigeait vers le palais; il le suivit à travers les ombres épaisses et les allées entre-croisées du parc. Par les belles après-midi d'été, quand la cour et la bourgeoisie s'y rencontraient et s'y saluaient, c'était un endroit animé. Mais au printemps naissant, à cette heure de la nuit, le parc était désert et abandonné aux oiseaux dans leurs nichées. Les lièvres se jouaient dans les fourrés. Çà et là une statue s'élevait, blanche, avec son geste éternel. Çà et là quelque temple de fantaisie lui renvoyait spectralement l'écho du pas de sa jument.

Au bout de dix minutes il arriva à l'extrémité supérieure de son propre jardin, où les petites écuries, au moyen d'un pont, s'ouvraient sur le parc. Dix heures sonnaient à l'horloge des communs, répétées immédiatement par la grosse cloche du palais, et au lointain par les clochers de la ville. Tout était silence aux écuries, sauf de temps en temps un cliquetis de chaîne et le bruit sourd d'un fer impatient. Othon mit pied à terre. À cet instant un souvenir se réveilla en lui : celui de certains récits d'avoine volée et de palefreniers fripons, récits entendus jadis, depuis longtemps oubliés, pour lui revenir maintenant en tête juste à propos. Il traversa le pont, et, se dirigeant vers une fenêtre, frappa fortement six ou sept fois en cadence. Tout en frappant il souriait. Au bout d'un instant le guichet de la porte s'entr'ouvrit, et une tête d'homme se montra sous la pâle lumière des étoiles.

— Rien ce soir, dit une voix.

— Une lanterne ! dit le prince.

— Miséricorde du ciel !... s'écria le palefrenier. Qui va là ?

— Moi, le prince, répondit Othon. Apportez une lanterne, emmenez la jument, et ouvrez-moi la porte du jardin.

L'homme demeura quelque temps silencieux, la tête toujours hors du guichet. — Son Altesse ! fit-il enfin. Mais pourquoi Votre Altesse a-t-elle frappé si drôlement ?

— Une superstition, dit Othon. On prétend à Grunewald que cela rend l'avoine moins chère.

L'homme poussa un cri semblable à un sanglot, et s'enfuit. Quand il reparut, même à la lumière de la lanterne il était tout pâle ; et en ouvrant la porte pour venir prendre la jument, sa main tremblait.

— Votre Altesse... commença-t-il enfin, pour l'amour de Dieu !... et il en resta là, écrasé sous le poids de sa culpabilité.

— Pour l'amour de Dieu, quoi donc ? demanda Othon gaiement. Pour l'amour de Dieu, ayons l'avoine moins chère ! Voilà ce que je dis. Bonsoir ! Et à grands pas il entra dans le jardin, laissant le valet d'écurie pétrifié pour la seconde fois.

Par une série de terrasses le jardin s'abaissait jusqu'au niveau du vivier. De l'autre côté le terrain s'élevait de nouveau, couronné par la masse confuse des toits et des pignons du palais. La façade moderne avec ses colonnes, la salle de bal, la grande bibliothèque, les chambres princières, enfin tous les appartements occupés et illuminés de cette vaste demeure, donnaient sur la ville. Du côté du jardin les bâtiments étaient beaucoup plus anciens : ici tout était presque noir. A peine quelques fenêtres, çà et là, à différentes hauteurs, laissaient-elles voir une tranquille lumière. La grande tour carrée se dressait, s'amincissant d'étage en étage, comme un télescope : et au-dessus du tout pendait le drapeau, immobile.

Le jardin, dans la pénombre, sous le scintillement du ciel étoilé, respirait le parfum des violettes d'avril. Sous la voûte de la nuit les arbustes se dressaient indistinctement. Le prince descendit à la hâte les escaliers de marbre, fuyant ses propres pensées. Mais contre la pensée il n'est, hélas ! aucune cité de refuge. A moitié chemin de sa descente les sons d'une musique lointaine vinrent, de la salle de bal, où dansait la cour, frapper son oreille. Ils étaient faibles et intermittents, mais ils touchèrent la corde de la mémoire : et à travers, au-dessus d'eux, Othon crut entendre de nouveau la mélodie échevelée de la chanson des marchands de bois. Une nuit complète tomba sur son âme. Voilà donc son retour... la femme dansait, le mari venait de jouer un tour à un laquais ; pendant ce temps, parmi leurs sujets, tous deux étaient passés en proverbe. Voilà donc l'espèce de prince, de mari, d'homme, qu'il était devenu, cet Othon !... Et il se prit à courir.

Un peu plus bas il rencontra inopinément une sentinelle ; quelques pas plus loin il fut interpellé par une autre ; et comme il passait le pont au-dessus du vivier, un officier qui faisait sa ronde l'arrêta une troisième fois. Cette parade de vigilance était inusitée, mais la curiosité était morte dans l'esprit d'Othon, et ces interruptions ne firent que l'irriter.

Le concierge de la porte dérobée lui ouvrit, et recula de surprise en le voyant si défait. Enfilant vite les escaliers et les corridors privés, le prince parvint enfin sans autre rencontre à sa chambre à coucher, arracha ses vêtements, et se jeta sur son lit dans l'obscurité. La musique de la salle de bal continuait toujours gaiement ; et toujours, à travers les mesures dansantes, il entendait résonner dans son âme le chœur des marchands descendant la colline.

LIVRE DEUXIÈME

DE L'AMOUR ET DE LA POLITIQUE

CHAPITRE I

CE QUI ADVINT DANS LA BIBLIOTHÈQUE

Le lendemain matin, à six heures moins un quart, le docteur Gotthold était déjà à son bureau dans la bibliothèque.

Une petite tasse de café noir près de lui, laissant de temps en temps errer son regard parmi les bustes et sur les longs rayons de livres aux reliures multicolores, il passait tranquillement en revue son travail de la veille. C'était un homme d'environ quarante ans, blond de cheveux, aux traits fins et un peu fatigués, à l'œil brillant quoique un peu fané. Se couchant et se levant tôt, il avait voué sa vie à deux choses : l'érudition et le vin du Rhin.

Une amitié de vieille date existait, mais à l'état latent, entre lui et Othon ; ils se rencontraient rarement, mais c'était toujours pour reprendre sur-le-champ le fil de leur intimité interrompue. Gotthold, le prêtre virginal du savoir, avait pendant quelques heures porté envie à son cousin, ce fut au jour de son mariage : il ne lui envia jamais son trône.

La lecture n'était pas un divertissement fort goûté à la cour de Grunewald, et cette grande et belle galerie ensoleillée, remplie de livres et de statues, était devenue en fait le cabinet particulier de Gotthold.

Ce mercredi matin, cependant, il venait à peine de se mettre à son manuscrit, quand la porte s'ouvrit et le prince entra dans l'appartement. Pendant qu'il s'approchait, recevant tour à tour de chaque fenêtre un chaud rayon de soleil, le docteur Gotthold l'observait curieusement. Othon avait l'air si gai, marchait si légèrement, était si correctement vêtu, si bien brossé, frisé, tiré à quatre épingles, d'une élégance si souveraine, qu'un léger ressentiment s'en éleva contre lui dans le cœur de son cousin l'ermite.

— Bonjour, Gotthold, dit Othon, se laissant tomber sur une chaise.

— Bonjour, Othon, répondit le bibliothécaire. Te voilà bien matinal. Est-ce par accident, ou bien commençons-nous à nous réformer ?

— Il serait temps, j'imagine, répliqua le prince.

— Moi, je n'ai pas d'imagination, dit le docteur. Je suis trop sceptique pour être conseiller de morale ; et quant aux bonnes résolutions, j'y croyais quand j'étais plus jeune. Elles sont les couleurs de l'arc-en-ciel de l'espoir.

— Quand on y songe, fit Othon, je ne suis pas un souverain bien populaire. Et le regard qui accompagna cette phrase la tourna en question.

— Populaire ? Dame, là-dessus il faudrait distinguer, répondit Gotthold, s'affaissant dans son fauteuil et joignant les mains par le bout des doigts. Il y a diverses sortes de popularité : la popularité de l'homme d'étude qui est tout impersonnelle... creuse comme le cauchemar. Il y a celle du politique, variété mixte. Il y a la tienne, la plus personnelle de toutes. Les femmes t'aiment, les valets t'adorent. Il est tout aussi naturel de t'aimer que de caresser un chien ; et si seulement tu étais simple scieur de bois, tu serais l'habitant le plus populaire de Grunewald. Comme prince... ah ! là, tu as manqué ta vocation ! C'est peut-être fort sage de le reconnaître, comme tu le fais.

— Peut-être fort sage ? répéta Othon.

— Oui. Peut-être : je ne voudrais pas être dogmatique, répondit Gotthold.

— Peut-être fort sage, et certes plus vertueux, reprit Othon.

— Pas d'une vertu romaine ! assura l'ermite en riant.

Othon rapprocha sa chaise, et, s'accoudant à la table, regarda son cousin bien en face. — Bref, dit-il, ce n'est pas d'un homme ?

Gotthold hésita. — Non... si tu le veux, ce n'est pas très viril. Puis il reprit en riant : — J'ignorais que tu posasses pour la virilité. C'était là justement un des traits que je me sentais disposé à aimer chez toi, disposé même, je crois, à admirer. Le nom des vertus exerce un charme sur la plupart de nous ; nous persistons à les revendiquer toutes, quelque inconciliables qu'elles puissent être. Tous, nous voulons être à la fois hardis et prudents, nous nous enorgueillissons de notre fierté, et nous montons sur le bûcher pour l'amour de l'humilité.

Mais avec toi, c'était différent. Tu étais bien toi-même, sans accommodement : c'était gentil à voir. Je l'ai toujours dit : il n'est personne au monde qui ait si peu d'affectation qu'Othon.

— Ni affectation ni effort ! s'écria Othon. Un chien mort flottant dans un canal a plus d'énergie que moi. La question, Gotthold, la question à laquelle il me faut faire face, la voici : ne me serait-il pas possible, à force de travail et de sacrifices, ne me serait-il pas possible de devenir un souverain passable ?

— Jamais ! répliqua Gotthold. Chasse vite cette idée-là. Du reste, mon fils, tu n'essaierais jamais.

— Gotthold, ne tente pas de me donner le change ! fit Othon. Si je suis foncièrement incapable de régner, que fais-je donc ici, avec cet argent, ce palais, ces gardes ? Et alors, moi, voleur, dois-je faire exécuter la loi par les autres ?

— J'admets la difficulté, répondit Gotthold.

— Eh bien, donc, ne puis-je essayer ? continua Othon. Ne suis-je même pas tenu d'essayer ? Et avec les conseils et l'aide d'un homme tel que toi...

— Moi ! s'écria le bibliothécaire. Ah ! pour ça, Dieu m'en préserve !

Othon n'était guère d'humeur souriante, mais il ne put réprimer un sourire. — Cependant, fit-il, je me suis laissé dire, la nuit dernière, qu'avec un homme tel que moi pour représenter, et un homme comme toi pour faire mouvoir les ressorts, on pourrait composer un gouvernement fort possible.

— Ah bah ! Je voudrais bien savoir dans quel cerveau malade, dit Gotthold, ce monstre inconcevable a vu le jour ?

— C'était quelqu'un de ton propre métier, un écrivain. Un nommé Rœderer, dit Othon.

— Rœderer ! Un oison ! s'écria Gotthold.

— Tu te montres ingrat, dit Othon. C'est un de tes admirateurs jurés.

— Pas possible ? se récria Gotthold, visiblement impressionné. Allons, il doit alors y avoir du bon dans ce jeune homme. Il faudra que je relise son fatras. C'est du reste une bonne note pour lui, car nos vues sont contraires. L'orient et l'occident ne sont pas plus opposés que nos idées. Serait-il possible que je l'aie converti ? Mais non, c'est une aventure de contes de fées.

— Alors, demanda le prince, tu n'es pas partisan du système autoritaire ?

— Moi ? Dieu me protège ! Je suis un rouge, mon fils.

— Cela m'amène, et par une transition naturelle, à mon deuxième point. Étant donné, demanda le prince, que je suis si mal adapté à ma position, que mes amis eux-mêmes l'admettent ; étant donné que mes sujets réclament à hauts cris mon renversement, et qu'une révolution se prépare en ce moment même, ne devrais-je pas aller à la rencontre de l'inévitable, ne devrais-je pas empêcher ces horreurs, et en finir avec ces absurdités ? En un mot, ne serait-il pas convenable d'abdiquer ? Oh ! crois-moi ! Je sens tout le ridicule, l'immense abus de langage, ajouta-t-il avec une grimace expressive ; mais même un principicule tel que moi ne peut résigner sa charge : il faut qu'il fasse un beau geste, qu'il s'avance chaussé du cothurne, et qu'il abdique.

— C'est juste, dit Gotthold. Ou bien qu'il se tienne tranquille. Quelle mouche te pique, aujourd'hui ? Ne vois-tu pas que tu touches de ta main profane aux replis les plus sacrés de la philosophie, à l'habitacle de la folie ? Oui, Othon, de la folie... car dans les temples sereins de la Sagesse, le Saint des Saints que nous tenons toujours précieusement sous clef est plein de toiles d'araignées. Tous les hommes, tous, sont essentiellement inutiles. La nature les tolère, elle n'en a pas besoin, elle ne s'en sert point : fleurs stériles ! Tous... jusqu'au rustre suant dans la fange, et que les imbéciles vous citent comme l'exception, tous sont inutiles ; tous tressent leur corde de sable, ou bien, tels qu'un enfant soufflant sur une vitre, écrivent et effacent de vains mots. Ne me parle plus de cela ! C'est là, te dis-je, que réside la folie.

Le docteur se leva de son fauteuil, mais se rassit aussitôt, et se prit à rire doucement. Puis, changeant de ton : — Oui, cher enfant, poursuivit-il, nous ne sommes pas ici pour combattre les géants ; nous sommes ici pour être heureux comme les fleurs, si faire se peut. C'est parce que tu pouvais l'être, toi, qu'en secret je t'ai toujours admiré. Tiens-t'en à cette occupation ; crois-moi, c'est la bonne. Sois heureux, paresseux, léger. Au diable tous les casuistes, et laisse les affaires d'État à Gondremark, comme par le passé ! Il s'en tire assez bien, et la situation réjouit sa vanité.

— Gotthold ! s'écria Othon, que m'importe tout

ceci ! Il n'est pas question d'utilité ? Je n'en puis rester à ce prétexte : il faut que je sois utile ou funeste, l'un ou l'autre. Je te concède sans réserve que le tout ensemble, tant prince que principauté, est d'un ridicule achevé, un trait de satire, et qu'un banquier ou l'homme qui tient une auberge remplissent des devoirs bien autrement graves. Mais, maintenant que depuis trois ans je m'en suis lavé les mains, que j'ai tout laissé... travail, responsabilité, honneur et jouissances, si tant est qu'il s'en trouve, à Gondremark et à... Séraphine... Il hésita à prononcer le nom, et Gotthold détourna les yeux. Eh bien, continua le prince, qu'en est-il advenu ? Impôts, armées, canons, ma parole ! on dirait une boîte de soldats de plomb. Et le peuple, dégoûté de toute cette folie, enflammé par cette injustice... De plus, la guerre. car j'entends parler de guerre... La guerre dans cette soupière ! Voilà une complication de honte et de bouffonnerie ! Et quand arrivera la fin inévitable... la révolution, qui en portera la blâme devant l'œil de Dieu, qui montera au pilori de l'opinion publique ?. Qui ? moi, prince Fantoche !

— Je croyais que tu n'avais que du dédain pour l'opinion publique, fit Gotthold.

— Autrefois, oui, dit Othon d'un air sombre, mais maintenant non. Je me fais vieux. Et puis, Gotthold, il y a Séraphine. On la hait dans ce pays où je l'ai amenée, ce pays que je lui ai permis de ruiner. Oui, je le lui ai donné comme jouet... et elle l'a cassé : voilà d'un beau prince, d'une princesse admirable ! Même sa vie... je te le demande, Gotthold, sa vie est-elle en sûreté ?

— Aujourd'hui peut-être, répondit le bibliothécaire ; mais puisque tu me le demandes sérieusement, je n'en répondrais pas demain. Elle est mal conseillée.

— Par qui ? Par ce Gondremark à qui tu me recommandes d'abandonner mon pays ! s'écria le prince. Admirable conseil ! la méthode même que j'ai suivie toutes ces années passées, pour en arriver où nous sommes ! Mal conseillée ? Oh ! si ce n'était que cela ! Voyons, inutile de tourner autour de la question : tu sais ce que la médisance ?...

Gotthold, les lèvres pincées, inclina la tête sans répondre.

— Eh bien, voyons, tu n'es pas déjà trop consolant au sujet de ma conduite comme prince ; ai-je même fait mon devoir comme époux ? demanda Othon.

— Tout beau, fit Gotthold avec chaleur et vivacité, ceci est une autre histoire. Je suis un vieux célibataire, un vieux moine. Je ne saurais te conseiller au sujet de ton mariage.

— Ce n'est pas de conseil qu'il s'agit, dit Othon en se levant. Il s'agit d'en finir. Et il se mit à marcher de long en large, les mains derrière le dos.

— Allons, dit Gotthold, après un long silence, que le ciel t'éclaire ! Moi, je ne le puis.

— A quoi tient tout ceci ? demanda le prince. Qu'en dois-je dire, est-ce manque de confiance, crainte du ridicule, vanité à l'envers ? Bah ! qu'importe le mot puisque j'en suis là ! Je n'ai jamais pu souffrir l'idée de me montrer affairé à propos de rien. Dès le commencement j'ai eu honte de ce petit royaume pour rire ; la pensée que l'on pût croire que je prenais au sérieux une chose si manifestement absurde m'était insupportable. Je ne voulais donc rien faire qu'il ne fût possible de faire en souriant... Que diable, j'ai le sens du ridicule ! Il me fallait faire preuve de plus de sagesse que Celui qui m'a créé. Et ce fut de même dans mon mariage, ajouta-t-il, d'une voix plus voilée. Je ne pouvais croire que cette jeune fille pût m'aimer : je ne voulais pas être de trop ; il me fallait sauvegarder la fatuité de mon indifférence. Quel tableau de faiblesses !

— Allons, nous sommes bien du même sang, moralisa Gotthold. Tu dépeins à grands traits le caractère du vrai sceptique.

— Sceptique ? Poltron plutôt ! s'écria Othon ; un misérable poltron sans nerfs, sans cœur !

Et comme le prince lançait ces paroles par saccades et sur un ton d'énergie inusitée, un vieux monsieur, court et gras, ouvrant en ce moment la porte derrière le fauteuil de Gotthold, les reçut en pleine figure. L'espèce de bec de perroquet qui lui servait de nez, sa bouche en cœur, ses petits yeux à fleur de tête en faisaient l'image vivante du formalisme ; et dans les circonstances ordinaires de la vie, quand il se dandinait à l'abri de son abdomen rebondi, il frappait le spectateur par un certain air de sagesse et de dignité glaciales. Mais à la moindre contrariété, le tremblement de ses mains, l'égarement de ses gestes trahissaient une faiblesse radicale. En ce moment, à la surprenante réception qu'il rencontrait à son entrée dans cette bibliothèque du palais de Mittwalden, retraite si silencieuse d'habitude, il jeta les bras en l'air comme s'il eût été frappé d'une balle, et poussa un cri aigu de vieille femme.

— Oh! fit-il, se remettant, Votre Altesse! Je vous demande mille pardons. Mais, Votre Altesse à pareille heure dans la bibliothèque! Une circonstance si inusitée que la présence de Votre Altesse, c'était une chose qu'on ne pouvait... penser que je pusse prévoir...

— Il n'y a aucun mal de fait, monsieur le Chancelier, dit Othon.

— Je venais pour une affaire d'une minute : quelques papiers que j'ai laissés hier soir aux soins de monsieur le Docteur, dit le chancelier. Monsieur le Docteur, si vous voulez bien avoir la bonté de me les donner, je ne vous dérangerai plus.

Gotthold ouvrit un tiroir et remit un paquet de manuscrits aux mains du vieux monsieur qui se prépara, avec les saluts d'étiquette, à se retirer.

— Monsieur Greisengesang, dit Othon, puisque nous nous sommes rencontrés, causons.

— Les ordres de Votre Altesse m'honorent, répliqua le chancelier.

— Tout va tranquillement depuis mon départ? demanda le prince en se rasseyant.

— Le cours ordinaire des affaires, Votre Altesse; des détails méticuleux qui prendraient, à la vérité, une importance énorme si on les négligeait, mais qui ne sont que simples détails quand on s'en acquitte. Votre Altesse est obéie avec le zèle le plus complet.

— Obéie, monsieur le Chancelier? répondit le

prince. Quand donc vous ai-je fait la faveur de vous envoyez un ordre ? Disons donc : remplacé. Mais, à propos de ces détails... donnez-m'en quelque exemple.

— La routine du gouvernement, commença Greisengesang, dont Votre Altesse a si sagement débarrassé ses loisirs...

— Laissons là mes loisirs, Monsieur, dit Othon. Venez aux faits.

— La routine des affaires a été suivie, répondit le fonctionnaire, visiblement agité.

— Il est vraiment étrange, monsieur le Chancelier, fit le prince, que vous persistiez ainsi à éluder mes questions. Vous me feriez presque supposer que vous couvrez quelque intention sous votre manque de compréhension. Je vous ai demandé si tout était tranquille... faites-moi le plaisir de me répondre.

— Parfaitement... Oh ! parfaitement tranquille, balbutia le vieux pantin, avec toutes les apparences du mensonge.

— Je prends note de ces paroles, dit le prince gravement. Vous m'assurez, moi, votre souverain, que depuis la date de mon départ il ne s'est rien passé ici dont votre devoir serait de me rendre compte.

— Je prends Votre Altesse... Je prends M. le Docteur à témoin, s'écria Greisengesang, que je n'ai employé aucune de ces expressions.

— Halte-là ! dit le prince. Puis, après une pause : Monsieur Greisengesang, ajouta-t-il, vous êtes un vieillard, vous fûtes serviteur de mon père avant d'être le mien. Il messied à votre propre dignité tout autant qu'à la mienne de bredouiller de telles excuses, de trébucher peut-être aussi sur des mensonges. Rassemblez vos idées ; et, cela fait, rapportez-moi catégoriquement tout ce que vous avez été chargé de me céler.

Gotthold, courbé sur son pupitre, paraissait avoir repris son travail ; mais une gaieté souterraine lui secouait les épaules. Le prince attendit, tirant tranquillement son mouchoir entre ses doigts.

— Votre Altesse, dit enfin le vieux gentilhomme, de cette façon irrégulière, et forcément privé de tout document, il me serait difficile, il me serait impossible de rendre justice aux événements assez graves qui sont parvenus à notre connaissance.

— Je ne critiquerai pas votre attitude, répliqua le prince. Je désire qu'entre vous et moi tout se passe à l'amiable, car je n'ai pas oublié, mon vieil ami, que vous avez été, dès le commencement, toujours bon pour moi, et pendant un certain nombre d'années, un serviteur fidèle. Je laisserai donc de côté les affaires sur lesquelles vous désirez que je ne fasse pas une enquête immédiate. Mais vous avez là, en ce moment même, certains documents entre les mains. Voyons, monsieur Greisengesang, voici du moins un point sur lequel vous possédez toutes les autorités nécessaires. Éclairez-moi là-dessus.

— Là-dessus ! s'écria le vieillard. Oh ! ceci n'est qu'une bagatelle... une affaire de police, Votre Altesse, un détail d'ordre purement administratif. Ceci n'est, tout simplement, qu'un choix de papiers saisis sur la personne du voyageur anglais.

— Saisis! répéta Othon. En quel sens? Expliquez-vous.

— Sir John Crabtree, interrompit Gotthold, levant la tête, a été arrêté hier soir.

— En est-il ainsi, monsieur le Chancelier? demanda Othon sévèrement.

— On l'a jugé bon, Votre Altesse, protesta Greisengesang. Le mandat était en bonne forme, revêtu de l'autorité de Votre Altesse, par procuration. En pareille matière je ne suis qu'un agent: je n'étais pas en position d'empêcher cette mesure.

— Cet homme, mon hôte, dit le prince, a été arrêté! Pour quelle raison, Monsieur, sous quelle ombre de prétexte?

Le chancelier se mit à balbutier.

— Votre Altesse trouvera peut-être parmi ces documents la raison qu'elle cherche, dit alors Gotthold, indiquant les papiers du bout de sa plume.

Othon remercia son cousin du regard, et, s'adressant au chancelier: — Donnez-les-moi, dit-il.

Mais celui-ci laissa poindre une hésitation visible.

— Le baron de Gondremark s'est adjugé cette affaire, dit-il. En cette matière je ne suis qu'un messager; et comme tel je ne suis revêtu d'aucun pouvoir pour communiquer les documents que je porte. Monsieur le Docteur, je suis convaincu qu'en ceci vous prendrez certainement mon parti.

— J'ai entendu, dit Gotthold, bon nombre de sottises, et la majeure partie venant de vous. Mais celle-ci est bien la plus forte.

Othon se leva : — Allons ! Monsieur, les papiers ! J'ordonne.

Greisengesang céda sur-le-champ.

— Avec la permission de Votre Altesse, dit-il, et en déposant à ses pieds mes excuses les plus humbles, je m'empresse d'aller attendre ses autres ordres à la chancellerie.

— Monsieur le Chancelier, reprit Othon, voyez-vous bien cette chaise ? C'est là que vous allez attendre mes autres ordres. Et comme le vieillard ouvrait de nouveau la bouche : — Ah ! cette fois-ci, paix ! s'écria le prince avec un geste impérieux. Vous avez suffisamment marqué votre zèle pour celui qui maintenant vous emploie ; et je commence à me lasser d'une modération dont vous abusez.

Le chancelier alla prendre la chaise indiquée et s'assit en silence.

— Et maintenant, dit Othon, ouvrant le rouleau, qu'est tout ceci ? Cela m'a l'air d'un livre en manuscrit.

— C'est, en effet, dit Gotthold, le manuscrit d'un livre de voyages.

— Vous l'avez lu, docteur Hohenstockwitz ? demanda le prince.

— Non, répondit Gotthold, je n'en ai vu que le titre. Mais le rouleau m'a été remis ouvert, et l'on ne m'a pas soufflé mot de secret.

Othon jeta sur le chancelier un regard irrité.

— Je comprends, poursuivit-il. Saisir les papiers d'un écrivain, à l'époque où nous en sommes de l'histoire du monde, dans un état infime et ignorant comme Grunewald... Voilà en vérité une bien honteuse folie! Et, s'adressant de nouveau au chancelier: Monsieur, je suis surpris de vous voir employé d'une façon si peu digne. Je ne m'arrêterai pas sur votre conduite envers votre prince... mais descendre jusqu'à l'espionnage! Car comment appeler autrement un tel acte? Saisir les papiers particuliers d'un étranger, le travail d'une vie entière peut-être, les ouvrir, les lire! Qu'avons-nous à faire de livres? On pourrait peut-être solliciter l'avis de monsieur le Docteur, mais nous n'avons pas, que je sache, d'*Index expurgatorius* à Grunewald. Il ne nous manquerait plus que cela pour être la farce la plus parfaite, dans ce monde de clinquant!

Tout en parlant, cependant, Othon continuait à défaire le paquet. Et quand le rouleau fut enfin ouvert, ses yeux s'arrêtèrent sur le titre, tracé avec le plus grand soin en encre rouge, et il lut:

MÉMOIRES

d'une visite aux diverses Cours de l'Europe,

par

Sir John Crabtree, Baronnet.

Plus bas suivait une liste des chapitres, dont chacun portait le nom d'une des cours européennes. L'un d'eux, le dernier sur la liste, était dédié à Grunewald.

— Ah! la cour de Grunewald! dit Othon. Cela

serait amusant à lire. Et la curiosité commença à le démanger.

— Un gaillard qui a de la méthode, ce baronnet anglais, dit Gotthold. Chaque chapitre écrit et terminé sur place. J'aurai certainement soin de me procurer son ouvrage dès qu'il paraîtra.

Othon hésitait : — Ce serait curieux pourtant, d'y jeter un coup d'œil, fit-il.

Le front de Gotthold se rembrunit; il se mit à regarder par la fenêtre. Mais, bien que le prince comprît parfaitement le reproche, la faiblesse prévalut.

— Ma foi, oui, dit-il, riant d'un air assez contraint, je crois, oui, je crois que j'y vais jeter un coup d'œil.

Et, ce disant, il se rassit, et étala le manuscrit du voyageur sur la table.

CHAPITRE II

LA COUR DE GRUNEWALD. FRAGMENT DU MANUSCRIT
DE L'ÉTRANGER

On se demandera sans doute (*C'est ainsi que le voyageur anglais commençait son dix-neuvième chapitre*) la raison qui m'a fait choisir Grunewald parmi tant d'Etats, tous également infimes, guindés, ennuyeux et corrompus. De fait, ce fut le hasard qui décida du choix, non pas moi; mais je n'ai eu aucune raison de regretter ma visite. Le spectacle de cette petite société, se macérant dans ses propres abus, peut ne pas avoir été fort instructif, mais je l'ai trouvé divertissant au dernier point.

Le prince régnant, Othon Jean-Frédéric, un jeune homme d'une éducation imparfaite, d'une bravoure douteuse, sans la moindre étincelle de capacité, est tombé dans le mépris public le plus complet. Ce fut avec une certaine difficulté que je pus obtenir une audience, car il s'absente fréquemment d'une cour où sa présence n'intéresse personne, et où son seul rôle est de servir de paravent aux amours de sa femme. A la fin, cependant, m'étant présenté pour la troisième fois au palais, je trouvai ce souverain dans tout l'exercice de ses inglorieuses fonctions, ayant sa femme d'un côté et l'amant de l'autre. Il n'a pas mauvaise tournure; ses cheveux sont d'un roux doré, frisant naturellement, et ses yeux d'une couleur foncée, combinaison que je regarde toujours comme l'indice d'une défectuosité congénitale, physique ou morale. Ses traits sont irréguliers mais agréables: le nez est peut-être un peu court et la bouche efféminée. Sa tenue est parfaite et il s'exprime avec une certaine facilité. Mais fouillez au-dessous de cet extérieur, vous ne découvrirez alors qu'une absence de toute qualité foncière, que cette défaillance complète de toute moralité, cette frivolité, cette inconséquence de vues qui caractérisent le fruit presque mûr d'un âge décadent. Il possède une teinture superficielle sur nombre de sujets, sans en avoir approfondi aucun. « Je me lasse vite de toute occupation », me dit-il en riant. Il semblerait presque qu'il fût fier de son manque de capacité et de valeur morale. Le résultat de ce dilettantisme se voit de tous côtés. Il fait mal des armes, c'est un cavalier, un danseur, un tireur de second ordre. Il chante (je l'ai entendu), il chante comme un enfant. Il rimaille des vers intolérables dans un français plus que douteux. Il joue la comédie en amateur ordinaire. Bref, il n'y a pas de limite au nombre des choses qu'il fait, et qu'il fait mal. Son seul goût viril est pour la chasse. En résumé c'est un *plexus* de faiblesses, une soubrette de théâtre, affublée d'habits d'homme, montée sur un cheval de cirque ! J'ai vu ce pauvre fantôme de prince, partant à cheval, seul ou avec quelques piqueurs, dédaigné de tous, et je me suis même senti de la compassion pour une existence si futile et si piètre. Tels, peut-être, furent les derniers Mérovingiens.

La princesse Amélie-Séraphine, fille de la maison grand-ducale de Toggenburg-Tannhäuser, serait une quantité également négligeable, n'était qu'entre les mains d'un ambitieux elle est devenue un instrument dangereux. Elle est beaucoup plus jeune que le prince ; c'est une enfant de vingt-deux ans, d'une vanité morbide, superficiellement intelligente, foncièrement sotte. Elle possède des yeux d'un brun roux, à fleur de tête, trop grands pour sa figure, et dans lesquels scintillent à la fois la légèreté et la férocité, un front étroit et haut, une taille fluette et un peu penchée. Son maintien, sa conversation qu'elle entrelarde de français, jusqu'à ses goûts mêmes et ses ambitions, tout chez elle est prétentieux. Et cette affectation se montre sans grâce: une batifoleuse jouant à la Cléopâtre. Je la jugerais incapable de franchise. Dans la vie privée, une jeune personne de cette espèce introduit le désordre dans la paix des ménages, se promène toujours escortée d'une troupe de prétendants à mine provocante, et figure une fois au moins dans un procès de divorce. C'est un type ordinaire, et, sauf pour le cynique, assez peu intéressant. Mais, placée sur un trône, entre les mains d'un homme tel que Gondremark, elle peut devenir la cause de grands malheurs publics.

Gondremark, le vrai maître de cet infortuné

pays, est d'une étude plus complexe. Étranger à Grunewald, sa position y est éminemment fausse, et le fait seul de l'avoir maintenue est un véritable miracle d'impudence et d'habileté. Ses discours, sa figure, sa politique, tout est en double : pile et face. Vers lequel de ses deux extrêmes tendent en réalité ses desseins? Ce serait un hardi penseur, celui qui tenterait de se prononcer là-dessus. Pourtant je hasarderais la conjecture qu'il les étudie tous deux, en attendant un de ces signes indicateurs dont le destin se montre si prodigue envers les sages de ce monde.

D'un côté, comme maire du palais, auprès d'Othon l'Inutile, et se faisant un outil et un truchement de l'amoureuse princesse, il poursuit une politique de pouvoir arbitraire et d'agrandissement territorial. Il a fait appeler au service militaire toute la population mâle de l'État bonne à porter les armes; il a acheté du canon et attiré, des armées étrangères, des officiers capables; et maintenant, dans ses relations internationales, il commence à prendre les façons batailleuses, le ton vaguement menaçant d'un matamore. L'idée d'étendre les frontières de Grunewald peut paraître absurde, mais ce petit État est placé avantageusement; ses voisins sont tous sans défense, et si, à un moment donné, les cours plus puissantes se trouvaient neutralisées par leurs jalousies, une politique active pourrait bien doubler la principauté tant en territoire qu'en population. Il est certain du moins que c'est un plan auquel on songe à la cour de Mittwalden, et que moi-même je ne considère pas comme absolument insensé. Le Margraviat de Brandebourg, d'une origine tout aussi insignifiante, est devenu une puissance formidable, et, bien qu'il soit un peu tard à l'heure qu'il est pour essayer de la politique d'aventure et que l'âge des guerres soit passé, il ne faut pas oublier que, comme toujours, la fortune tourne en aveugle sa roue pour les hommes et les nations. Concurremment avec, et en conséquence de ces préparatifs guerriers, des impôts écrasants ont été levés, des journaux ont été supprimés, et le pays qui, il y a trois ans, se trouvait riche et heureux, végète maintenant dans une inaction forcée; l'or y est devenu une curiosité, et les scieries chôment à côté des torrents des montagnes.

D'autre part, son second rôle, celui de tribun populaire, fait de Gondremark l'incarnation des loges maçonniques; il siège au beau milieu d'une conjuration organisée contre l'État. Mes sympathies sont acquises depuis longtemps à tout mouvement de cette nature, et je ne voudrais dire quoi que ce soit qui puisse embarrasser ou retarder la révolution. Mais pour prouver que je parle en connaissance de cause et non en chroniqueur de simples commérages, je suis en position de dire que j'ai assisté en personne à une assemblée où tous les détails d'une constitution républicaine furent discutés et arrangés avec la plus grande minutie. Et je puis ajouter que tous les orateurs y parlaient de Gondremark comme du guide de leurs mouvements, comme de l'arbitre de leurs discussions. Il a réussi à faire accroire à ses dupes (c'est comme tels qu'il me faut les considérer) que sa capacité de résistance à la volonté de la princesse est limitée ; et, à chaque nouvelle recrudescence d'autorité, il leur persuade par ses raisonnements spécieux de retarder l'heure de l'insurrection. C'est ainsi, pour donner un exemple de son astucieuse diplomatie, qu'il a glissé sur le décret concernant le service militaire, sous prétexte que l'exercice et l'habitude des armes étaient en eux-mêmes une préparation nécessaire à la révolte. Et l'autre jour, quand la rumeur commença à se répandre que l'on allait forcer à la guerre (et fort contre son gré) un voisin, le grand-duc de Gérolstein, rumeur qui certainement, à mon avis, devait donner le signal d'un soulèvement immédiat, je fus tout abasourdi d'apprendre que même ceci n'était encore qu'une des choses préparées à l'avance et qu'il fallait accepter. J'allai de l'un à l'autre dans le camp libéral : tous étaient endoctrinés de même, tous exercés, sermonnés, tous munis d'arguments creux. « Il sera bon pour les gars de voir la guerre de près, disaient-ils, et d'ailleurs nous ferons bien de conquérir le Gérolstein, de cette façon nous pourrons étendre sur nos voisins les bienfaits de la liberté, le jour où nous la gagnerons pour nous-mêmes. Et puis notre république n'en sera que plus forte à la résistance, si jamais les souverains d'Europe songeaient à se coaliser pour la renverser. »

Je ne sais vraiment ce que je devrais admirer le plus, de la naïveté du populaire ou l'audace de l'aventurier. Voilà néanmoins les subtilités, voilà les chicanes au moyen desquelles il aveugle et mène ce peuple. Combien de temps une pratique aussi tortueuse pourra être poursuivie, il m'est impossible de le conjecturer. Pas longtemps, je suppose. Et pourtant cet homme singulier erre depuis cinq ans dans le labyrinthe sans rien perdre ni de sa faveur à la cour, ni de sa popularité dans les loges.

J'ai l'avantage de le connaître un peu. Lourdement, même assez gauchement bâti, d'une charpente énorme, noueuse et mal reliée, il sait pourtant se redresser et poser, non sans attirer quelque admiration, au salon et à la salle de bal. Bilieux de teint et de tempérament, il a le regard saturnin ; sa joue est d'un bleu noir, là où a passé le rasoir. Il faut le ranger dans la classe des misanthropes de nature, de ceux qui méprisent leur prochain par conviction. Et pourtant il est lui-même plein d'une ambition vulgaire, et avide d'applaudissements. Dans sa conversation il est remarquable par son ardent désir d'apprendre, car il préfère écouter à parler, par ses opinions solides et réfléchies, et, en comparaison avec l'extrême manque de pénétration que montrent la plupart des politiques, par une prévision singulière des événements. Tout cela, cependant, est sans grâce, sans esprit, sans charme, lourdement démontré et avec une physionomie terne. Dans le cours de nos nombreuses conversations, bien qu'il m'ait invariablement écouté avec déférence, j'ai toujours eu le sentiment d'une espèce de finasserie grossière difficile à tolérer. Il n'y a rien en lui qui vous révèle le gentilhomme ; ce n'est pas seulement l'absence de toute espèce d'affabilité, de toute chaleur communicative. Jamais, du reste, un gentilhomme ne ferait une pareille parade de ses relations avec la princesse ; encore moins reconnaîtrait-il la longue patience du prince par une insolence étudiée et par l'invention de sobriquets insultants, tels que *Prince Plumeau*, sobriquet qui maintenant court par toutes les bouches et fait rire tout le pays. Gondremark possède ainsi beaucoup du caractère balourd du parvenu en combinaison avec un orgueil d'intelligence et un orgueil de race extravagants jusqu'à la sottise.

Lourd, bilieux, égoïste, laid, il pèse sur cette cour et sur ce pays comme un cauchemar.

Mais il est à supposer qu'il a des qualités plus agréables en réserve pour les occasions qui en demandent. Il est même certain, quoiqu'il n'ait pas jugé bon de me le laisser voir, que ce diplomate froid et épais possède au plus haut degré l'art de plaire, et qu'il sait, quand il le veut, se faire passer aux yeux de chacun pour l'homme selon son cœur. De là, sans doute, la légende oiseuse que dans la vie privée il n'est qu'un voluptueux grossier et tapageur. Rien, du moins, ne peut être plus surprenant que le pied sur lequel il se trouve placé auprès de la princesse. Plus âgé que son mari, incontestablement plus laid, et, selon les faibles idées habituelles aux femmes, moins agréable sous tous les aspects, non seulement il s'est complètement acquis l'empire sur l'esprit et les actions de cette femme, mais il lui a assigné en public un rôle humiliant. Je ne veux pas parler ici du sacrifice du dernier lambeau de sa réputation, car chez nombre de femmes de pareils excès sont en eux-mêmes attrayants. Mais il est de par la cour une certaine dame à réputation échevelée, une comtesse de Rosen, femme ou veuve d'un comte nébuleux, ayant déjà dépassé sa seconde jeunesse et perdu quelque peu de ses charmes, laquelle comtesse est ouvertement reconnue comme la maîtresse du baron. J'avais cru d'abord que ce n'était là qu'une complice à gages, simple masque ou paravent à l'intention de la pécheresse plus haut placée. Mais quelques heures en compagnie de madame de Rosen ont fait évanouir pour toujours cette illusion. Elle est plutôt femme à susciter un esclandre qu'à en empêcher un, et elle n'attache aucun prix aux appâts, argent, honneurs, places, avec lesquels on pourrait dorer sa position. En vérité, pour une personne franchement dévergondée, elle m'a plu à la cour de Grunewald comme un coin de nature vraie.

Le pouvoir de cet homme sur la princesse est donc sans bornes. Elle a sacrifié à l'adoration qu'il lui a inspirée non seulement ses vœux du mariage et le dernier sentiment de décence publique, mais jusqu'à la jalousie même, ce vice plus cher au cœur féminin que l'honneur et la considération publique. Et, qui plus est, femme, jeune sinon très attrayante, princesse par naissance et par son mariage, elle admet la rivalité triomphante d'une personne qui par le nombre des années pourrait être sa mère, et qui est manifestement son inférieure dans l'échelle sociale. Voilà un des mystères du cœur humain. Mais la rage de l'amour illicite, une fois qu'on y cède, semble augmenter à chaque pas en avant; et, étant donnés le caractère et le tempérament de cette malheureuse princesse, le dernier mot même de la dégradation entre dans les bornes de la possibilité.

CHAPITRE III

LE PRINCE ET LE VOYAGEUR ANGLAIS

Othon lut avec une indignation croissante, et, quand il en arriva là, sa fureur déborda. Il jeta le rouleau sur la table et se leva : — Cet homme, dit-il, est un démon. Imagination sordide, oreille avide de méchancetés, malice lourde en pensée comme en parole : je m'abaisse à son niveau rien qu'en le lisant. Chancelier, où a-t-on logé ce misérable ?

— Il a été renfermé à la tour au drapeau, répondit Greisengesang, dans l'appartement Gemiani.

— Conduisez-moi chez lui, dit le prince. Puis, frappé d'une idée : — Était-ce pour cela, demanda-t-il, que j'ai trouvé toutes ces sentinelles dans le jardin ?

— Votre Altesse... j'ignore, répondit Greisengesang, fidèle à son système. La distribution des gardes ne relève pas de mes fonctions.

Othon se retourna vers le vieillard avec colère : mais avant qu'il pût parler Gotthold lui toucha le bras, et, par un grand effort, le prince ravala son courroux. — C'est bien, fit-il en prenant le rouleau ; suivez-moi à la tour au drapeau.

Le chancelier se remit, et ils sortirent tous deux. C'était un voyage long et compliqué, car la bibliothèque se trouvait dans une aile des bâtiments nouveaux, tandis que la tour où flottait l'étendard appartenait au vieux château et donnait sur le jardin. Traversant divers escaliers et corridors, ils pénétrèrent enfin dans une petite cour sablée. Au travers d'un treillis élevé, le jardin laissait percer un rayon vert ; de tous côtés s'élevaient de hauts bâtiments à pignons ; étage par étage la tour au drapeau grimpait dans le bleu du ciel, et, au-dessus, parmi les nichées de corbeaux, le drapeau jaune flottait au vent. Au pied de l'escalier une sentinelle présenta les armes ; une autre marchait de long en large sur le premier palier ; une troisième stationnait devant la porte de la prison improvisée.

— Nous veillons sur cette boue comme sur un trésor ! ricana Othon.

L'appartement de Gemiani prenait son nom d'un certain docteur italien qui en avait fort imposé à un prince crédule d'autrefois. Les chambres étaient grandes, aérées, agréables, et donnaient sur le jardin ; mais les murailles étaient épaisses (car la tour datait de loin) et les fenêtres fortement barrées. Le prince, suivi du chancelier, toujours trottinant pour maintenir sa distance, glissa rapidement à travers la petite bibliothèque et le long salon, pour entrer comme la foudre dans la chambre à coucher située à l'extrémité opposée. Sir John était en train d'achever sa toilette : âgé de cinquante ans environ, avec une physionomie dure, inflexible, intelligente, il avait l'œil et la dent de l'homme courageux. Il ne se montra aucunement ému à cette irruption, et salua avec une sorte d'aisance moqueuse.

— A quoi dois-je attribuer l'honneur de cette visite ? demanda-t-il.

— Vous avez mangé mon pain, répondit Othon ; vous m'avez pris la main, vous avez été reçu sous mon toit. Quand vous ai-je manqué de courtoisie ? Qu'avez-vous demandé qui ne vous ait été octroyé comme à l'hôte honoré ? Et voilà, Monsieur, frappant avec colère sur le manuscrit, voilà votre reconnaissance !

— Votre Altesse a lu mes papiers ? dit le baronnet. C'est, en vérité, un honneur pour moi. Mais l'esquisse est fort imparfaite. J'aurai maintenant beaucoup à ajouter. Je pourrai dire que le prince que j'avais accusé de paresse est plein de zèle pour le département de la police, et qu'il se charge lui-même de ses devoirs les plus déplaisants. Je serai à même de raconter l'incident bouffon de mon arrestation, ainsi que la singulière entrevue dont vous m'honorez à présent. Quant au reste, j'ai déjà communiqué avec mon ambassadeur à Vienne, et, à moins que vous ne vous proposiez de m'assassiner, je serai en liberté, que cela vous plaise ou non, avant une semaine. Car je ne puis guère croire que le futur empire de Grunewald soit déjà assez mûr pour entrer en guerre avec l'Angleterre. Je suis donc, je pense, un peu plus que quitte envers vous. Je ne vous dois point d'explications : le tort est de votre côté. Mais, si vous avez étudié mes écrits avec intelligence, vous me devez, vous, une forte dette de reconnaissance. Et pour conclure, comme je n'ai pas encore fini ma toilette, il me semble que la courtoisie d'un geôlier envers son prisonnier devrait vous engager à vous retirer.

Sur la table se trouvait du papier, et Othon, s'asseyant, écrivit un passeport en faveur de Sir John Crabtree.

— Mettez le sceau, monsieur le Chancelier ! dit-il en se levant, et de son air le plus princier.

Greisengesang tira un portefeuille rouge de sa poche et mit le sceau, sous la forme peu romantique d'un timbre adhésif. Son trouble et sa gaucherie n'eurent pas pour résultat de diminuer le comique de l'affaire. Sir John observait avec un plaisir malin, et Othon rougit, regrettant un peu tard la majesté exagérée de son ordre et de son geste. Enfin le chancelier compléta son œuvre de prestidigitation, et, sans en attendre l'ordre, contresigna le passeport; ainsi régularisé, il le présenta en saluant.

— Maintenant, dit le prince, vous donnerez l'ordre de préparer une de mes propres voitures. Voyez vous-même à ce qu'on y mette les effets de Sir John et à ce qu'elle attende avant une heure d'ici, derrière la faisanderie. Sir John part ce matin pour Vienne.

De son air cérémonieux le chancelier prit congé.

— Monsieur, dit Othon, se retournant vers le baronnet, voici le passeport. Je regrette du fond du cœur que vous ayez été traité d'une façon inhospitalière.

— Il n'y aura donc pas de guerre avec l'Angleterre ? fit Sir John.

— De grâce, Monsieur ! Vous me devez assurément votre civilité. Les choses ont maintenant changé de face, et nous nous trouvons de nouveau sur le pied de deux simples gentilshommes. Ce n'est pas moi qui ai donné l'ordre de votre arrestation. Je ne suis revenu de la chasse que cette nuit : et tandis que vous ne pouvez me donner le blâme de votre emprisonnement, vous devez en revanche m'être reconnaissant pour votre mise en liberté.

— Cependant vous avez lu mes papiers ! dit le voyageur d'un air fin.

— En cela, Monsieur, répliqua Othon, j'eus tort et je vous en demande pardon, pardon que pour votre propre dignité vous ne pouvez guère refuser à un homme qui n'est qu'un *plexus* de faiblesses. La faute, du reste, n'est pas entièrement mienne : si ces papiers avaient été parfaitement innocents, mon acte n'eût été, tout au plus, qu'une indiscrétion. C'est votre propre culpabilité qui envenime mon offense.

Sir John envisagea Othon avec un sourire approbateur. Puis il salua, mais toujours en silence.

— Eh bien, Monsieur, continua le prince, maintenant que vous voilà entièrement à votre disposition, j'ai une faveur à demander de votre indulgence. J'ai à vous prier de vouloir bien m'accompagner seul jusqu'au jardin, aussitôt qu'il vous sera agréable.

— Du moment que je me trouve en liberté, répondit Sir John, et cette fois avec une courtoisie parfaite, je suis entièrement aux ordres de Votre Altesse. Et, si vous voulez bien excuser une toilette un peu sommaire, je vous suivrai même tel que je me trouve.

— Je vous remercie, dit Othon. Et sans plus tarder, le prince marchant le premier, ils descendirent les escaliers résonnants, passèrent par la grille au soleil et au grand air du matin sur la terrasse et parmi les parterres du jardin. Ils traversèrent le vivier où sautaient les carpes en essaim, remontèrent, toujours l'un suivant l'autre, les degrés, sous la neige tombante des blanches fleurs d'avril, avançant en mesure au grand chœur des oiseaux. Othon ne s'arrêta que lorsqu'ils furent parvenus à la terrasse la plus élevé du jardin. Là se trouvaient une grille donnant accès au parc, et tout près, sous un buisson de lauriers, un banc de marbre. De cet endroit la vue plongeait sur les cimes vertes des ormes où s'affairaient les corbeaux, et, plus loin, sur les toits du palais où l'étendard jaune flottait sur l'azur.

— Ayez la bonté, je vous prie, de vous asseoir, Monsieur, dit Othon.

Sans mot dire Sir John obéit, et pendant quelques instants Othon marcha de long en large devant son hôte, plongé dans le courroux de ses pensées. Les oiseaux chantaient à qui mieux mieux.

— Monsieur, dit enfin le prince, en se retournant vers l'Anglais, sauf les conventions de la société, vous êtes pour moi absolument un étranger. J'ignore quoi que ce soit de votre caractère et de vos desseins. Jamais je ne vous ai sciemment désobligé. Il est entre nous une différence de position sociale que je désire ignorer ; je voudrais, si tant est que vous me croyiez encore digne de ce reste de considération, être regardé comme simple gentilhomme. Or donc, Monsieur, j'ai eu tort de jeter les yeux sur ces papiers que je vous remets maintenant. Si cependant la curiosité révèle un manque de dignité, comme il m'est loisible de l'avouer, d'autre part la fausseté est chose à la fois bien lâche et bien cruelle. J'ai ouvert votre rouleau et qu'y ai-je trouvé... qu'y ai-je trouvé concernant ma femme ? Des mensonges ! dit-il en éclatant. Rien que des mensonges ! Il n'y a pas, j'en appelle à Dieu, quatre mots vrais dans votre intolérable pamphlet. Vous êtes homme, vous êtes âgé, vous pourriez même être le père de cette jeune femme ; vous êtes gentilhomme, homme de lettres, vous vous entendez aux choses délicates de la vie, et cependant vous pouvez venir ramasser tout ce vulgaire commérage et vous proposer de le faire imprimer et publier ! Voilà votre idée de la chevalerie ! Mais, Dieu soit loué ! la princesse a encore son époux. Vous racontez, Monsieur, dans ce manuscrit que vous tenez là à la main, que je tire mal des armes. Je vais vous demander de m'en donner une leçon. Le parc est tout proche derrière vous ; là-bas est la faisanderie où vous trouverez votre voiture. Si je succombe vous n'ignorez pas, Monsieur, vous l'avez écrit vous-même dans votre ouvrage, combien peu l'on s'occupe ici de mes mouvements. J'ai l'habitude de disparaître : ce ne sera qu'une disparition de plus, et bien avant qu'on ait pu la remarquer vous pourrez vous trouver en sûreté de l'autre côté de la frontière.

— Je vous ferai observer, dit Sir John, que ce que vous me demandez là est impossible.

— Et si je vous souffletais ? s'écria le prince, dans l'œil duquel brilla soudain un éclair menaçant.

— Ce coup serait une lâcheté, répliqua le baronnet sans sourciller, car cela ne changerait rien à la chose : je ne puis tirer l'épée contre un prince régnant.

— C'est pourtant cet homme, à qui vous n'osez pas offrir réparation, que vous insultez à plaisir ! s'écria Othon.

— Pardonnez-moi, dit le voyageur, vous êtes injuste. C'est parce que vous êtes prince régnant que je ne puis me battre avec vous, et c'est pour la même raison que j'ai le droit de critiquer vos actions et votre femme. En toute chose vous êtes une créature publique ; chair et os vous appartenez au public. Vous avez pour vous la loi, les fusils de l'armée, les yeux des espions. Nous, de notre côté, n'avons qu'une arme : la vérité.

— La vérité !... répéta le prince avec un geste expressif.

Il y eut un nouveau silence.

— Votre Altesse, dit enfin Sir John, n'espérez pas cueillir des raisins sur un chardon. Je suis vieux et tant soit peu cynique. Personne ne fait le moindre cas de moi ; et, somme toute, après l'entrevue actuelle, je ne crois connaître personne qui me plaise autant que vous. Comme vous voyez, j'ai changé mes idées, et j'ai le mérite assez rare d'admettre le changement. Cet écrit, je le déchire ici, devant vous, dans votre propre jardin. Je vous demande pardon ; je demande pardon à la princesse ; et je vous donne ma parole d'honneur, comme gentilhomme et comme vieillard, que lorsque paraîtra mon livre de voyages, on n'y trouvera pas même le nom de Grunewald... Et pourtant c'était là un chapitre piquant ! Ah ! si seulement Votre Altesse avait lu ce que je raconte des autres cours ! Je suis un corbeau ! Mais, après tout, ce n'est pas ma faute, si ce monde n'est qu'un chenil nauséabond.

— Monsieur, dit Othon, n'est-ce pas plutôt l'œil même qui voit les choses en jaune ?

— C'est, ma foi, fort possible, s'écria le voyageur. Je m'en vais reniflant : je ne suis pas poète. Je crois à un avenir meilleur pour le monde... ou, tout au moins, j'ai la plus piètre opinion du présent. Œufs pourris, voilà le refrain de ma chanson. Mais, d'autre part, Altesse, quand je rencontre quelque mérite, je ne pense pas être lent à le reconnaître. Ce jour-ci est un de ceux dont je me souviendrai avec gratitude, car j'ai trouvé un souverain possédant les vertus d'un homme. Et pour une fois, tout vieux courtisan et tout frondeur que je suis, c'est du fond du cœur et en toute sincérité que je demande l'honneur de baiser la main de Votre Altesse.

— Non, Monsieur, dit Othon, sur mon cœur !

Et l'Anglais, saisi à l'improviste, se trouva serré un instant entre les bras du prince.

— Maintenant, Monsieur, ajouta Othon, voilà la faisanderie, derrière laquelle, tout proche, vous trouverez ma voiture que je vous prie d'accepter. Et que le ciel vous conduise à Vienne !

— Avec l'impétuosité de la jeunesse! répondit Sir John. Votre Altesse ne se souvient pas d'une chose, c'est que je suis encore à jeun.

— Eh bien, Monsieur, dit Othon en souriant, vous êtes maître de vos mouvements, vous pouvez partir ou demeurer. Mais, je vous en préviens, votre ami pourrait bien se trouver moins puissant que vos ennemis. Le prince, il est vrai, est tout vôtre; il ne désire rien plus que de vous aider. Mais que sert de vous apprendre cela? Vous savez encore mieux que moi qu'il n'est pas seul à Grunewald!

— La position compte pour beaucoup, répondit le voyageur, en secouant gravement la tête. Gondremark aime à temporiser; sa politique est souterraine, et il redoute toutes les voies franches. Et maintenant que je vous ai vu agir avec tant de vigueur, je me risquerai gaiement sous votre protection. Qui sait? Peut-être gagnerez-vous encore la partie?

— Est-ce là vraiment votre opinion? s'écria le prince. Ah! vous me revivifiez le cœur!

— Allons, je n'esquisserai plus de portraits, dit le baronnet. Je n'y vois pas assez clair, et je vous ai étrangement mal lu. Et, pourtant, souvenez-vous bien de ceci : un bond au départ, et une course soutenue, sont choses différentes. Car votre constitution m'inspire encore de la défiance : le nez court, les cheveux et les yeux de complexions différentes... Non, ce sont là des indices, et je vois qu'il me faut conclure comme j'ai commencé.

— Je suis donc toujours la soubrette? fit Othon.

— Ah! Altesse, de grâce! Je vous supplie d'oublier ce que j'ai écrit! dit Sir John. Je ne suis pas comme Ponce Pilate : ce chapitre n'est plus. Souffrez qu'il soit mort et enterré, pour l'amour de moi.

CHAPITRE IV

PENDANT QUE LE PRINCE FAIT ANTICHAMBRE...

Grandement réconforté par ses exploits du matin, le prince (préoccupé maintenant d'une entreprise plus difficile) se dirigea vers l'antichambre de la princesse. Les rideaux se soulevèrent à son approche, l'huissier proclama son nom, et Othon fit son entrée en exagérant un peu sa dignité habituelle, enjouée et minaudière. Là, attendaient une vingtaine de personnes, principalement des dames, une des rares compagnies où Othon se savait en faveur à Grunewald ; et tandis qu'une demoiselle d'honneur sortait par une porte dérobée pour aller annoncer son arrivée à la princesse, il fit le tour de l'appartement, recevant les hommages et distribuant les compliments avec une grâce amicale. Si telle eût été la somme de ses devoirs, il eût fait un prince admirable. L'une après l'autre les dames se trouvèrent impartialement honorées de son attention.

— Madame, dit-il à l'une d'elles, comment est-ce possible ? Je vous trouve de jour en jour plus adorable.

— Et Votre Altesse devient de jour en jour plus hâlée, répliqua la dame. Nous avions commencé sur le pied d'égalité, oh là ! je veux être hardie: nous avons tous deux un teint admirable. Mais, tandis que je soigne le mien, Votre Altesse laisse basaner le sien.

— Un véritable nègre, Madame ; mais, quoi de plus à propos, puisque je suis l'esclave de la beauté? dit Othon. Madame Grafinski, à quand notre nouvelle comédie? Je viens justement d'apprendre que je suis mauvais acteur.

— O ciel ! s'écria Madame Grafinski. Qui a pu oser ! Quel est l'ours !...

— Un homme excellent, je puis vous l'assurer, répondit Othon.

— Oh non ! Oh ! est-il possible ! se récria la dame, d'une voix flûtée. Votre Altesse joue comme un ange.

— Il faut que vous ayez raison, Madame. Qui pourrait avoir tort et paraître si charmante ? dit le prince. Mais il semble que ce monsieur aurait préféré que je jouasse comme un acteur.

Une espèce de murmure, un roucoulement de fausset féminin, accueillit la minuscule saillie, et Othon se rengorgea comme un paon. Cette chaude atmosphère de femmes, de flatterie, ce babillage léger le réjouissait jusqu'à la moelle des os.

— Madame d'Eisenthal, votre coiffure est délicieuse, remarqua-t-il.

— Chacun en faisait l'observation, dit quelqu'un.

— Ai-je plu au Prince Charmant ?... Et madame d'Eisenthal lui fit une profonde révérence accompagnée d'une œillade assassine.

— Est-ce du nouveau ? demanda Othon. Mode de Vienne ?

— Tout battant neuf, répondit la dame, en vue du retour de Votre Altesse. Je me suis sentie jeune ce matin : c'était un pressentiment. Mais pourquoi, prince, nous abandonnez-vous si souvent ?

— Pour le plaisir de revenir, dit Othon. Je suis comme le chien : il me faut enterrer mon os et revenir le dévorer des yeux.

— Oh ! un os ! Fi donc ! quelle comparaison ! répliqua la dame.

— C'est ce que le chien, Madame, a de plus cher, dit le prince. Mais j'aperçois madame de Rosen.

Et Othon, quittant le groupe avec lequel il venait de gazouiller, s'avançait vers l'embrasure d'une fenêtre où se tenait une dame.

La comtesse de Rosen jusqu'alors avait été silencieuse et un peu abattue ; mais, à l'approche du prince elle commença à se ranimer. C'était une femme grande, élancée comme une nymphe, à la démarche légère. Sa figure, belle déjà au repos, s'illuminait, se transformait par l'animation, s'épanouissait en sourires, et se réchauffait d'adorables couleurs. Elle chantait admirablement ; et même en parlant sa voix possédait une variété de tons extraordinaires ; les notes graves en étaient riches avec toutes les qualités de la taille, et les plus hautes, rieuses et vibrantes de musique. C'était un joyau à mille facettes et à mille feux différents : une femme qui masquait la plus belle partie de sa beauté pour la faire, dans un instant de caresse, briller soudain comme une arme. Un moment on ne voyait en elle qu'une femme élancée et de belle figure olivâtre, laissant entrevoir un tempérament hardi ; puis, tout à coup, comme une fleur qui s'ouvre, elle s'animait de vie et de couleurs, de gaieté et de tendresse. Mme de Rosen tenait toujours une arme en réserve pour achever un admirateur mal assuré. Elle attaqua Othon avec un dard de tendre gaieté.

— Enfin, vous voilà donc venu à moi, prince cruel ! dit-elle. Papillon que vous êtes ! Eh bien, ne puis-je vous baiser la main ? ajouta-t-elle.

— C'est à moi, Madame, de baiser la vôtre. Et Othon, saluant, se courba pour lui déposer un baiser sur les doigts.

— Ah ! vous me refusez toutes les douceurs ! dit-elle en souriant.

— Quoi de nouveau à la cour ? demanda le prince. Je viens à vous pour ma gazette.

— Calme plat, répondit-elle. Le monde est endormi ; il grisonne en sommeillant. Je ne puis me rappeler un seul mouvement de réveil depuis toute une éternité : la dernière chose en fait d'émotion eut lieu la dernière fois que l'on permit à ma gouvernante de me donner une claque. Mais cependant je me fais une injustice, ainsi qu'à votre malheureux palais enchanté. Voici la dernière. Oh ! positivement la toute dernière ! — Et làdessus, derrière l'éventail, avec maints sourires, maints effets d'habile racontage, elle lui détailla l'histoire en question.

Les assistants s'étaient retirés à l'écart, car il était reconnu que la comtesse de Rosen se trouvait en faveur. Celle-ci, néanmoins, de temps à autre baissait la voix presque jusqu'au chuchotement ; le couple, tête à tête, se penchait sur le récit.

— Vous êtes, — savez-vous ? — dit Othon en riant, la femme la plus amusante de ce monde.

— Ah ! vous vous en êtes enfin aperçu ! s'écria-t-elle.

— Oui, Madame, avec les années je prends plus de clairvoyance.

— Les années ! répéta-t-elle. Pouvez-vous parler de ces traîtresses ? Je ne crois pas aux années, moi : le calendrier est un leurre.

— Il faut que vous ayez raison, Madame, répondit le prince. Depuis six ans que nous sommes amis, je remarque que vous devenez sans cesse plus jeune.

— Flatteur ! s'écria-t-elle ; puis, changeant de ton : Mais pourquoi dirais-je cela quand, sur mon âme, je pense tout comme vous ? Il y a une semaine, je tins conseil avec mon Père Directeur, le miroir ; le miroir me répondit : « *Pas encore* ». Je fais ainsi confesser mon visage tous les mois. Oh ! c'est là un moment fort solennel ! Savez-vous ce que je ferai quand le miroir répondra : « *Il est temps* » ?

— Je ne saurais deviner, dit-il.

— Ni moi non plus, répondit la comtesse. Il y a du choix ! Le suicide, le jeu, le couvent, un volume de mémoires, ou la politique. Ce sera cette dernière, je crains.

— Triste vocation ! fit Othon.

— Non pas, répondit-elle. C'est une vocation pour laquelle je me sens du goût. Après tout, la politique est cousine germaine du commérage, qui est bien amusant, il faut l'avouer. Par exemple, si je vous racontais que la princesse et le baron sortent à cheval ensemble tous les jours pour inspecter les canons, cela serait, selon la tournure de ma phrase, de la politique ou du commérage. Je suis l'alchimiste qui dirige la transmutation. Depuis votre départ ils ont été partout ensemble, continua-t-elle ; et ses yeux brillèrent, quand elle vit Othon se rembrunir. Ceci n'est qu'un petit caquet malicieux... Et partout on les a acclamés : ajoutez cela, et le tout devient une nouvelle politique.

— Parlons d'autre chose, dit Othon.

— J'allais le proposer, répondit-elle. Ou plutôt j'allais poursuivre la politique. Cette guerre est fort populaire, le croiriez-vous ? Assez, du moins, devrais-je dire, pour que l'on ait acclamé la princesse Séraphine.

— Tout est possible, Madame. Entre autres choses il est possible que nous nous préparions à la guerre. Mais je vous donne ma parole d'honneur que je ne sais pas avec qui.

— Et vous supportez cela ! s'écria-t-elle. Je n'ai aucune prétention à la moralité ; je confesse que j'ai toujours eu l'agneau en abomination et chéri un sentiment romanesque pour le loup. Oh ! finissez-en avec votre rôle d'agneau ! Laissez-nous voir que nous avons un prince, car je suis lasse de la quenouille !

— Madame, dit Othon, je croyais que vous apparteniez à l'autre faction.

— Je serais de la vôtre, mon prince, si seulement vous en aviez une, répliqua-t-elle. Est-il donc vrai que vous n'ayez aucune ambition ? Il y avait une fois, en Angleterre, un homme qu'on nommait le Faiseur de rois. Savez-vous, ajouta-t-elle, j'imagine que je saurais faire un prince.

— Peut-être viendrai-je un de ces jours, Madame, dit Othon, vous demander d'aider à faire un fermier.

— Est-ce une énigme ? demanda-t-elle.

— Oui, Madame. C'en est même une assez bonne.

— Je vous rends la pareille, et vous en pose une autre : Où est Gondremark ?

— Le premier ministre ? Au premier ministère, sans doute, dit Othon.

— Précisément, dit la comtesse. Et, de l'éventail, elle indiqua l'appartement de la princesse. Vous et moi, mon prince, nous sommes dans l'antichambre. Vous me croyez méchante, ajouta-t-elle ; éprouvez-moi et vous verrez. Donnez-moi une tâche, faites-moi une question ; il n'est aucune énormité que je ne sois capable de commettre pour vous obliger, ni aucun secret que je ne sois prête à vous révéler.

— Madame, répondit-il en lui baisant la main, en vous je respecte trop l'amie. Je préférerais rester dans l'ignorance de tout cela. Fraternisons, comme les soldats ennemis aux avant-postes, mais soyons chacun fidèle à notre camp.

— Ah ! s'écria-t-elle, si tous les hommes étaient généreux comme vous, cela vaudrait la peine d'être femme !

A en juger, cependant, par son visage, la générosité du prince l'avait plutôt désappointée. Elle parut chercher un remède; et, l'ayant trouvé enfin, elle se ranima.

— Maintenant, dit-elle, puis-je congédier mon souverain ? C'est de la rébellion cela, un cas pendable ! Mais que faire ? Mon ours est jaloux !

— De grâce, Madame !... Assuérus vous tend le sceptre. Plus encore : il vous obéit en tout point. J'aurais vraiment dû naître chien, pour accourir au sifflet.

Le prince prit congé, et alla papillonner autour de la Grafinski et de la d'Eisenthal. Mais la comtesse s'entendait au maniement de ses armes, et elle avait laissé un dard charmant planté dans le cœur du prince. Gondremark jaloux ! C'était là une vengeance agréable, et madame de Rosen, cause de cette jalousie, lui apparaissait sous un jour nouveau.

CHAPITRE V

... GONDREMARK EST CHEZ MADAME

La comtesse de Rosen avait dit vrai. Le fameux premier ministre de Grunewald se trouvait déjà renfermé avec Séraphine. La toilette était achevée, et la princesse, habillée avec goût, était assise devant un haut miroir. La description de Sir John était méchamment exacte, exacte dans les termes, mais néanmoins un libelle, un chef-d'œuvre de misogynie. Son front était peut-être un peu haut, mais cela lui allait. Ses épaules pouvaient être un peu rondes, mais chez elle chaque détail était parachevé comme un joyau : la main, le pied, l'oreille, le port de sa tête gracieuse, tout était délicat et harmonieux. Sinon parfaitement belle, elle était du moins vive, changeante, colorée, jolie de mille jolies façons. Et quant à ses yeux, s'il était vrai qu'elle en jouait avec un peu trop d'affectation, du moins en jouait-elle bien. De tous ses traits c'était là ce qu'elle avait de plus attrayant. Et cependant ils rendaient constamment faux témoignage contre ses pensées, car, quoique du fond de son cœur encore inépanoui, inadouci, elle fût entièrement vouée aux ambitions mâles, au désir du pouvoir, ses yeux tour à tour hardis, provocants, fiers, attendris ou astucieux étaient ceux d'une sirène avide. Astucieuse, elle l'était, d'une certaine façon. Irritée de n'être pas homme et de ne pouvoir briller par l'action, elle avait conçu un rôle féminin de domination responsable ; elle visait à la direction des autres pour ses intérêts privés ; elle voulait rayonner d'influence tout en restant froide de cœur ; et bien qu'elle n'aimât aucun homme, elle aimait à voir l'homme lui obéir. C'est là une ambition assez commune chez les jeunes femmes : telle était sans doute cette dame au gant qui envoya son amant au milieu des lions. Mais le piège est tendu pour l'homme tout aussi bien que pour la femme, et le monde est ajusté avec l'artifice le plus parfait.

Près d'elle, sur une chaise basse, Gondremark avait disposé ses membres dans une attitude de chat, voûté et soumis. La formidable mâchoire bleuâtre de cet homme, et son œil trouble et bilieux rehaussaient la valeur de son évident désir de plaire. Sa figure exprimait la capacité, le sang-froid, et une sorte d'improbité hardie, improbité de pirate qu'il eût été calomnieux d'appeler fourberie. Ses manières, comme il souriait à la princesse, étaient par trop belles, et pourtant sans élégance.

— Probablement, dit le baron, je devrais maintenant songer à prendre congé. Il ne faut pas que je laisse mon souverain faire antichambre. Venons-en donc tout de suite à une décision.

— Est-il impossible, tout à fait impossible de remettre à plus tard ? demanda-t-elle.

— Impossible, répondit Gondremark. Votre Altesse doit le reconnaître elle-même. Dans les commencements nous pouvons imiter le serpent, mais quant à l'*ultimatum* nous n'avons pas de choix : il faut être hardis comme les lions. Si le prince avait eu l'idée de rester éloigné, cela sans doute eût mieux valu ; mais nous nous sommes trop avancés pour temporiser.

— Qu'est-ce donc qui a pu le ramener ? s'écria-t-elle. Aujourd'hui surtout !

— Le fâcheux, Madame, suit l'instinct de sa nature, répondit Gondremark. Mais vous vous exagérez le péril. Songez, Madame, à quel point nous avons réussi déjà, malgré combien de désavantages. Est-ce qu'une Tête-de-Plume ?... Eh non ! Il souffla, en riant, légèrement sur ses doigts.

— La Tête-de-Plume, répliqua-t-elle, est toujours prince de Grunewald.

— Prince par votre tolérance seulement, et aussi longtemps qu'il plaira à votre indulgence, dit le baron. Il y a des droits naturels : le pouvoir à ceux qui sont puissants, voilà la loi. Si jamais il songeait à contrarier notre destinée... vous avez ouï parler du pot de fer et du pot de terre !

— M'appelez-vous un pot ? Vous n'êtes pas galant, baron ! dit la princesse en riant.

— Avant d'en avoir fini avec gloire, je vous aurai appelée par bien des titres différents, répondit-il.

La jeune femme rougit de plaisir. Mais Frédéric, monsieur le flatteur, dit-elle, est toujours bien le prince. Vous ne songez pas à faire une révolution, vous surtout ?

— Mais elle est déjà faite, chère Madame ; s'écria-t-il. Le prince, il est vrai, règne de par l'almanach, mais ma princesse règne et gouverne. En disant cela il l'envisagea d'un œil d'amour et d'admiration qui gonfla le cœur de Séraphine. Regardant son gigantesque esclave, elle savoura les joies enivrantes du pouvoir. Cependant il poursuivit, avec cette finesse massive qui lui seyait si mal : Elle n'a qu'une faute ; il n'y a qu'un seul danger dans la belle carrière que je prévois pour elle. Puis-je le nommer ? Puis-je être si irrévérencieux ? C'est en elle-même... son cœur est tendre.

— Son courage est faible, baron, dit la princesse. Si nous avions mal jugé !... Si nous allions être battus !

— Battus, Madame ! répliqua le baron avec une nuance d'humeur. Le chien se laisse-t-il battre par le lièvre ? Nos troupes sont cantonnées tout le long de la frontière ; avant cinq heures l'avant-garde de cinq mille baïonnettes frappera aux portes de Brandenau, et dans tout le Gérolstein il n'y a pas quinze cents hommes qui sachent manœuvrer. C'est simple comme bonjour, il ne peut pas y avoir de résistance.

— Cela ne semble pas un bien grand exploit. Est-ce là ce que vous appelez la gloire ? C'est comme si l'on battait un enfant !

— Le courage, Madame, est diplomatique, répliqua-t-il. Ceci est une entreprise grave : nous fixons pour la première fois les yeux de l'Europe sur Grunewald, et, selon les négociations des trois prochains mois, remarquez-le bien, nous résistons ou nous croulons. C'est là, Madame, ajouta-t-il d'un air presque sombre, que j'aurai à compter sur vos conseils. Si je ne vous avais pas vue à l'œuvre, si je ne connaissais pas la fertilité de votre esprit, j'avoue que je tremblerais pour les conséquences. C'est sur ce terrain-là que les hommes sont forcés de reconnaître leur incapacité. Tous les grands négociateurs qui n'étaient pas des femmes ont du moins eu une femme à leur côté. Madame de Pompadour fut mal servie : elle n'avait pas trouvé son Gondremark. Mais quel puissant politique ! Et Catherine de Médicis... quelle justesse de vue, quelle promptitude de moyens, quelle élasticité dans la défaite ! Mais, hélas, Madame, ses Tête-de-Plume à elle étaient ses propres enfants ! Elle avait, de plus, un coin vulgaire, un trait bourgeois dans le caractère... elle permettait aux liens et aux affections de famille de restreindre sa liberté d'action.

Ces singuliers aperçus historiques, strictement *ad usum Seraphinæ*, ne semblèrent pas produire le charme qui d'ordinaire calmait la princesse. Il était clair que, pour le moment, elle avait perdu goût pour ses propres résolutions, car elle persista dans sa résistance à son conseiller. Elle le regarda, les paupières demi-closes, et avec une ombre de raillerie sur ses lèvres : — Que les hommes sont enfants, dit-elle ; comme ils adorent les grands mots ! Beau courage, vraiment ! S'il vous fallait récurer des casseroles, monsieur de Gondremark, vous appeleriez cela du courage domestique, je suppose !

— Sans aucun doute, Madame, dit le baron avec fermeté, si je les récurais comme il faut. Je donnerais un beau nom à une vertu, et ce ne serait pas de trop : les vertus ne sont pas si charmantes en elles-mêmes.

— Bien, mais voyons ! dit-elle. Je voudrais comprendre votre courage. Ne nous a-t-il pas fallu demander permission, comme des enfants ? Notre grand'maman à Berlin, notre oncle à Vienne, toute la famille nous a pincé la joue et nous a dit d'y aller. Du courage ! Vraiment, à vous entendre, je m'étonne.

— On m'a changé ma princesse, répondit le baron. Elle oublie où se cache le danger. Il est vrai que, de tous côtés, on nous encourage ; mais ma princesse ne sait que trop sous quelles conditions inacceptables. Et, de plus, elle sait comment, à la Diète, quand les choses se discutent en public, toutes nos conférences à voix basse se trouvent oubliées ou démenties. Le danger est réel. (En son for intérieur le baron enrageait de se voir maintenant forcé de souffler sur le tison qu'un instant auparavant il avait lui-même éteint.) Il n'en est pas moins réel pour n'être pas précisément militaire ; mais pour cette raison même il ne nous en est que plus facile d'y faire face. Si nous devions compter sur vos troupes, bien que je partage la confiance de Votre Altesse en la conduite d'Alvenau, il ne faudrait pas oublier qu'il n'a pas encore fait ses preuves comme généralissime. Mais pour ce qui regarde les négociations, leur direction nous revient, et avec votre aide je me ris du danger.

— C'est possible, dit Séraphine en soupirant. C'est ailleurs que je vois le danger, moi. Le peuple, ce peuple abominable... s'il allait se soulever sur-le-champ ! Quelle espèce de figure ferions-nous aux yeux de l'Europe, après avoir entrepris une guerre d'invasion alors que mon trône même était sur le point de crouler !

— Ici, Madame, dit en souriant Gondremark, vous n'êtes plus à votre propre hauteur. Qu'est-ce qui entretient le mécontentement du peuple ? Qu'est-ce, sinon les impôts ? Le Gérolstein une fois saisi, nous relâchons les impôts ; les fils reviennent couverts de renommée, les maisons s'embellissent des fruits du pillage ; chacun goûte sa petite part de gloire militaire... et nous voilà de nouveau tranquilles et heureux ! « Oui, ma foi ! se diront-ils l'un à l'autre dans leurs longues oreilles, la princesse, elle, comprend les choses ; oui, c'est une forte tête... nous voilà, voyez-vous, plus riches qu'avant. » Mais à quoi bon expliquer tout ceci ? C'est ce que ma princesse m'a elle-même démontré. Ce fut par ces raisons mêmes qu'elle m'a converti en faveur de l'aventure.

— Il me semble, monsieur de Gondremark, dit Séraphine assez sèchement, que vous attribuez souvent votre propre sagacité à votre princesse.

Pendant une seconde Gondremark fut décontenancé par la subtilité de l'attaque ; mais il se remit vite. — Est-ce vrai ? dit-il. C'est fort possible. J'ai remarqué une tendance semblable chez Votre Altesse.

La réponse était si franche et paraissait si juste, que de nouveau Séraphine respira librement. Sa vanité avait été effarouchée, et le soulagement qu'elle éprouva à ces mots ranima son courage.

— Enfin, dit-elle, tout ceci n'est pas bien à propos. Nous faisons faire antichambre à Frédéric, et j'ignore encore notre ordre de bataille. Allons, mon coamiral; délibérons! Comment dois-je le recevoir à présent? Et que ferons-nous s'il se présente au Conseil?

— A présent? répondit-il. Oh! à présent, je l'abandonne à ma princesse : je l'ai vue à l'œuvre. Qu'elle le renvoie à sa comédie! Mais, tout en douceur! ajouta-t-il. Déplairait-il, par exemple, à ma souveraine, d'alléguer une migraine?

— Jamais! dit-elle. La femme qui peut gouverner, tout comme l'homme qui peut combattre, ne doit jamais éviter une rencontre. Le chevalier ne peut déshonorer ses armes.

— Alors, reprit-il, que ma belle dame sans merci me permette de la supplier d'affecter la seule qualité qui lui fasse défaut. Ayez pitié du pauvre jeune homme! Faites semblant de prendre intérêt à ses chasses! Soyez fatiguée de la politique! Trouvez, pour ainsi dire, dans sa société, une agréable récréation à l'aridité des affaires! Ma princesse approuve le plan de bataille?

— Enfin tout cela n'est qu'un détail, répondit Séraphine. Le Conseil... voilà la question.

— Le Conseil? s'écria Gondremark. Que Madame me permette!

Il se leva et commença à se trémousser par la chambre, en imitant, non sans vraisemblance, la voix et le geste d'Othon : — « Qu'y a-t-il aujourd'hui, monsieur de Gondremark ? Ah ! monsieur le Chancelier, une nouvelle perruque ? Vous ne pouvez me tromper : je connais toutes les perruques de Grunewald ! J'ai l'œil du souverain. Qu'est-ce que ces papiers? Certainement,... certainement. Je parie que pas un de vous n'avait remarqué cette perruque... Sans aucun doute. Je n'entends rien à tout cela... Eh ! mon Dieu, y en a-t-il tant que ça ! Alors signez-les, vous avez la procuration... Vous le voyez, monsieur le Chancelier, j'ai bien vu votre perruque. » C'est ainsi — conclut Gondremark en reprenant sa voix naturelle, — que notre souverain par la grâce spéciale de Dieu éclaire ses conseillers privés, et les soutient.

Mais quand le baron se retourna vers Séraphine pour jouir de son approbation, il la trouva de glace.

— Vous avez beaucoup d'esprit, monsieur de Gondremark, dit-elle. Peut-être avez-vous oublié où vous êtes. Mais ces répétitions sont parfois trompeuses. Votre maître, le prince de Grunewald, est quelquefois plus exigeant.

Du fond du cœur Gondremark la voua à tous les diables. De toutes les vanités blessées, celle du bouffon repris est la plus furieuse. Et quand de graves intérêts sont en jeu, ces coups d'épingle deviennent insupportables. Mais Gondremark était de fer : il ne laissa rien percer. Il ne battit même pas en retraite comme l'eût fait, après avoir trop présumé, un charlatan vulgaire. Il tint ferme :

—Madame, dit-il, si, comme vous dites, il se montre exigeant, il nous faudra prendre le taureau par les cornes.

— Nous verrons, dit-elle, arrangeant sa robe pour se lever.

L'irritation, le dédain, le dégoût, tous les sentiments âcres, lui seyaient comme autant de parures. En ce moment elle était toute à son avantage.

— Dieu fasse qu'ils se querellent, pensa Gondremark... Cette sacrée pimbêche pourrait bien me faire défaut, à moins qu'ils ne se querellent. Il est temps de le laisser entrer... Allez-y, les chiens! Zit, battez-vous! — Sur ces réflexions, il ploya un genou, et baisa chevaleresquement la main de la princesse.

— Il faut, dit-il, que ma princesse congédie son serviteur. J'ai nombre de préparatifs à faire avant l'heure du Conseil.

— Allez! dit-elle. Elle se leva, et comme Gondremark sortait sur la pointe des pieds, par une porte dérobée, elle toucha un timbre, et donna l'ordre d'admettre le prince.

CHAPITRE VI

LE PRINCE FAIT UNE CONFÉRENCE SUR LE MARIAGE, AVEC
COMMENTAIRES PRATIQUES SUR LE DIVORCE

Avec quelle armée d'excellentes intentions Othon entra-t-il dans le cabinet de sa femme! Qu'elles étaient paternelles, tendres, morales, touchantes, les paroles qu'il avait préparées! De son côté Séraphine n'était pas d'humeur trop revêche. Sa crainte habituelle de voir arriver son mari en fâcheux au milieu de ses grands desseins disparaissait sous la méfiance momentanée qu'elle ressentait au sujet de ces desseins mêmes. Du reste, elle avait conçu une véritable horreur pour Gondremark. Au fond elle n'aimait pas le baron. Sous sa servilité effrontée, sous le dévouement sur lequel, avec une délicatesse si indélicate, il persistait à attirer son attention, elle devinait toute la grossièreté de son naturel. Tel peut être fier d'avoir dompté un ours, et demeurer néanmoins écœuré par l'odeur de son captif. Par-dessus tout, elle gardait quelque soupçon jaloux que cet homme était faux, et que sa fausseté était en partie double. Elle se faisait, à la vérité, un jouet de son amour, mais lui, de son côté, n'en faisait-il pas un aussi peut-être de sa vanité? L'insolence de sa mimique tout à l'heure, et l'odieux de sa position à elle en y ayant assisté, lui pesaient lourdement sur la conscience. Elle reçut Othon presque comme une coupable. Et cependant il fut le bienvenu, car sa présence la délivrait d'un vilain entourage.

Malheureusement, les roues d'une entrevue sont à la merci de mille ornières. A l'entrée même du prince, le premier cahot se fit ressentir. Il vit que Gondremark était sorti, mais sa chaise était encore là, rapprochée pour la consultation; il lui fut pénible de remarquer que non seulement cet homme avait été reçu en pareil secret, mais encore qu'il s'était retiré de la même façon. Luttant contre cette émotion, ce fut avec une certaine aspérité qu'il congédia le domestique qui l'avait introduit.

— Vous faites chez moi comme chez vous, dit-elle, un peu piquée par le ton de commandement qu'il avait pris, et par le regard qu'il avait jeté sur la chaise.

— Madame, dit Othon, je viens ici si rarement, que j'ai presque les droits d'un étranger.

— C'est vous, dit-elle, qui choisissez vos compagnons, Frédéric.

— Je suis ici pour causer de cela, répondit-il. Voilà maintenant quatre ans que nous sommes mariés; et ces quatre années, Séraphine, n'ont peut-être pas été plus heureuses pour vous que pour moi. Je sais bien que je n'étais pas fait pour être votre époux. Je n'étais pas jeune, je n'avais aucune ambition, j'étais un inutile et vous me méprisiez. Je n'oserai pas dire que cela fût sans raison ; mais, pour être juste de part et d'autre, il faut vous rappeler comment j'ai agi. Quand je vis que cela vous amusait de jouer le rôle de princesse sur votre petite scène, ne vous abandonnai-je pas immédiatement ce Grunewald, ma boîte de jouets? Et quand je vis que je vous déplaisais comme mari, jamais mari se montra-t-il moins gênant que moi? Vous me direz que ce n'est pas chez moi une affaire d'affection ni de préférence, et que par conséquent je ne dois m'en faire aucun mérite, que je vais où le vent me mène, que tout cela, enfin, est dans mon caractère. Certes, il est bien vrai que c'est chose facile, trop facile, de ne rien faire. Mais, Séraphine, je commence à reconnaître que ce n'est pas toujours sage. Quoique trop vieux et trop peu sympathique pour vous être un bon mari, j'aurais cependant dû me souvenir que j'étais le prince de ce pays où vous vîntes, étrangère, enfant. De ce côté il y avait aussi des devoirs qui m'appelaient : ces devoirs je ne les ai pas accomplis.

C'est un moyen sûr de faire offense que de réclamer l'avantage des années : — Devoirs! dit Séraphine en riant. Sur vos lèvres, à vous, ce mot! Vous me faites rire! Qu'est-ce que cette billevesée? Allez, allez conter fleurette aux filles, et soyez toujours le prince en porcelaine de Saxe dont vous avez si bien l'air. Amusez-vous, mon enfant, et laissez-nous les devoirs et les affaires.

Ce pluriel sonna désagréablement aux oreilles du prince. — Je me suis déjà trop amusé, dit-il, puisque « amusé » doit être le mot. Pourtant il y aurait beaucoup à dire de mon côté. Vous devez me croire terriblement enamouré de la chasse. Il y a cependant eu des jours où j'ai ressenti un grand intérêt pour ce que, par politesse, on voulait bien appeler mon gouvernement. J'ai toujours eu des prétentions au bon goût, et j'ai toujours discerné la différence qui existe entre la terne routine et le bonheur vivant. Si j'avais eu le choix, jamais, par exemple, je n'aurais hésité entre la chasse et le trône d'Autriche, entre la chasse et votre compagnie. Vous étiez jeune fille, un bouton de rose, quand vous me fûtes accordée...

— Ciel, s'écria-t-elle, allez-vous me faire une scène d'amour !

— Je ne me rends jamais ridicule, dit-il, c'est là mon seul mérite ; et vous pouvez être certaine que ceci va être une scène de mariage à la mode. Mais quand je me rappelle les commencements, ce n'est que la plus élémentaire courtoisie d'en parler avec douleur. Soyez juste, Madame : vous me trouveriez étrangement impoli d'évoquer le souvenir de ces jours passés sans avoir la décence d'exprimer mes regrets. Soyez même un peu plus juste encore, et avouez, ne serait-ce que par complaisance, que vous-même vous le regrettez, ce passé.

— Je n'ai rien à regretter, dit la princesse. Vous m'étonnez. Moi qui vous croyais si heureux !

— Il y a heureux et heureux : il y a tant de centaines de manières de l'être ! Un homme peut trouver le bonheur dans la révolte ; il peut le trouver dans le sommeil ; le vin, le changement peuvent le rendre heureux, ou bien encore les voyages; la vertu, dit-on, a le même résultat... je n'en ai pas essayé. On prétend aussi qu'il est encore une sorte de bonheur, à trouver dans la tranquillité, la longue habitude du mariage. Heureux ? Oui, je suis heureux si vous voulez. Mais, je vous le dirai franchement, j'étais plus heureux quand je vous amenai ici à mon foyer.

— Enfin, dit la princesse, non sans un certain effort, il paraît que vous avez changé d'idée.

— Non, certes, répliqua Othon. Je n'ai jamais changé. Vous souvenez-vous, Séraphine, quand nous revînmes ici de notre voyage, quand vous vîtes les roses dans le sentier et que je descendis pour aller les cueillir? C'était un étroit chemin bordé de grands arbres, au bout duquel le coucher de soleil était tout d'or, et les corbeaux volaient au-dessus de nous. Il y avait neuf roses, neuf roses rouges; vous me donnâtes un baiser pour chacune d'elles, et je me dis que chaque rose et chaque baiser représenteraient une année d'amour. Eh bien, au bout de dix-huit mois tout était fini ! Mais croyez-vous, Séraphine, que c'est mon cœur qui ait changé?

— Qu'en sais-je ? dit-elle comme un automate.

— Non, il n'a pas changé, continua le prince. Il n'y a aucun ridicule, même chez un mari, dans un amour qui s'avoue malheureux et qui ne réclame plus rien. J'ai bâti sur le sable. Pardonnez-moi : je ne fais pas ici ombre de reproche ; j'ai bâti, je suppose, sur mes propres défauts. Mais j'y ai mis mon cœur... Et il est encore là, dans les ruines.

— C'est fort poétique, dit-elle avec un petit rire étranglé. Elle sentait des attendrissements inconnus, une douceur inusitée s'emparer de son être. — Où voulez-vous en venir? ajouta-t-elle en reprenant une voix plus dure.

— Je voudrais en venir à ceci, répondit-il, et c'est malaisé à dire, à ceci, Séraphine : je suis votre époux, après tout, un pauvre fou qui vous aime. Comprenez-moi bien, s'écria-t-il avec une sorte de violence, je ne viens pas ici en mari suppliant ; ce que votre amour me refuse je me mépriserais moi-même de le recevoir de votre pitié. Je ne le demande pas et je ne l'accepterais pas. Quant à la jalousie, quelle raison aurais-je d'être jaloux? Ce serait la jalousie du chien de la fable, et bonne tout au plus à amuser les chiens. Néanmoins, aux yeux du monde, je suis toujours votre mari ; et, je vous le demande, me traitez-vous bien? Je me tiens à l'écart et vous laisse libre ; en toutes choses je vous abandonne à votre propre volonté. De votre côté, que faites-vous? Je m'aperçois, Séraphine, que vous avez agi un peu à la légère. Entre gens tels que nous, dans notre position élevée, il est nécessaire d'être prudent, d'observer certaines formes. Il est difficile, sans doute, d'éviter la médisance, mais il est dur d'avoir à la supporter.

— La médisance! s'écria-t-elle en respirant avec force. La médisance!... voilà où vous vouliez en venir!

— J'ai essayé de vous dire ce que je ressens, répondit-il. Je vous ai dit que je vous aime et que je vous aime sans espoir... amertume profonde pour un époux ! Je me suis ouvert à vous afin de pouvoir parler sans vous offenser. Et maintenant que j'ai commencé, je continue et je finis.

— Je l'exige, dit-elle. De quoi s'agit-il ?

Othon devint cramoisi. — J'ai à vous dire ce que je voudrais bien ne pas dire, répondit-il : je vous conseille de voir moins ce Gondremark.

— Gondremark ? Et pourquoi cela ? demanda-t-elle.

— C'est l'intimité entre vous, Madame, qui est la cause de cette médisance, dit Othon, non sans fermeté ; d'une médisance qui pour moi est une douleur cruelle, et qui tuerait vos parents si elle parvenait à leurs oreilles.

— Vous êtes le premier, dit-elle, qui m'en ayez donné connaissance. Je vous en remercie.

— Ce serait peut-être avec raison, répondit-il. Peut-être suis-je le seul entre vos amis...

Mais elle l'interrompit : — Oh ! laissons là mes amis ! Mes amis sont d'étoffe différente. Vous êtes venu ici pour faire parade de sentiment. Depuis combien de temps ne vous ai-je pas vu ? J'ai régi votre royaume pour vous pendant ce temps, et en cela je n'ai reçu aucun secours de vous. A la fin, quand je suis fatiguée d'un travail d'homme et que vous êtes lassé, vous, de vos jouets, vous venez me faire une scène de reproches conjugaux ! L'épicier et sa femme ! Les positions sont trop renversées, et vous pourriez au moins comprendre que je ne puis à la fois m'occuper du travail de votre gouvernement, et me conduire comme une petite fille. La médisance, c'est l'atmosphère dans laquelle nous vivons, nous autres princes, et c'est ce qu'un prince devrait savoir. Vous jouez là un rôle odieux. Et vous croyez à ces rumeurs ?

— Madame !... Serais-je ici ? dit Othon.

— C'est ce que je veux savoir, s'écria-t-elle ; et la tempête de son mépris redoubla de violence. Si vous y croyiez, à ces rumeurs ?...

— Je regarderais comme étant de mon devoir, répondit-il, de supposer le contraire.

— Je le savais ! Oh ! dit-elle, vous êtes fait de bassesse !

— Madame, s'écria-t-il, courroucé enfin, en voici assez ! Vous vous obstinez à vous méprendre sur mon attitude ; vous lassez ma patience ! Au nom de vos parents, en mon propre nom, je vous somme d'être plus prudente.

— Est-ce une requête, monsieur mon mari ? demanda-t-elle.

— Si je le voulais, je pourrais commander, Madame, dit Othon.

— Vous pourriez, Monsieur, selon la loi, me faire mettre en prison, répliqua Séraphine. A cela près, vous ne pouvez rien.

— Ainsi vous allez continuer comme auparavant ?

— Comme auparavant, précisément ! dit-elle. Sitôt cette comédie jouée, je requerrai le baron de Gondremark de me rendre visite. Est-ce clair ? ajouta-t-elle en se levant. Pour ma part, j'ai fini !

— Alors, Madame, je vous demanderai de m'octroyer une faveur, dit Othon, palpitant de colère par tout son être. J'aurai à vous demander de vouloir bien, en ma compagnie, rendre visite à une autre partie de ma pauvre demeure. Eh ! rassurez-vous, cela ne prendra pas longtemps et ce sera la dernière fois que vous aurez l'occasion de m'obliger.

— La dernière ? s'écria-t-elle. Avec joie, alors !

Elle lui offrit sa main qu'il prit dans la sienne ; tous deux avec une affectation marquée, tous deux intérieurement en feu. Il la conduisit par la porte dérobée, par où était sorti Gondremark ; ils passèrent par un ou deux corridors peu fréquentés qui donnaient sur une cour, et arrivèrent enfin à l'appartement du prince. La première de ces chambres était un cabinet, donnant sur la terrasse, où se trouvait disposée une collection d'armes de divers pays.

— M'avez-vous amenée ici pour me tuer ? demanda-t-elle.

— Je vous ai amenée ici, Madame, simplement pour passer plus loin.

Ils entrèrent ensuite dans une bibliothèque où, à moitié endormi, siégeait un vieux chambellan. Celui-ci se leva, s'inclina devant le couple, et demanda ses ordres.

— Vous nous attendrez ici, dit Othon.

L'étape suivante était une galerie de tableaux où figurait, fort en évidence, le portrait de Séraphine, en habit de chasse et avec des roses rouges dans les cheveux. C'est ainsi que l'avait commandé Othon durant les premiers mois de son mariage. Sans mot dire, il l'indiqua du doigt ; en silence, également, Séraphine leva les sourcils, et, ils continuèrent à avancer par un corridor tapissé, sur lequel s'ouvraient quatre portes. L'une de celles-ci menait à la chambre d'Othon ; une autre était la porte privée des appartements de

Séraphine. Ici, pour la première fois, Othon abandonna la main de sa femme, et, s'avançant vers sa porte, poussa le verrou.

— Il y a longtemps, Madame, dit-il, que le verrou est poussé de votre côté.

— Un seul était suffisant, répondit la princesse. Est-ce tout ?

— Vous reconduirai-je ? demanda-t-il en saluant.

— Je préférerais, dit-elle d'une voix vibrante, l'escorte du baron de Gondremark.

Othon appela le chambellan : — Si le baron de Gondremark, dit-il, est au palais, requérez-le de se rendre ici aux ordres de la princesse. — Et quand le fonctionnaire fut sorti : — Ne puis-je rien faire de plus pour votre service, Madame ? demanda le prince.

— Merci, non. Vous m'avez beaucoup amusée, répondit-elle.

— Je vous ai maintenant donné votre liberté entière, continua Othon. Ce mariage a été malheureux pour vous.

— Fort malheureux ! fit-elle.

— Il vous a été adouci ; à l'avenir, il le sera encore plus, poursuivit le prince. Il est cependant une chose, Madame, qu'il vous faudra continuer à porter, le nom de mon père, maintenant le vôtre. Je le laisse entre vos mains. Puisque vous refusez tous mes avis, montrez au moins que vous vous appliquez avec plus d'attention à le porter comme il convient.

— Monsieur de Gondremark tarde bien à venir, remarqua-t-elle.

— Oh ! Séraphine... Séraphine ! s'écria-t-il.
Et ainsi finit l'entrevue.

Elle s'avança en sautillant vers la fenêtre, et s'appliqua à regarder dehors. Quelques instants plus tard le chambellan annonça le baron de Gondremark, lequel, étonné de cet appel inusité, fit son entrée avec des yeux un peu ahuris, et un teint altéré.

La princesse se retourna de sa fenêtre avec un sourire de perles ; et rien sur son visage, à l'exception peut-être d'une couleur un peu plus vive, ne trahit son trouble. Othon était pâle, mais parfaitement maître de lui-même.

— Monsieur de Gondremark, dit-il, faites-moi une obligeance : reconduisez la princesse à son appartement.

Le baron, toujours sans comprendre, offrit sa main, qui fut acceptée d'un air souriant, et ils s'en allèrent tous deux par la galerie de tableaux.

Dès qu'ils furent partis et qu'Othon put comprendre l'étendue de sa défaite, mesurer jusqu'à quel point il avait fait le contraire de ce qu'il voulait faire, il demeura stupéfié. Un fiasco si parfait, si absolu, était simplement risible, même à ses propres yeux ; et il se mit à rire tout haut, au plus fort de sa colère même. A cette humeur succéda un accès du remords le plus aigu. Puis, de nouveau, quand il reconsidéra la provocation qu'il avait soufferte, la colère revint à la charge. Secoué de la sorte, un moment il déplorait son manque de suite et de sang-froid, et le moment d'après il s'enflammait de brûlante indignation et de noble pitié pour lui-même. Comme le tigre en cage, il marchait de long en large dans l'appartement. Othon pouvait être dangereux, par éclairs. Tel qu'un pistolet, à un moment donné, il pouvait tuer, et être, l'instant d'après, jeté de côté.

Mais en ce moment, marchant à grands pas dans l'appartement, passant d'une humeur à l'autre, déchirant son mouchoir entre ses doigts, il se trouvait accordé au plus haut diapason : ses nerfs étaient tendus à se rompre. Le pistolet, pour ainsi dire, était chargé. Et quand, de temps en temps, la jalousie le cinglait au plus sensible de ses sentiments, évoquant devant l'œil de son âme la série de ses tableaux de feu, la contraction de ses traits devenait même effrayante. Il se refusait à croire aux inventions de la jalousie, mais elles lui cuisaient néanmoins. Au plus haut de sa fureur, il gardait toujours sa foi en l'innocence de Séraphine, mais la simple possibilité d'une faute chez elle était ce que sa coupe d'amertume contenait de plus amer.

On frappa à la porte, et le chambellan lui présenta un billet. Othon le prit et le froissa dans sa main, poursuivant sa marche, poursuivant ses pensées égarées, et quelques minutes se passèrent avant que la circonstance se présentât nettement à son esprit. Alors il s'arrêta, et ouvrit le pli. C'était un griffonnage au crayon, venant de Gotthold, et ainsi conçu :

« Le Conseil est convoqué immédiatement, en secret.

» G. DE H. »

Si le Conseil était ainsi convoqué avant l'heure et secrètement, il était évident que l'on craignait son intervention. On le craignait!... L'idée lui était douce. Et Gotthold, qui l'avait toujours regardé et traité comme un garçon charmant, et rien de plus, Gotthold prenait maintenant la peine de l'avertir; Gotthold attendait quelque chose de lui. Bien, personne ne serait désappointé: le prince, trop longtemps resté dans l'ombre sous l'amoureux esclave de sa femme, allait enfin reparaître et briller avec éclat!

Il demanda son valet de chambre, répara le désordre de sa tenue avec un soin minutieux. Puis, frisé, parfumé et paré, Prince Charmant en tous points, mais les narines frémissantes, il se dirigea vers la salle du Conseil.

CHAPITRE VII

LE PRINCE DISSOUT LE CONSEIL

C'était ainsi que l'avait écrit Gotthold. La mise en liberté de Sir John, le rapport inquiet de Greisengesang, et, par-dessus tout, la scène entre Séraphine et le prince, avaient décidé les conspirateurs à prendre une mesure à la fois timide et hardie.

Il y avait eu un intervalle d'agitation, pendant lequel des messagers en livrée s'étaient élancés de tous côtés chargés de lettres; et à dix heures et demie du matin, à peu près une heure plus tôt que de coutume, le conseil de Grunewald se trouvait réuni autour de la table.

Ce n'était pas une grande assemblée. A l'instance de Gondremark, elle avait subi une élimination fort stricte, et maintenant se composait exclusivement de suppôts.

Trois secrétaires siégeaient à une table inférieure. Séraphine présidait ; à sa droite était le baron, à sa gauche Greisengesang. Plus bas se tenaient Grafinski, le trésorier, le comte d'Eisenthal, deux non-combattants, et aussi (à la grande surprise de tous) Gotthold. Othon l'avait nommé conseiller privé, à la seule fin qu'il pût profiter du salaire ; et, comme on ne l'avait jamais vu présent à aucune réunion, personne n'avait songé à le rayer de la liste. Sa présence en pareille occasion n'en était que de plus mauvais augure. Gondremark lui jeta un regard menaçant, et le non-combattant à sa droite ayant remarqué ce regard, s'écarta un peu de lui, avec affectation, comme d'un homme qui évidemment n'était pas en faveur.

— Le temps presse, Altesse, dit le baron. Nous est-il permis d'ouvrir la séance ?

— A l'instant même ! répondit Séraphine.

— Votre Altesse me pardonnera, dit Gotthold, mais elle ignore peut-être que le prince Othon est de retour.

— Le prince n'assistera pas au conseil, répliqua Séraphine avec une rougeur passagère. Les dépêches, monsieur le Chancelier ! Il y en a une pour le Gérolstein.

Un secrétaire apporta un papier. — Voici, Madame. Dois-je lire ?

— Nous en connaissons tous les termes, répondit Gondremark. Votre Altesse les approuve ?

— Sans hésitation, dit Séraphine.

— Donc elle peut passer pour lue, conclut le baron. Votre Altesse veut-elle signer ?

La princesse signa. Gondremark, Eisenthal et l'un des non-combattants firent de même, et le document fut passé, de l'autre côté de la table, au bibliothécaire. Ce dernier se mit posément à le lire.

— Nous n'avons pas de temps à perdre, monsieur le Docteur, lui cria brutalement le baron. S'il ne vous convient pas de signer sous l'autorité de votre souverain, passez cela à votre voisin. Ou bien, même, vous êtes libre de quitter la table, ajouta-t-il, laissant percer sa mauvaise humeur.

— Je n'accepte pas votre invitation, monsieur de Gondremark; et mon souverain, comme je continue à le voir avec regret, est encore absent du Conseil, répliqua le docteur avec calme. Et il se remit à sa lecture, pendant que le reste de l'assemblée échangeait des regards inquiets. Madame et Messieurs, dit-il enfin, ce que je tiens ici à la main est tout simplement une déclaration de guerre.

— Tout simplement, dit Séraphine, avec un éclair de défi.

— Le souverain de ce pays, continua Gotthold, est dans ce palais même, et j'insiste pour qu'il soit appelé. Il est inutile de fournir mes raisons pour cela... vous avez tous honte de cette trahison projetée.

Le Conseil s'agita comme une mer houleuse; divers clameurs s'élevèrent.

— Vous insultez la princesse ! tonna Gondremark.

— Je maintiens ma protestation, répondit Gotthold.

Au plus fort de toute cette confusion, la porte s'ouvrit à deux battants, un huissier annonça : « Messieurs, le Prince ! » et Othon, avec son meilleur maintien, entra dans la salle. Ce fut comme de l'huile sur les vagues : à l'instant chacun se remit en place, et Greisengesang, pour se donner une contenance, s'absorba dans l'arrangement de ses papiers. Mais, dans leur extrême désir de dissimuler, tous, jusqu'au dernier, oublièrent de se lever.

— Messieurs !... dit le prince.

En un clin d'œil ils furent tous sur pied, et cette leçon acheva de démoraliser les plus faibles de la confraternité.

Le prince s'avança lentement vers l'extrémité inférieure de la table. Là il s'arrêta de nouveau, et fixant son regard sur Greisengesang : — Comment se fait-il, monsieur le Chancelier, demanda-t-il, que l'on ne m'ait point averti de ce changement d'heure ?

— Votre Altesse, répliqua le Chancelier, Son Altesse la Princesse... Et il en resta là.

— J'avais compris, dit Séraphine, prenant sur elle de répondre, que vous n'aviez pas l'intention d'être présent.

Leurs yeux se rencontrèrent pour une seconde, et Séraphine baissa les siens ; mais cette honte cachée ne fit qu'attiser sa colère.

— Maintenant, Messieurs, dit Othon, prenant sa place, asseyez-vous, je vous prie ! J'ai été absent, il doit y avoir des arriérés ; mais, avant de procéder aux affaires, monsieur Grafinski, vous donnerez l'ordre qu'on m'envoie quatre mille écus immédiatement. Prenez note de cet ordre, s'il vous plaît, ajouta-t-il, voyant que le trésorier demeurait tout ébahi.

— Quatre mille écus, demanda Séraphine, et pour quoi faire, je vous prie ?

— Madame, répliqua Othon en souriant, c'est pour affaire à moi.

Sous la table, Gondremark poussa Grafinski du genou.

— Si Votre Altesse, commença alors le pantin, voulait bien nous indiquer la destination...

— Vous n'êtes pas ici, Monsieur, pour interroger votre prince, dit Othon.

Grafinski en appela du regard à son capitaine, et Gondremark vint à son secours, d'un ton suave et mesuré.

— Votre Altesse, dit-il, peut avec raison paraître surprise, et monsieur Grafinski, bien qu'il soit, j'en suis convaincu, innocent de toute intention d'offenser Votre Altesse, aurait peut-être mieux fait de commencer par une explication. Les ressources de l'État sont en ce moment entièrement absorbées, ou plutôt (ainsi que nous espérons le prouver) sagement placées. D'ici à un mois je ne doute pas que nous ne puissions faire honneur à quelque ordre que ce soit que Votre Altesse voudra nous imposer. Mais, à l'heure présente, je crains fort que, même en si petite matière, il lui faille se préparer à un désappointement. Notre zèle n'en est pas moindre, quelque insuffisants que soient nos pouvoirs.

— Monsieur Grafinski, demanda Othon, combien avons-nous au Trésor ?

— Votre Altesse, protesta le trésorier, nous avons un besoin immédiat de tout ce qui s'y trouve.

— Je crois, vraiment, que vous refusez de me répondre, Monsieur ! dit le prince, avec un éclair. Puis, se retournant vers la table voisine : — Monsieur le Secrétaire, ajouta-t-il, apportez, s'il vous plaît, le registre de la trésorerie.

Monsieur Grafinski devint fort pâle. Le chancelier, attendant son tour, était probablement occupé à ses prières. Pareil à un gros chat, Gondremark observait. Gotthold, de son côté, examinait son cousin avec étonnement : Othon faisait certainement preuve d'énergie, mais que pouvait signifier à ce grave moment toute cette question d'argent, et pourquoi gaspillait-il ainsi ses forces sur une affaire toute personnelle ?

— Je vois, dit Othon, posant le doigt sur le registre, que nous avons en caisse vingt mille écus.

— C'est exact, Votre Altesse, répliqua le baron, mais nos engagements, qui ne sont pas heureusement tous à liquider, montent à une somme beaucoup plus forte. Et, au point où nous en sommes, il serait absolument impossible de disposer d'un seul florin. En théorie, la caisse est vide. Nous avons encore à payer une lourde note pour matériel de guerre.

— Pour matériel de guerre ? s'écria Othon, jouant admirablement la surprise. Mais, si ma mémoire ne me trompe pas, nous avons soldé ces comptes en janvier.

— Il y a eu de nouvelles commandes, expliqua le baron. On a complété un nouveau parc d'artillerie, cinq cents équipements d'armes, sept cents mules de train... Les détails se trouvent dans un mémoire spécial. Monsieur le secrétaire Holtz, le mémoire, s'il vous plaît.

— On dirait vraiment, Messieurs, que nous

sommes sur le point d'entrer en guerre, dit Othon.

— Ce qui est vrai, fit Séraphine.

— En guerre !... s'écria le prince. Et avec qui donc, Messieurs ? La paix dans Grunewald a duré des siècles ; de quelle agression, de quelle insulte avons-nous à nous plaindre ?

— Votre Altesse, dit Gotthold, voici l'ultimatum. On en était à l'article de la signature même quand Votre Altesse est si opportunément arrivée.

Othon étala le document devant lui. Et tout en lisant il tambourinait des doigts sur la table.

— Se proposait-on, demanda-t-il, d'expédier cette dépêche sans s'informer si tel était mon bon plaisir?

Un des non-combattants, désireux de rentrer en grâce, s'offrit à répondre : — Monsieur le docteur d'Hohenstockwitz, hasarda-t-il, venait justement de prononcer son dissentiment.

— Qu'on me donne le reste de cette correspondance ! dit le prince. Les papiers lui furent passés, et il les lut patiemment d'un bout à l'autre. Pendant ce temps, les conseillers demeurèrent assez sottement à regarder droit devant eux, sur la table. Les secrétaires, au fond de la salle, s'entre-regardaient d'un air charmé : une scène au conseil était pour eux un spectacle rare et plein d'agrément.

— Messieurs, dit Othon, quand il eut achevé, j'ai lu tout ceci avec douleur. Cette prétention sur Obermünsterol est palpablement injuste : il n'y a pas là-dedans nuance, pas ombre de justice. En toute cette histoire il n'y a pas matière suffisante pour une discussion d'après-dîner... et vous vous proposez de la forcer en *casus belli* ?

— Il est vrai, Votre Altesse, dit Gondremark,

trop sage pour défendre l'indéfendable, la prétention sur Obermünsterol n'est qu'un prétexte.

— C'est bien, dit le prince, monsieur le Chancelier, prenez votre plume. Le Conseil,... reprit-il en dictant; puis, en parenthèse, et s'adressant plus directement à sa femme : — Je ne fais aucune allusion à mon intervention, dit-il ; je ne dis rien de l'étrange procédé au moyen duquel cette affaire a été conduite sans ma connaissance, en contrebande pour ainsi dire : il me suffit d'être arrivé à temps. Le Conseil, recommença-t-il, le Conseil, ayant de nouveau envisagé les faits, et éclairé par la communication contenue dans la dernière dépêche de Gérolstein, a le plaisir d'annoncer qu'il se trouve parfaitement d'accord, tant sur la question de fait que sur celle de sentiment, avec la cour grand-ducale de Gérolstein... y êtes-vous? C'est donc sur ces données, Monsieur, que vous allez rédiger la dépêche.

— Si Votre Altesse veut bien me permettre, dit le baron ; Votre Altesse ne connaît que si imparfaitement l'histoire intérieure de cette correspondance, que toute intervention de sa part ne saurait être que nuisible. Une dépêche telle que celle que Votre Altesse se propose de faire écrire, enrayerait entièrement la politique de Grunewald.

— La politique de Grunewald? s'écria le prince. Il serait vraiment à supposer que vous n'avez aucun sens du ridicule!... Que voulez-vous pêcher dans cette tasse à café?

— Avec respect, Votre Altesse, répliqua le baron, je ferai observer que même une tasse à café peut contenir du poison... L'objectif de cette guerre n'est pas simplement un agrandissement territorial ; encore moins est-ce une guerre pour la gloire, car, ainsi que Votre Altesse l'indique, la principauté de Grunewald est trop infime pour être ambitieuse. Mais le corps de l'Etat est sérieusement malade. Le républicanisme, le socialisme, nombre d'idées révolutionnaires ont pris racine dans le pays. Cercles par cercles, une organisation réellement formidable s'est étendue autour du trône de Votre Altesse.

— J'en ai entendu parler, monsieur de Gondremark, fit le prince, mais j'ai lieu de penser que vos informations ont plus d'autorité.

— Cette expression de confiance de la part de mon prince m'honore, répliqua Gondremark sans perdre contenance. C'est donc simplement en vue de ces désordres, que notre politique extérieure présente a été dirigée. Il fallait quelque chose pour distraire l'attention publique, pour employer les désœuvrés, pour rendre populaire le gouvernement de Votre Altesse, et pour le mettre à même de réduire les impôts, d'un seul coup et d'une façon considérable. L'expédition projetée (car on ne saurait sans hyperbole appeler cela une guerre) a semblé aux yeux du Conseil réunir les caractères divers dont il est besoin. Une amélioration sensible s'est montrée dans les sentiments populaires rien qu'à la nouvelle de nos préparatifs, et je ne doute aucunement qu'après nos succès l'effet produit dépassera nos espérances les plus hardies.

— Vous êtes fort adroit, monsieur de Gondremark, dit Othon. Vous me remplissez d'admiration. Je n'avais pas jusqu'ici rendu justice à toutes vos qualités.

Séraphine, saisie de joie, et supposant Othon vaincu, leva les yeux. Mais Gondremark attendait toujours, armé de toutes pièces : il savait combien est opiniâtre la révolte d'un caractère faible.

— Et le plan d'armée territoriale auquel on m'a persuadé de donner mon assentiment, poursuivit le prince, visait-il secrètement au même but, aussi ?

— J'ai toujours lieu de croire que l'effet en a été salutaire, répondit le baron ; la discipline et la garde à monter sont d'excellents sédatifs. Mais j'avouerai à Votre Altesse que j'ignorais encore à la date de ce décret toute l'étendue du mouvement révolutionnaire. Aucun de nous, je pense, ne s'est imaginé que cette armée territoriale fît partie du programme républicain.

— En était-il ainsi, vraiment ? demanda Othon. C'est étrange ! Et sur quelles données imaginaires ?

— Les raisons étaient, à la vérité, imaginaires. On opinait, chez les meneurs du parti, qu'une armée territoriale, tirée du peuple et retournant au peuple, se montrerait, en cas de soulèvement populaire, assez tiède ou même positivement infidèle envers le trône.

— Parfaitement, dit le prince. Je commence à comprendre.

— Son Altesse commence à comprendre, répéta Gondremark avec la plus douce politesse. Oserai-je la prier de compléter sa phrase ?

— Je commence à comprendre l'histoire de la

révolution, répondit froidement le prince. Et maintenant, ajouta-t-il, qu'en concluez-vous ?

— Je conclus, Votre Altesse, par une simple réflexion, dit le baron qui reçut la botte sans broncher. La guerre est populaire : que la rumeur en soit contredite demain, et beaucoup de classes en ressentiront un désappointement considérable. Etant donnée la tension présente des esprits, la plus petite émotion pourrait suffire à précipiter les événements : là est le danger. La révolution est imminente ; nous sommes assis, autour de cette table de conseil, sous l'épée de Damoclès.

— Alors réunissons nos têtes, dit le prince, et trouvons quelque moyen honorable d'obtenir la sécurité !

Jusqu'ici, depuis que la première note d'opposition était sortie des lèvres du bibliothécaire, c'est à peine si Séraphine avait prononcé vingt mots. Le visage un peu échauffé, les yeux baissés, battant nerveusement de temps à autre du pied sur le parquet, elle s'était tue, et avait héroïquement contenu sa colère. Mais à ce point de l'escarmouche elle perdit le contrôle de sa patience.

— Trouver quelque moyen ! s'écria-t-elle. Eh ! les moyens étaient déjà tout trouvés et préparés, avant même que vous en sussiez le besoin ! Allons, signez cette dépêche, et finissons-en !

— Madame, répondit Othon en saluant, j'ai dit quelque moyen *honorable*. Cette guerre, à mes yeux et d'après le rapport même de M. de Gondremark, est un expédient inadmissible. Si nous avons mal gouverné ce pays de Grunewald, faut-il que les gens de Gérolstein saignent et payent pour nos méfaits? Jamais, Madame, tant que j'aurai vie. Mais, néanmoins, j'attache tant d'importance à tout ce que j'ai entendu aujourd'hui pour la première fois (et pourquoi aujourd'hui seulement je ne m'arrêterai pas à le demander), que j'ai hâte de trouver quelque plan qu'il me soit possible de suivre avec honneur pour moi-même.

— Et si vous n'en trouvez pas? demanda-t-elle.

— Si je n'en trouve pas, répondit-il, j'irai au-devant du coup. A la première manifestation ouverte de mécontentement je convoque les Etats, et quand il leur plaira de me le demander, j'abdiquerai.

Séraphine eut un sourire de colère.

— Voilà bien l'homme pour lequel nous avons tout ce temps travaillé! s'écria-t-elle. Nous lui annonçons un changement... Il trouvera un moyen, répond-il. Et ce moyen c'est... l'abdication! Ah! Monsieur, n'avez-vous pas honte de venir ici à la onzième heure parmi ceux qui ont supporté les fatigues du combat? N'êtes-vous pas émerveillé de vous-même? Moi, Monsieur, je me suis trouvée ici à ma place, luttant seule pour maintenir votre dignité; j'ai tenu conseil avec les plus sages que j'aie pu trouver, pendant que vous mangiez, que vous chassiez... J'ai dressé mes plans avec prévoyance; ils étaient mûrs pour l'action. Alors — elle étouffa, — alors, vous revenez, pour une matinée, vous revenez pour tout ruiner! Demain vous serez de nouveau affairé de vos plaisirs, et vous nous permettrez de nouveau de penser et de travailler pour vous... Puis vous reviendrez encore une fois, et encore une fois ce sera pour mettre le désarroi dans ce que vous n'avez pas eu la patience ou la science nécessaire pour concevoir vous-même. Oh ! c'est insupportable ! Ayez quelque modestie, Monsieur ! Ne présumez pas trop de ce rang qu'il vous est impossible de maintenir dignement. A votre place, moi, je ne lancerais pas mes ordres avec tant d'assurance... Il ne tient guère à vos propres mérites qu'on les exécute. Qu'êtes-vous ? Qu'avez-vous à faire en ce grave conseil ? Allez, s'écria-t-elle, allez avec vos égaux !... Le peuple même de la rue se rit d'un pareil prince !

A cette étonnante sortie, tout le Conseil demeura stupéfié.

— Madame, dit le baron, à qui l'inquiétude fit perdre sa prudence habituelle, maîtrisez-vous !...

— Adressez-vous à moi ! s'écria le prince. Je ne souffrirai pas ces chuchotements.

Séraphine fondit en larmes.

— Monsieur, cria le baron en se levant, la princesse...

— Baron de Gondremark, dit le prince, encore un mot, et je vous fais arrêter !

— Votre Altesse, vous êtes le maître, répliqua Gondremark en saluant.

— Tâchez de vous en souvenir plus constamment ! dit Othon. Monsieur le Chancelier, apportez tous ces papiers dans mon cabinet ! Messieurs, le Conseil est dissous.

Là-dessus Othon salua et sortit, suivi de Greisengesang et des secrétaires, au moment même où les dames d'honneur de la princesse, appelées en toute hâte, entraient par une autre porte pour la reconduire chez elle.

CHAPITRE VIII

LE PARTI DE LA GUERRE SE DÉCIDE A AGIR

Une demi-heure plus tard, Gondremark se trouvait de nouveau renfermé avec Séraphine.

— Que fait-il maintenant ? demanda-t-elle aussitôt qu'il fut arrivé.

— Madame, répondit le baron, il est avec le chancelier. Merveille des merveilles, il travaille !

— Ah ! dit-elle, il est né pour me torturer. Oh ! quelle chute, quelle humiliation ! Un pareil plan... faire naufrage sur un obstacle si infime. Mais, maintenant, tout est perdu.

— Madame, rien n'est perdu, dit Gondremark. Il y a au contraire une chose de retrouvée. Vous avez retrouvé votre bon sens. Vous voyez cet homme tel qu'il est ; vous le voyez comme vous savez tout voir quand votre trop bon cœur n'entre pas en jeu, c'est-à-dire avec l'œil du juge, avec l'œil de l'homme d'État. Aussi longtemps qu'il conservait le droit d'intervenir, l'empire que nous rêvions restait toujours à distance. Je ne me suis pas engagé dans cette voie sans en prévoir clairement le danger : j'étais même préparé à ce qui vient d'arriver. Mais aussi, Madame, je savais deux choses : je savais que vous étiez née pour commander, et que j'étais né pour servir. Je savais que, par une rare conjonction, la main avait rencontré l'outil. Dès l'abord j'ai été convaincu, comme je suis convaincu aujourd'hui, qu'aucun prince frivole n'aurait le pouvoir de rompre cette alliance.

— Moi, née pour le **commandement**! dit-elle. Oubliez-vous mes larmes ?

— Madame, ce furent les larmes d'Alexandre, s'écria le baron. Elles me touchèrent, m'électrisèrent ; je me suis moi-même aussi oublié pour un instant. Mais pensez-vous que je n'aie pas remarqué, que je n'aie pas admiré votre maintien auparavant, votre immense empire sur vous-même ? Ah ! voilà qui était princier ! Ici il fit une pause. Oui c'était chose à voir : j'y ai bu la confiance. J'essayai d'imiter votre calme, et je fus bien inspiré. Du fond du cœur je crois vraiment que je fus bien inspiré et que tout homme capable de raisonnement eût été convaincu. Mais cela ne devait pas être... Et à vrai dire, Madame, je ne regrette pas l'insuccès. Soyons francs ; permettez-moi d'ouvrir mon cœur. J'ai aimé deux choses, honorablement aimé : Grunewald et ma souveraine. Ici il lui baisa la main. De deux choses l'une, où il me faut résigner mon ministère, quitter mon pays adopté, quitter la reine à qui j'ai voué mon obéissance, ou bien... Il fit une nouvelle pause.

— Hélas, monsieur de Gondremark, il n'y a pas de *ou bien* !

— De grâce, Madame, donnez-moi le temps, poursuivit-il. Quand je vous vis pour la première fois, vous étiez encore toute jeune. Ce n'est pas le premier venu qui aurait remarqué alors vos talents; mais vous ne m'eûtes pas honoré plus de deux fois de votre conversation, que je compris que j'avais trouvé le maître qu'il me fallait. Je crois, Madame, posséder quelque génie, et j'ai beaucoup d'ambition. Mais mon génie est celui du service, et pour donner carrière à mon ambition il me fallait d'abord trouver quelqu'un né pour le commandement. Ce fut là la base et l'essence de notre union. Tous deux nous avions besoin l'un de l'autre : maîtresse et serviteur, levier et point d'appui, nous reconnûmes chacun l'un dans l'autre le complément de nos dons spéciaux. Les mariages, dit-on, sont faits dans le ciel ; à quelle plus forte raison peut-on le dire de ces associations pures, laborieuses, toutes intellectuelles, destinées à fonder des empires ! Du reste, ce ne fut pas là tout. Nous nous trouvâmes tous deux mûrs, pleins d'idées grandioses qui prirent forme plus nette et claire à chaque parole. Nous grandîmes tous deux en intelligence comme des jumeaux. Jusqu'au jour où nous nous rencontrâmes, ma vie était restreinte, tâtonnante. N'en était-il pas de même, oui, j'oserai franchement m'en vanter et affirmer qu'il en était de même chez vous ! Ce ne fut qu'alors que vous eûtes ce coup d'œil d'aigle, cette intuition large et si pleine de promesses. C'est ainsi que nous nous formâmes l'un l'autre... et nous étions prêts !

— C'est vrai, s'écria-t-elle, je le sens. C'est à

vous qu'appartient le génie. Votre générosité trahit votre perception ; la seule chose que je pusse vous offrir était la position, ce trône pour point d'appui. Mais du moins je l'ai offert sans réserve ; du moins j'entrais chaleureusement dans toutes vos pensées ; vous étiez sûr de mon soutien, sûr de trouver justice. Dites-moi, oh ! dites-moi encore une fois que je vous ai soutenu !

— Non, Madame, fit-il ; vous m'avez fait. En tout vous avez été mon inspiratrice. Et quand nous préparions notre politique, calculant la portée de chaque pas, combien de fois n'ai-je pas dû admirer votre perspicacité, votre diligence toute virile et votre courage ! Vous savez que ce ne sont pas là les mots d'un flatteur : ils doivent trouver un écho dans votre conscience même. Quand avez-vous perdu un seul jour ? Quand vous êtes-vous relâchée pour un seul plaisir ? Vous, jeune et belle, vous avez vécu une vie d'efforts intellectuels, une vie de fatigante patience pour les détails. Eh ! bien, vous avez votre récompense : avec la chute de Brandenau le trône de votre empire est fondé.

— Quelle pensée avez-vous donc en tête ? demanda-t-elle. Tout n'est-il donc pas perdu ?

— Non, ma princesse... et nous avons tous deux la même pensée.

— Monsieur de Gondremark, répondit-elle, par tout ce que j'ai de plus sacré, je n'ai aucune idée. Je ne pense à rien... je suis brisée.

— Vous ne considérez encore que le côté passionné d'une nature riche, incomprise et récemment insultée, dit le baron. Regardez dans votre intelligence, et dites-moi ce que vous y voyez.

— Je n'y vois rien, rien que tumulte, répondit-elle.

— Vous y voyez, Madame, un mot, imprimé comme une brûlure, répliqua le baron : « Abdication. »

— Oh! le lâche! s'écria-t-elle. Il me laisse tout faire, tout supporter... et au dernier moment il me frappe en traître! Il n'y a rien en lui, ni respect, ni amour, ni courage. Sa femme, sa dignité, son trône, l'honneur de son père, il oublie tout!

— Oui, poursuivit le baron : Abdication... J'entrevois là une lueur.

— Je lis dans votre esprit, dit-elle. Mais c'est folie pure, baron. Je suis encore plus détestée que lui; vous le savez vous-même. On sait excuser, aimer même sa faiblesse. Moi, on me hait.

— Telle est la reconnaissance des peuples, dit le baron. Mais nous perdons notre temps. Voici, Madame, ma pensée pure et simple. L'homme qui à l'heure du danger peut parler d'abdication n'est, pour moi, qu'un animal venimeux. Je parle, Madame, avec la franchise que demandent les choses graves : ce n'est pas le moment de parler avec délicatesse. Le poltron, en position d'autorité, est plus à craindre que le feu. Nous sommes sur un volcan : si cet homme demeure libre d'agir à sa guise, avant une semaine Grunewald aura été inondé de sang innocent. Vous reconnaissez la vérité de mes paroles; nous avons toujours envisagé sans pâlir cette catastrophe toujours possible. Pour lui cela n'est rien... il peut abdiquer! Abdiquer, juste Dieu! Et ce malheureux pays confié à sa charge; et la vie des hommes, et l'honneur des femmes !... La voix parut lui manquer. En un instant, pourtant, il eut maîtrisé son émotion, et il reprit : — Mais vous, Madame, vous comprenez plus dignement vos responsabilités. En pensée je suis avec vous, et en face de toutes les horreurs que je vois se dresser menaçantes devant moi, je soutiens (et votre cœur le répète) que nous nous sommes trop avancés pour nous arrêter. L'honneur, le devoir, que dis-je ? le soin de notre propre vie, tout réclame que nous allions de l'avant.

Elle le regardait, les sourcils froncés par l'effort de la pensée.

— Je le sens, dit-elle. Mais que faire ? Il tient le pouvoir.

— Le pouvoir, Madame ? Le pouvoir est dans l'armée, répondit-il. Puis, en toute hâte et avant qu'elle eût pu intervenir : — Il y va de notre salut, ajouta-t-il. J'ai à sauver ma princesse, elle doit sauver son ministre, et nous avons tous deux à sauver ce jeune fou de sa propre folie. Vienne l'explosion, ce serait lui la première victime. Il me semble le voir, s'écria-t-il, déchiré en pièces, et Grunewald... ah ! malheureux Grunewald ! Non, Madame, vous qui tenez le pouvoir, vous devez vous en servir : c'est un devoir qui en appelle violemment à votre conscience.

— Mais montrez-moi le moyen ! s'écria-t-elle. Si, par exemple, j'essayais de le placer sous une contrainte quelconque, la révolution éclaterait sur l'instant.

Le baron feignit la perplexité.

— C'est vrai, dit-il. Vous voyez les choses plus clairement que moi. Et pourtant il doit y avoir un moyen, il faut qu'il y ait un moyen. — Et il attendit son occasion.

— Non, dit-elle, dès le commencement je vous ai dit qu'il n'y a pas de remède. Notre espoir est perdu, perdu par l'entremise d'un misérable désœuvré, ignorant, affairé, décousu... qui demain aura disparu, sans doute, pour retourner à ses plaisirs de rustre !

Le moindre clou suffisait pour Gondremark. — C'est bien cela ! s'écria-t-il en se frappant le front. Fou que je suis de n'y avoir pas songé ! Madame, sans le savoir peut-être, vous venez de résoudre notre problème.

— Que voulez-vous dire ? parlez ! dit-elle.

Il parut se recueillir ; puis, souriant : — Il faut, dit-il, que le prince parte encore une fois pour la chasse.

— Ah ! si seulement il voulait y partir... et y rester ! s'écria-t-elle.

— Oui... et y rester, répéta le baron. Cela fut dit avec tant de signification, que la figure de la princesse s'altéra. L'intrigant, redoutant l'ambiguïté sinistre de son expression, se hâta d'expliquer : — Cette fois, il partira pour la chasse en voiture, avec une bonne escorte de nos lanciers étrangers. Sa destination sera le Felsenburg. C'est un endroit salubre, le rocher est élevé, les fenêtres sont étroites et barrées : il aurait pu avoir été bâti exprès. Nous confierons le commandement à l'Ecossais Gordon ; lui, du moins n'aura pas de scrupules. Qui s'apercevra de l'absence du souverain ? Il est parti pour la chasse. Après être revenu le mardi, il est reparti le jeudi ; rien d'inusité dans tout cela. En attendant, la guerre marche. Notre prince en aura vite assez de sa solitude, et vers le moment de notre triomphe (ou, s'il se montrait très obstiné, un peu plus tard) on le relâchera, sous bonne caution, bien entendu... Et je le vois déjà dirigeant de nouveau les apprêts de ses comédies !

Séraphine demeura sombre :

— Oui, dit-elle tout à coup, mais la dépêche?... En ce moment même il est en train de l'écrire.

— Oh ! la dépêche ne saurait passer le Conseil avant vendredi, répliqua Gondremark ; et quant à un message privé, tous les courriers sont à mes ordres, Madame. Ce sont des gens choisis... je suis homme de précaution !

— Cela se voit, fit-elle, avec un éclair de son aversion intermittente pour lui. Puis, après une pause, elle ajouta : Monsieur de Gondremark, cette extrémité me répugne.

— Je partage toute la répugnance de Votre Altesse, répondit-il. Mais, que voulez-vous? Nous restons sans défense, faute de cela.

— Je le vois, mais ceci est bien soudain. C'est un crime public, dit-elle, secouant la tête en le regardant avec une sorte d'horreur.

— Regardez un peu plus loin : à qui le crime?

— A lui ! s'écria-t-elle. A lui, j'en atteste Dieu, et je l'en tiens responsable ! Mais encore...

— Ce n'est pas comme s'il devait en souffrir, émit Gondremark.

— Je sais cela, répliqua-t-elle, mais toujours sans conviction.

En ce moment, comme les braves ont droit, par

une prescription aussi vieille que l'histoire du monde, à l'alliance et à l'aide actif de la Fortune, cette déesse ponctuelle descendit de sa machine.

Une des dames de la princesse demanda à entrer : un homme, à ce qu'il paraissait, avait apporté un billet pour le baron de Gondremark. C'était un mot écrit au crayon, et que l'ingénieux Greisengesang avait trouvé moyen de griffonner et de faire sortir sous les batteries mêmes d'Othon. La hardiesse de l'acte témoignait de l'épouvante de son acteur. Car un seul motif avait le pouvoir d'influencer Greisengesang : la peur.

Le billet était ainsi conçu :

« Au prochain Conseil, la procuration sera rétractée.

» CORN. GREIS. »

Ainsi, après trois ans de jouissance, le droit de signature allait être enlevé à Séraphine ! C'était plus qu'une insulte, c'était une disgrâce publique. Elle ne s'arrêta pas à considérer combien elle l'avait méritée, mais bondit sous l'attaque, comme bondit le tigre blessé.

— C'est bien, dit-elle, je signerai l'ordre. Quand partira-t-il ?

— Il me faudra douze heures pour réunir mes hommes, et il vaut mieux que la chose se passe de nuit. Demain, donc, à minuit, si c'est votre bon plaisir, répondit le baron.

— Parfait, dit-elle. Baron, ma porte reste toujours ouverte pour vous : sitôt l'ordre rédigé, apportez-le pour ma signature.

— Madame, dit-il, vous seule, de nous tous, ne

risquez pas la tête dans cette affaire. Pour cette raison, et aussi pour prévenir toute hésitation, j'oserai suggérer que l'ordre soit tout entier de votre main.

— Vous avez raison, répondit-elle.

Il plaça un brouillon devant elle, et d'une main claire elle écrivit l'ordre, puis le relut. Soudain, un sourire cruel apparut sur son visage : — J'avais oublié son pantin, dit-elle. Ils se tiendront compagnie l'un à l'autre. Et, entre les lignes, elle inscrivit la condamnation de Gotthold, mettant ses initiales à la marge.

— Votre Altesse a meilleure mémoire que son serviteur, dit le baron. A son tour il parcourut l'important document. C'est bien, fit-il.

— Vous vous montrerez au salon, sans doute, baron? demanda-t-elle.

— Il me semble, répondit-il, qu'il vaudrait mieux éviter toute possibilité d'un affront public. Le moindre ébranlement de mon crédit pourrait nous embarrasser dans un avenir immédiat.

— Vous avez raison, dit-elle, et elle lui tendit la main comme à un vieil ami et à un égal.

CHAPITRE IX

LE PRIX DE LA FERME DE LA RIVIÈRE

OU

LA GLORIOLE EST SUIVIE DE DÉBOIRE

Le coup de feu, pour ainsi dire, était tiré. Dans les circonstances ordinaires, la scène à la table du Conseil eût épuisé Othon tant en vigueur qu'en colère : il eût commencé à examiner et à condamner sa propre conduite, il se fût rappelé tout ce qu'il y avait de vrai dans le réquisitoire de Séraphine, et eût oublié tout ce qu'il contenait d'injustice. Une demi-heure après il serait tombé dans la condition mentale dans laquelle le catholique court au confessionnal, et l'ivrogne cherche refuge dans la bouteille. Deux questions de détail maintinrent néanmoins son énergie. D'abord il avait encore une infinité d'affaires à régler; et régler des affaires, pour un homme comme Othon, négligent et temporisateur par habitude, c'est un des meilleurs anesthésiques pour la conscience. Toute l'après-midi il travailla donc avec le chancelier, lisant, dictant, signant, dépêchant ses papiers. Tout cela le conserva rayonnant d'estime de soi. Mais, de plus, sa vanité était en émoi : il n'avait pas réussi à obtenir l'argent dont il avait besoin, et le lendemain matin il lui faudrait désappointer le vieux Killian ; il lui faudrait, aux yeux de cette famille qui avait fait si peu de cas de lui, et auprès de laquelle il avait espéré jouer le rôle de héros consolateur, retomber encore plus bas qu'auparavant. Cela, pour un homme du tempérament d'Othon, eût été mortel. Non, il ne pouvait accepter cette situation. Et ainsi, tout en travaillant, en travaillant dur et sagement aux détails antipathiques de sa principauté, il mûrissait secrètement un plan qui devait le sauver d'embarras. C'était un projet aussi attrayant pour l'homme, que peu honorable pour le prince ; un projet dans lequel sa nature frivole trouvait une revanche de toute la gravité et de tout le labeur de cette après-midi. Il riait sous cape en y songeant : Greisengesang l'entendit avec surprise, et attribua l'effet de cette allégresse à l'escarmouche du matin.

Poursuivant cette idée, le vieux courtisan se hasarda à complimenter son souverain au sujet de son maintien : — Cela lui rappelait, dit-il, le père d'Othon.

— Quoi donc ? demanda le prince dont les pensées étaient à cent lieues.

— L'autorité de Votre Altesse au Conseil, précisa le flatteur.

— Ah ! cela ? Eh ! oui, répondit Othon. Mais, malgré sa nonchalance il sentit sa vanité délicatement chatouillée ; son esprit retourna aux détails de sa victoire, et s'y arrêta avec complaisance. — Je les ai tous domptés, pensa-t-il.

Avant que les affaires les plus pressantes eussent été dépêchées, il était déjà tard. Othon retint le chancelier à dîner, et se vit régaler d'une brassée d'histoires anciennes et de compliments nouveaux. La carrière du chancelier avait été basée dès les premiers pas sur une entière subordination ; il avait rampé jusqu'aux honneurs et aux emplois ; son esprit était prostitué. L'instinct de cet être le servit bien auprès d'Othon. Il commença par laisser tomber un mot ou deux de moquerie au sujet de l'intellect féminin. De là il s'avança plus loin, et avant le troisième service il en était déjà à disséquer habilement le caractère de Séraphine, sous l'approbation de son époux. Naturellement, personne ne fut nommé. Et tout aussi naturellement l'identité de l'homme idéal, de l'homme abstrait auquel elle se trouvait constamment comparée demeura le secret de la comédie.

Mais ce vieillard compassé possédait un merveilleux instinct pour le mal, et savait se faufiler dans la citadelle humaine ; il pouvait, des heures durant, entonner la litanie des qualités de son interlocuteur, sans jamais en effaroucher l'estime de soi. Au physique comme au moral, tout en Othon était couleur de rose, effets combinés de la flatterie habile, du Tokai, et d'une conscience satisfaite. Il se voyait lui-même sous les apparences les plus attrayantes. Si Greisengesang même, pensait-il, était capable de remarquer les petits faibles du caractère de Séraphine, et de les indiquer ainsi déloyalement au camp opposé, lui, l'époux congédié, le prince dépossédé, ne devait guère avoir erré dans le sens de la sévérité.

Ce fut en d'excellentes dispositions qu'il dit adieu au vieux bonhomme, dont la voix s'était montrée si pleine de musique, et qu'il se dirigea vers le salon. Mais déjà sur l'escalier il commença à ressentir quelque componction : lorsqu'il fut entré dans la grande galerie et qu'il vit sa femme, toutes les flatteries abstraites du chancelier glissèrent de lui comme la pluie ; et de nouveau la poésie réelle de la vie se réveilla dans son âme.

Elle était assez éloignée, baignée dans la lumière d'un lustre, le dos tourné. En regardant la courbe de sa taille il se sentit saisi de défaillance physique. Là était la jeune femme, l'enfant qui avait reposé entre ses bras, qu'il avait juré de chérir... Là était ce qui valait plus que tous les succès du monde !

Ce fut Séraphine elle-même qui le remit du coup. Elle s'avança en glissant, et sourit à son mari avec une douceur outrageusement artificielle.

— Frédéric, dit-elle en zézayant, vous êtes en retard !

C'était une scène de haute comédie, telle qu'il convient aux mariages malheureux. Son aplomb le dégoûta.

Il n'y avait pas d'étiquette à ces petites assemblées. On venait et on sortait à sa guise. Les embrasures des fenêtres devenaient des nichées de couples heureux. Les causeurs se réunissaient principalement près de la grande cheminée, chacun prêt à médire du prochain. A l'autre extrémité de la salle, les joueurs jouaient. Ce fut là qu'Othon se dirigea, sans ostentation mais avec une insistance tranquille, et en distribuant les attentions sur son chemin. Une fois arrivé à la hauteur de la table de jeu, il se plaça en face de madame de Rosen, et aussitôt qu'il eut rencontré son regard il se retira dans l'embrasure d'une fenêtre. Là, elle vint promptement le rejoindre.

— Vous avez bien fait de m'appeler, dit-elle d'un air un peu égaré. Ce jeu sera ma ruine!

— Ne jouez plus! dit Othon.

— Ne plus jouer! s'écria-t-elle en riant. Mais c'est ma destinée! Ma seule chance était de mourir poitrinaire, maintenant il faudra que je meure dans un grenier.

— Vous êtes d'humeur amère, ce soir, dit Othon.

— J'ai perdu, répliqua-t-elle. Vous ne savez pas, vous, ce que c'est que la cupidité!

— Alors, il paraît que j'arrive mal à propos? dit-il.

— Ah! c'est quelque faveur que vous désirez de moi? dit-elle en se ranimant d'un air délicieux.

— Madame, dit-il, je songe en ce moment à fonder un parti, et je viens essayer de vous enrôler.

— C'est tout fait, dit la comtesse. Ah! me voilà homme, de nouveau!

— J'ai peut-être tort, dit-il, mais je crois, du fond du cœur, que vous ne me voulez pas de mal.

— Je vous veux tant de bien que je n'ose pas vous dire combien, répondit-elle.

— Si, alors, je vous demandais une faveur?...

— Demandez, mon prince, demandez! répliqua-t-elle. Quelle qu'elle soit, elle vous est accordée.

— Je voudrais, dit-il, que vous fissiez de moi,

cette nuit même, le fermier dont nous parlions tantôt.

— Dieu sait ce que vous voulez dire, s'écria-t-elle. Je ne comprends pas, mais cela ne fait rien. Mon désir de vous faire plaisir est sans bornes. Considérez donc le fermier comme établi.

— Je poserai la question d'une autre façon, répliqua Othon : — Avez-vous jamais volé?

— Souvent, s'écria la comtesse. J'ai rompu tous les dix commandements ; et si demain il s'en trouvait de nouveaux à rompre, je ne pourrais dormir que je n'en eusse fait de même des nouveaux.

— Il s'agit de vol avec effraction. A la vérité je pensais bien que cela vous amuserait, dit le prince.

— Je n'ai aucune expérience pratique, répliqua-t-elle. Mais, Dieu ! que de bonne volonté !... Dans mon temps, j'ai brisé une boîte à ouvrage, ainsi que plusieurs cœurs, y compris le mien ; mais je n'ai jamais brisé de portes. Cela ne doit pourtant pas être d'une grande difficulté : les péchés sont si prosaïquement faciles à commettre ! Qu'allons-nous briser?

— Madame, dit Othon, nous allons forcer la porte du Trésor.

Et là-dessus il se mit à lui esquisser brièvement, spirituellement, et avec çà et là un aperçu pathétique, l'histoire de sa visite à la ferme, de sa promesse de l'acheter, et du refus qu'il avait ce matin même éprouvé au Conseil, touchant sa demande de fonds. Il conclut par quelques observations pratiques au sujet des fenêtres de la trésorerie, des facilités et des difficultés qu'on aurait à rencontrer dans l'accomplissement de cet exploit.

— On vous a refusé l'argent, dit-elle, quand il eut fini; et vous avez accepté ce refus! Ah bien!

— Ils ont donné leurs raisons, répondit Othon, rougissant, raisons que je ne pouvais réfuter. J'en suis donc réduit à dilapider les fonds de mon pays par un vol. Ce n'est pas très beau, mais c'est amusant.

— Amusant, dit-elle, oui. Et elle demeura silencieuse assez longtemps, plongée dans ses pensées. — Combien vous faut-il? demanda-t-elle enfin.

— Trois mille écus suffiront, répondit-il, car il me reste encore quelque argent à moi.

— C'est parfait, dit-elle, reprenant sa légèreté. Je suis votre complice fidèle. Où allons-nous nous retrouver?

— Vous connaissez le Mercure volant, dans le parc, répondit-il. Là où trois sentiers se croisent on a placé un banc et élevé la statue. L'endroit est commode... et le lieu sympathique.

— Enfant, va! dit-elle, et elle lui donna une tape de son éventail. Mais savez-vous, mon prince, que vous êtes un égoïste: votre endroit commode est à cent lieues de chez moi. Il faut me donner du temps. Jamais je ne pourrai être là avant deux heures. Mais au coup de deux heures à l'horloge, votre auxiliaire arrivera,... et bienvenue, j'espère? Mais... un instant. Amenez-vous quelqu'un? Oh! ce n'est pas que je désire un chaperon, croyez-moi! Je ne suis pas prude!

— J'amènerai un des mes palefreniers: je l'ai surpris à voler l'avoine!

— Son nom? demanda-t-elle.

— Sur mon âme, je ne le sais pas ! Je n'ai aucune intimité avec mon voleur d'avoine, répondit le prince. C'est pour son concours professionnel...

— Comme moi ! Ah ! vous me flattez ! s'écria-t-elle. Mais, pour m'obliger, faites une chose : laissez-moi vous trouver seul à ce banc, où il faudra que vous m'attendiez, car en cette expédition il n'y aura que la dame et son écuyer ; et que votre ami, le voleur ne s'approche pas plus près que la fontaine. Vous le promettez ?

— Madame, en toutes choses ordonnez ! Vous serez le capitaine, je ne suis que le subrécargue, répondit Othon.

— C'est bien. Et puisse le ciel nous mener tous à bon port ! dit-elle. N'est-ce pas aujourd'hui vendredi ?

Quelque chose dans le ton de la comtesse avait intrigué Othon, et avait même commencé à éveiller un soupçon.

— N'est-il pas étrange, remarqua-t-il, que j'aie choisi mon complice dans le camp même de l'ennemi ?

— Fou que vous êtes, dit-elle. Mais c'est là, du reste, votre seule sagesse, celle de reconnaître vos vrais amis. Et soudain, dans l'ombre du renfoncement de la fenêtre, elle lui saisit la main qu'elle baisa avec une sorte de passion. — Maintenant, ajouta-t-elle, partez... partez vite !

Et il partit, quelque peu saisi, et se demandant, au secret de son cœur, s'il n'était pas bien hardi en cette affaire ; car en ce moment elle avait brillé à ses yeux comme brille une pierre précieuse, et même sous la forte armure d'un autre amour, il en avait ressenti un choc. Mais, l'instant d'après, il avait déjà chassé la crainte.

Othon et la comtesse quittèrent tous deux le salon de bonne heure. Le prince, après une feinte consciencieuse, renvoya son valet de chambre, et sortit par le corridor privé et la petite poterne, en quête de son palefrenier.

Cette fois-ci encore l'écurie était plongée dans l'obscurité; encore une fois Othon frappa son coup magique; de nouveau le palefrenier apparut, et de nouveau faillit se pâmer de terreur.

— Bonsoir, l'ami, dit Othon gaiement. Apportez-moi, s'il vous plaît, un sac à avoine... vide cette fois, et venez avec moi ! Nous resterons dehors toute la nuit.

— Votre Altesse, gémit l'homme, j'ai la charge des petites écuries, et je suis seul...

— Bah ! dit le prince, vous n'êtes pourtant pas toujours si rigide en matière de devoir? — Puis, voyant qu'il tremblait des pieds à la tête, Othon lui posa la main sur l'épaule. — Si je vous voulais du mal, dit-il, serais-je ici?

L'homme se rassura sur-le-champ. Il alla chercher le sac, et Othon le conduisit par divers sentiers et avenues, causant d'un air affable, et le laissa planté enfin auprès de certaine fontaine où un triton aux yeux protubérants vomissait par jets de l'eau dans l'écume tremblotante.

De là, il se dirigea seul vers un rond-point au milieu duquel, à la lueur des étoiles, se dressait sur la pointe du pied une copie du Mercure volant de Jean de Bologne. La nuit était chaude et sans brise. Une petite tranche de lune venait de se lever, mais trop mince encore, et trop bas sur l'horizon pour lutter avec l'armée immense de luminaires plus minimes, et la face rugueuse de la terre était baignée dans le feu pâle des étoiles. Au bas d'une des allées, qui s'élargissait en descendant, il pouvait voir un bout de terrasse illuminée par les réverbères, où une sentinelle se promenait silencieusement ; plus loin encore, un coin de la ville avec ses lacets de lumières. Mais plus près, tout autour de lui, les jeunes arbres se dressaient mystérieusement, estompés dans l'obscure clarté. Et au milieu de cette immobilité complète du monde, le dieu, prenant son vol, paraissait animé de vie.

Dans l'ombre et le silence nocturne la conscience d'Othon devint, tout à coup et fixement, lumineuse comme le cadran d'une horloge publique. Il eut beau détourner les yeux de la pensée, l'aiguille, se mouvant avec rapidité, lui indiqua une série de méfaits à lui couper la respiration. Que faisait-il là ? L'argent avait été gaspillé, mais cela ne tenait-il pas largement à sa propre négligence ? Et maintenant il se proposait d'embarrasser encore plus les finances de ce pays qu'il avait été trop indolent pour gouverner lui-même. Il se proposait de gaspiller cet argent une fois de plus, et cela pour ses fins privées, quelque généreuses qu'elles pussent être.

Et cet homme qu'il avait réprimandé pour un vol d'avoine, il allait à présent s'en servir pour voler le Trésor... Et puis, il y avait madame de Rosen qu'il regardait avec quelque chose se rapprochant de ce mépris qu'éprouve l'homme chaste pour la femme fragile. C'était parce qu'il l'avait jugée assez dégradée pour être au-dessous du scrupule, qu'il l'avait choisie pour la dégrader plus bas encore, au risque de lui faire perdre pour toujours son établissement, quelque irrégulier qu'il fût, par cette complicité dans un acte déshonorant. C'était pire qu'une séduction !

Othon dut se mettre à marcher vivement et à siffler avec énergie. Et quand enfin il entendit des pas s'approcher par la plus sombre et la plus étroite des allées, ce fut avec un soupir de soulagement qu'il s'élança à la rencontre de la comtesse. La lutte, seul à seul, avec son ange gardien, est une si rude tâche, et la présence, au moment critique, d'un compagnon qu'on se sent sûr de trouver moins vertueux que soi est chose si précieuse !

Ce fut un jeune homme qui s'avança vers lui, un jeune homme de petite taille et d'allure particulière, coiffé d'un chapeau mou à larges bords, et portant un lourd sac avec une fatigue évidente. Othon se rejeta en arrière, mais le jeune homme fit signe de la main, et, s'avançant en courant, tout essoufflé comme si ce fût tout ce qui lui restait de force, se jeta sur le banc. Et là il révéla les traits de madame de Rosen.

— Vous, comtesse ! s'écria le prince.

— Non, non, fit-elle d'une voix haletante, le comte de Rosen, mon jeune frère... Un garçon charmant. Laissez-le reprendre haleine !

— Ah ! Madame !... dit-il.

— Appelez-moi donc comte ! reprit-elle. Respectez mon incognito !

— Va pour comte, alors, répondit-il, et permettez-moi d'implorer ce brave gentilhomme de partir avec moi sur-le-champ pour notre entreprise.

— Asseyez-vous là, près de moi, dit-elle, caressant de la main un coin du banc. Je vous suivrai dans un instant. Oh ! je suis fatiguée ; sentez mon cœur, comme il tressaute !... Où est votre voleur ?

— A son poste, répondit Othon. Vous le présenterai-je ? Il paraît être un excellent compagnon.

— Non, dit-elle. Ne me pressez pas encore. Il faut que je vous parle. Ce n'est pas que je n'adore votre voleur : j'adore tous ceux qui ont le courage de mal faire. Je n'ai jamais fait cas de la vertu... excepté depuis que je me suis éprise d'amour pour mon prince. — Elle rit de son rire musical. — Et même ce n'est pas de vos vertus que je suis amoureuse, ajouta-t-elle.

Othon se sentit embarrassé. — Et maintenant, dit-il, si vous êtes un peu reposée...

— Tout à l'heure, tout à l'heure ; laissez-moi respirer ! dit-elle, haletant un peu plus fort qu'avant.

— Mais qu'est-ce qui a pu vous fatiguer si fort ? demanda-t-il. Ce sac ? Et, pourquoi un sac, au nom de tout ce qui est singulier ? Pour un sac vide vous auriez pu compter sur ma prévoyance ; mais celui-là n'a l'air rien moins que vide. Mon cher comte, de quelle inutilité vous êtes-vous chargé là ? Mais le plus court est de voir par moi-même. — Et il étendit la main.

Elle l'arrêta vite : — Othon, dit-elle, non, pas de cette façon. Je vais vous dire, je vais tout avouer :

c'est déjà fait... j'ai dérobé le Trésor toute seule. Il y a là trois mille deux cents écus. Oh! pourvu que cela soit assez!

Son embarras était si visible, que le prince devint tout rêveur, la regardant dans les yeux, la main toujours étendue vers le sac pendant qu'elle le retenait par le poignet. — Vous? dit-il enfin. Comment... Puis, se redressant : — Oh! Madame, dit-il, je comprends! Il faut que vous ayez vraiment une triste opinion du prince!

— Eh bien, oui, s'écria-t-elle, je mens. Cet argent, c'est le mien en toute honnêteté, le mien... le vôtre maintenant. C'était là une chose indigne de vous, que vous vous proposiez de faire. Mais j'aime votre honneur, et je me suis juré de le sauver malgré vous. Je vous en prie, laissez-moi le sauver, reprit-elle avec un changement de ton soudain et adorable. Othon, je vous en supplie, laissez-moi le sauver! Acceptez ce rebut, des mains de votre pauvre amie qui vous aime!

— Madame... Madame, balbutia Othon, à l'extrême du désespoir, je ne puis! Il faut que je vous quitte!

Il se leva à demi, mais, prompte comme la pensée, elle tomba devant lui, embrassant ses genoux. — Non, dit-elle, d'une voix entrecoupée, vous ne pouvez pas partir. Me méprisez-vous donc si complètement! Qu'est-ce que cet argent? Rien, du rebut, vous dis-je! Je le déteste, je le gaspillerais au jeu sans en être plus riche. C'est un placement que je fais là, c'est pour me sauver de la ruine. Othon! cria-t-elle, comme il essayait de nouveau mollement de la repousser, si vous me laissez seule avec cette honte, je meurs ici. — Il poussa un gémissement. — Oh! continua-t-elle, songez à ce que je souffre! Si vous souffrez, vous, pour un sentiment de délicatesse, imaginez ce que je dois souffrir, moi, dans ma honte! Refuser ce rebut! Vous aimez mieux voler, vous avez si mauvaise opinion de moi! Vous aimez mieux me piétiner le cœur! O cruel! O mon prince! Othon! Ayez pitié!...

Elle le serrait toujours entre ses bras; rencontrant sa main, elle la couvrit de baisers. Alors Othon commença à sentir la tête lui tourner. — Oh! s'écria-t-elle de nouveau, je comprends! Ah! quelle horreur! C'est parce que je suis vieille... parce que je ne suis plus belle! Elle éclata en sanglots.

Ce fut là le coup de grâce. Othon dut alors l'apaiser, la consoler du mieux qu'il put. Et, sans beaucoup plus de paroles, l'argent fut accepté. Entre cette femme et l'homme faible le résultat était inévitable. Madame de Rosen calma ses sanglots sur l'instant. D'une voix agitée elle le remercia, et reprit sa place sur le banc, loin d'Othon. Maintenant — dit-elle — vous comprenez pourquoi je vous ai prié de placer votre voleur à distance, et pourquoi je suis venue seule. Ah! combien j'ai tremblé pour mon trésor!

— Madame, dit Othon, d'un accent plaintif, épargnez-moi! Vous êtes trop bonne... trop noble.

— Je m'étonne de vous entendre, répliqua-t-elle. Vous avez évité une folie dangereuse. Vous pourrez maintenant recevoir votre brave vieux paysan. Vous avez trouvé un placement excellent pour l'argent d'une amie. Vous avez préféré une bonté essentielle à un vide scrupule ; et à présent vous avez honte de tout cela ! Vous avez rendu votre amie heureuse, et pourtant vous vous lamentez comme la colombe ! Allons, voyons, ranimez-vous... Je sais bien qu'il est un peu attristant d'avoir strictement bien agi, mais après tout, il n'est pas nécessaire d'en faire une habitude. Pardonnez-vous à vous même cette vertu. Voyons, regardez-moi en face, et souriez.

Il la regarda. Quand un homme a été entre les bras d'une femme, il la voit à travers un charme. A pareil moment, sous la lumière trompeuse des étoiles, elle ne peut paraître que follement belle. Les cheveux surprennent çà et là la lumière. Les yeux sont des constellations. Le visage est esquissé à l'estompe, esquissé, pourrait-on dire, par la passion. Othon se sentit consolé de sa défaite et commença à s'intéresser : — Non, dit-il, je ne suis pas un ingrat.

— Vous m'aviez promis quelque chose d'amusant, dit-elle en riant. Je vous ai donné un équivalent : nous avons eu une *scena* orageuse.

Othon rit à son tour. Mais de part et d'autre le son de leur rire n'était pas très rassurant.

— Voyons, qu'allez-vous me donner, continua-t-elle, en échange de mon excellente déclamation?
— Ce qui vous plaira, dit-il.

— Tout ce qu'il me plaira ! Parole d'honneur? Si je vous demandais la couronne ?

Elle brillait à ses yeux, belle de triomphe. — Sur l'honneur, répéta-t-il.

— Vous demanderai-je la couronne? continua-t-elle. Bah! qu'en ferais-je? Grunewald n'est qu'un petit État: mon ambition vise plus haut. Je demanderai donc... Allons, il paraît que je n'ai envie de rien. Au lieu de demander, je vous donnerai quelque chose. Je vous permettrai de m'embrasser... une fois!

Othon se rapprocha, et elle haussa son visage. Tous deux souriaient, presque sur le point de rire. Tout était jeu et innocence... Le prince, quand leurs lèvres se rencontrèrent, demeura étourdi par une convulsion soudaine de tout son être.

Ils se séparèrent aussitôt, et pendant un certain temps demeurèrent muets. Indistinctement Othon comprenait tout le péril de ce silence, mais sans pouvoir trouver une parole. Tout à coup la comtesse parut se réveiller: — Quant à votre femme,... dit-elle, d'une voix claire et ferme.

Le mot rappela Othon, tout frissonnant, de son extase. — Je ne veux rien entendre contre ma femme! s'écria-t-il, un peu égaré. Puis, se remettant et d'un ton plus doux: — Je vous confie, ajouta-t-il, mon seul secret... J'aime ma femme!

— Vous auriez pu me laisser achever, répliqua-t-elle en souriant. Supposez-vous que j'aie prononcé son nom sans intention? Vous aviez perdu la tête, vous le savez. Eh bien, moi aussi. Allons, voyons, ne vous effarouchez pas des mots, ajouta-t-elle un peu sèchement. C'est la seule chose que je méprise. Si vous n'êtes pas sot, vous devez voir que je bâtis des forteresses autour de votre vertu. En tous cas, il me plaît que vous compreniez bien que je ne me meurs point d'amour pour vous.

C'est ici une scène toute de sourires, je n'aime pas la tragédie. Et maintenant, voici ce que j'ai à dire au sujet de votre femme : elle n'est pas, n'a jamais été la maîtresse de Gondremark. Soyez certain que, si cela était, il s'en serait vanté. Bonne nuit !

Et, en un instant, elle eut disparu dans l'allée ; et Othon se trouva seul en compagnie du sac et du dieu volant.

CHAPITRE X

GOTTHOLD REVISE SON OPINION : CHUTE COMPLÈTE

La comtesse quitta donc le pauvre Othon sur une caresse et un soufflet administrés simultanément. Les bonnes paroles qu'elle avait prononcées au sujet de la princesse et la conclusion toute vertueuse de l'entrevue eussent, sans doute dû le charmer. Néanmoins, tout en chargeant le sac d'argent sur son épaule pour aller rejoindre son palefrenier, il se sentait en proie à plus d'une impression pénible. S'être engagé dans la mauvaise voie et être remis dans la droite, c'est là un double échec pour la vanité d'un homme. La découverte de sa propre faiblesse et de son infidélité possible l'avait ébranlé jusqu'au cœur, et l'assurance de la vertu parfaite de sa femme, reçue au même instant et des lèvres mêmes d'une femme peu disposée à la juger avec indulgence, ajoutait à l'amertume de la surprise.

Il fit à peu près la moitié du chemin entre le Mercure volant et la fontaine, avant de voir clair dans ses propres pensées: il fut alors étonné d'y trouver du ressentiment. Il s'arrêta, saisi d'une sorte de colère, et de la main frappa un buisson d'où s'éleva, pour disparaître en un clin d'œil, toute une nuée de moineaux réveillés en sursaut par le coup. Il les regarda avec hébètement et, quand ils furent partis, se mit à contempler les étoiles. « Je suis en colère. De quel droit ? d'aucun ? » pensa-t-il. Mais la colère n'en persistait pas moins. Il maudit Madame de Rosen, pour s'en repentir au même instant. Lourd était le poids de l'argent sur son épaule.

Quand il fut arrivé à la fontaine, poussé par la mauvaise humeur et l'esprit de fanfaronnade, il commit un acte impardonnable : il remit le sac d'argent au palefrenier déshonnête. « Gardez cela pour moi, lui dit-il, jusqu'à ce que je vous le redemande demain. C'est une forte somme. Vous voyez, par là, que je ne vous ai pas condamné. » Là-dessus il partit, la tète haute, gonflé de l'idée qu'il venait de faire là quelque chose de fort généreux. C'était un effort désespéré pour rentrer, à la pointe de la baïonnette pour ainsi dire, dans sa propre estime, et l'effort, comme tous ceux de ce genre, fut parfaitement stérile. Il eut cette nuit, on l'aurait juré, le diable pour camarade de lit ; il ne fit que sauter et se retourner jusqu'à l'aube, pour tomber alors inopportunément dans un sommeil de plomb d'où il ne se réveilla qu'à dix heures. Manquer après tout son rendez-vous avec le vieux Killian, c'eût été un dénouement par trop tragique : il fit toute la hâte possible, retrouva (par merveille) le palefrenier fidèle à sa charge, et entra, quelques minutes seulement avant midi, dans la chambre d'hôtes à l'Étoile du Matin.

Killian s'y trouvait déjà, sec et raide dans ses habits du dimanche : un notaire de Brandenau montait la garde auprès de ses papiers étalés. Le palefrenier et l'hôtelier furent appelés pour servir de témoins. La déférence marquée de ce gros personnage surprit visiblement le vieux fermier ; mais ce ne fut que lorsque Othon eut pris la plume et signé son nom, que la vérité éclata dans son esprit. Alors il fut hors de lui.

— Son Altesse, cria-t-il, Son Altesse !... Et il continua à s'exclamer de la sorte jusqu'à ce que son intelligence eût enfin réussi à saisir la situation. Il se retourna alors vers les témoins. — Messieurs, leur dit-il, vous vivez dans un pays hautement favorisé de Dieu ; car de tous les généreux gentilshommes, je l'affirme sur ma conscience, celui-ci est le roi. Je suis vieux, et j'ai vu bien des choses, bonnes et mauvaises... j'ai vu l'année de la grande famine... mais un plus excellent gentilhomme, non, jamais !

— Ça, nous le savons, dit l'hôtelier. Ah ! oui, nous savons ça en Grunewald ! Nous ne demanderions qu'à voir Son Altesse plus souvent !

— Le meilleur prince... commença le palefrenier. Mais il s'arrêta tout à coup, étouffant un sanglot ; sur quoi chacun se retourna, étonné, pour observer cette émotion ; Othon tout le premier, frappé de remords à la vue d'une reconnaissance pareille.

Puis ce fut le tour du notaire de tourner son compliment. — Je ne sais, dit-il, ce que la Providence peut tenir en réserve, mais ce jour-ci sera sans doute compté comme un des plus beaux dans les annales de votre règne. Les acclamations des armées ne sauraient être plus éloquentes que l'émotion visible sur ces visages d'honnêtes gens. Et le notaire de Brandenau salua, sautilla, recula et huma une prise, avec tout l'air d'un homme qui a trouvé une belle occasion et ne l'a pas laissé échapper.

— Eh bien, mon jeune gentilhomme, dit Killian, en vous demandant de pardonner ma simplicité si je vous appelle gentilhomme, vous avez, je n'en doute pas, accompli plus d'une bonne chose en votre vie, mais jamais une meilleure que celle-ci, voyez-vous... ni une qui sera plus bénie de la Providence. Et, quels que soient votre bonheur et vos triomphes dans cette haute position où vous avez été appelé, ils ne souffriront pas, Monseigneur, de la bénédiction d'un vieillard.

La scène tournait à l'ovation, et quand le prince put s'échapper il se sentait possédé d'une unique idée, qui était de n'aller que là où il serait sûr de trouver le plus de louanges. Sa conduite à la table du Conseil lui revint en tête comme un assez beau chapitre, et cela lui remit Gotthold en mémoire. Il irait donc trouver Gotthold.

Gotthold était, comme d'habitude, dans la bibliothèque, et, quand Othon fit son entrée, il jeta sa plume sur la table, d'un air un peu irrité. — Ah! dit-il, te voilà donc !

— Eh bien, répondit Othon, nous avons fait une révolution, ce me semble.

— C'est ce que je crains, riposta le docteur.

— Comment dis-tu ? C'est ce que tu crains ? fit Othon. Bah! la crainte, c'est l'enfant brûlé. J'ai appris à connaître ma force et la faiblesse des autres, et j'ai l'intention maintenant de gouverner moi-même.

Gotthold ne répondit rien, mais il baissa les yeux, et se frotta le menton.

— Tu désapprouves? s'écria Othon. Quelle girouette tu fais!

— Au contraire, répliqua le docteur. Mes observations ont confirmé ma crainte. Cela ne va pas, Othon. Cela ne va pas du tout.

— Qu'est-ce qui ne va pas? demanda le prince qui reçut le coup avec douleur.

— Rien ne va, répondit Gotthold. Tu n'es pas fait pour la vie d'action. Tu manques de fond. Tu n'as pas l'habitude, le contrôle de soi, la patience nécessaire. En cela ta femme vaut mieux... beaucoup mieux, et quoiqu'elle soit en de mauvaises mains elle fait preuve d'une aptitude bien différente. C'est une femme d'affaires; toi, mon garçon, tu n'es... enfin tu es toi-même. Je t'en prie, retourne à tes plaisirs! Magister aimable et souriant, je t'accorde vacances pour la vie.

Oui, poursuivit-il, forcément il arrive un jour, pour nous tous, où il faut cesser de croire à notre profession de foi philosophique. J'en étais venu, impartialement, à n'avoir confiance en personne. Et si, dans l'atlas des sciences, il était deux cartes dont je me méfiais plus particulièrement que des autres, c'était celles de la politique et de la morale. Au fin fond de mon cœur j'avais un faible pour tes vices: ils étaient négatifs et flattaient ma philosophie. Je les regardais presque comme autant de vertus. Eh bien, Othon, j'avais tort. J'abjure mon scepticisme philosophique : je m'aperçois que tes fautes sont impardonnables. Tu es incapable de faire un prince, incapable de faire un mari. Et je te donne ma parole que je préférerais de beaucoup voir un homme faire le mal d'une façon capable, que de s'embrouiller en tâchant de bien agir.

Othon, extrêmement maussade, gardait le silence.

Au bout d'un certain temps, le docteur reprit :
— Je commencerai par le moins important, ta conduite envers ta femme. Tu es allé, à ce que j'apprends, chercher une explication avec elle. Cela pouvait être bien ou mal, je n'en sais rien. Mais une chose est certaine, c'est que tu l'as courroucée. Au Conseil, elle t'insulte... Et qu'est-ce que tu fais ? tu l'insultes à ton tour ; toi, un homme, contre une femme ; toi, le prince contre ta princesse... et en public ! Ensuite, par-dessus le marché, tu te proposes (l'histoire en court comme le vent) de lui retirer le droit de signature. Crois-tu qu'elle te pardonne jamais cela ? Elle, femme, jeune, ambitieuse, ayant conscience de talents bien supérieurs aux tiens ?... Jamais de la vie, Othon ! Puis, en fin de compte, à un moment critique comme celui-là, tu vas t'enfoncer dans l'encognure d'une fenêtre avec cette reluqueuse de Rosen ! Je n'imagine pas pour un instant qu'il y ait là grand mal, mais ce que je maintiens c'est que c'était, à plaisir, manquer de respect à ta femme. Car, voyons, cette dame est impossible.

— Gotthold, dit Othon, je ne veux pas entendre dire du mal de la comtesse !

— Ce n'est, certes, pas du bien que tu en entendras; et si tu veux que ta femme garde la fleur de l'innocence, purge-moi ta cour de tout ce demi-monde !

— Voilà bien l'injustice ordinaire des proverbes... Le préjugé du sexe ! Pour toi, c'est une demi-mondaine : que dirais-tu alors du Gondremark ? Si elle était homme...

— Ce serait exactement la même chose, répliqua rudement Gotthold. Quand je rencontre un homme, parvenu à l'âge de sagesse, qui parle à double entente, qui se vante de ses vices... je crache de l'autre côté ! Vous, l'ami, me dis-je, vous n'êtes pas même galant homme. Eh bien, elle, ce n'est pas même une véritable femme du monde.

— C'est la meilleure amie que je possède, fit Othon. Et il me plaît qu'on la respecte.

— Si c'est là vraiment ta meilleure amie, tant pis pour toi ! répondit le docteur. Les choses n'en resteront pas là.

— Ah ! s'écria Othon, que voilà bien la charité des vertueux ! Tout est mauvais dans le fruit taché ! Mais je puis vous assurer, Monsieur, que vous prodiguez l'injustice à madame de Rosen.

— Ah ! vous pouvez m'assurer cela, Monsieur ? dit le docteur finement. Vous avez essayé ? Vous avez tenté de passer les frontières ?

Le sang monta au visage d'Othon.

— Ah ! poursuivit Gotthold, regarde ta femme, et rougis. Voilà une femme à épouser... pour se l'aliéner !... Un œillet, Othon ! L'âme vit dans ses yeux.

— Je m'aperçois que tu as changé de note au sujet de Séraphine, dit Othon.

— Changé de note ! s'écria le docteur enthousiasmé. Bah ! Quand donc ai-je parlé autrement ? Ma foi, j'avoue que je l'ai admirée, au Conseil. Quand elle était assise là, frappant du pied, je l'admirais comme j'admirerais un ouragan. Si j'étais de ceux qui osent s'aventurer dans le mariage, c'eût été là un prix capable de me tenter. Elle attire, comme le Mexique attirait Cortez... L'entreprise est ardue, les naturels sont hostiles, cruels aussi, je crois... mais la capitale est pavée d'or, la brise y souffle du paradis. Oui... je saurais désirer pareille conquête. Mais courtiser une Rosen ? Jamais !... Les sens ? Je les renie. Qu'est-ce ? Un prurit. La curiosité ? alors passe-moi mon manuel d'anatomie.

— Mais, à qui dis-tu tout cela ? Toi, entre tous les hommes, tu dois bien savoir comme j'aime ma femme.

— Oh ! l'amour ! fit Gotthold. C'est un grand mot, l'amour. On le trouve dans les dictionnaires. Si tu l'avais aimée, elle t'aurait payé de la même monnaie. Qu'est-ce qu'elle demande ? Un peu d'ardeur !

— Il est difficile d'aimer pour deux, répondit le prince.

— Difficile ? Eh ! voilà la pierre de touche ! Oh ! je connais mes poètes, s'écria le docteur. Nous ne sommes que feu et poussière, trop arides pour supporter les brûlures de la vie... l'amour, comme l'ombre d'un haut rocher, devait prêter sa fraîcheur, son repos, non seulement à l'amant mais à l'amante et aux enfants qui sont leur récompense. Les amis eux-mêmes devraient pouvoir chercher le repos aux alentours de ce paisible bonheur. L'amour qui ne sait pas se bâtir un foyer n'est pas l'amour. La rancune, les querelles, les récriminations, voilà ce que tu appelles l'amour, toi ! Tu peux la contrecarrer ouvertement, l'insulter à sa face, et puis appeler cela de l'amour !... De l'amour, grand Dieu !

— Gotthold, tu es injuste, dit le prince. Je combattais alors pour mon pays.

— Oui, et c'est là le pire, répondit le docteur. Tu n'as pas même pu voir que tu avais tort, qu'avancé comme on était, toute retraite signifiait forcément la ruine.

— Mais, enfin, tu me supportais ! s'écria Othon.

— C'est vrai, j'étais aussi fou que toi, répliqua Gotthold. Mais maintenant mes yeux sont dessillés. Si tu continues sur le chemin où tu t'es engagé, si tu renvoies en disgrâce cette canaille de Gondremark, si tu laisses publier le scandale qui divise ta Maison, il arrivera à Grunewald une chose abominable... une révolution, mon cher,... une révolution.

— Pour un rouge, c'est étrangement parler.

— Républicain rouge, mais non pas révolutionnaire, répliqua le docteur. C'est une vilaine chose, sais-tu, qu'un Grunewaldien ivre. Un seul homme peut maintenant sauver le pays de ce danger, et cet homme est ce tartufe de Gondremark, avec qui je te conjure de faire ta paix. Ce ne sera pas toi, ce ne sera jamais toi qui ne sais rien faire que d'escompter ta position sociale... toi qui perdis un temps précieux à mendier de l'argent ! Mais, au nom du ciel, pourquoi faire ? Pourquoi de l'argent ! Quel mystère idiot se cachait là-dessous ?

— Ce n'était pour rien de bien méchant, dit Othon avec humeur. C'était pour acheter une ferme.

— Acheter une ferme ! cria Gotthold. Acheter une ferme !

— Eh bien, oui. Et puis après ? Et, quant à cela, je l'ai achetée, cette ferme.

Gotthold bondit sur son siège. — Et comment cela ? s'écria-t-il.

— Comment ? répéta Othon, un peu saisi.

— Eh oui, comment ! répliqua le docteur. Comment en as-tu trouvé l'argent ?

La figure du prince s'assombrit. — Cela, dit-il, c'est mon affaire.

— Tu vois bien que tu as honte, riposta Gotthold. Ainsi tu achètes une ferme au moment où ton pays est en danger !... Sans doute afin d'être prêt pour ton abdication. Et j'opine que tu as volé les fonds. Il n'y a pas trois moyens d'obtenir de l'argent, il n'y en a que deux ; le gagner ou le voler. Et maintenant, après avoir combiné Charles-Quint avec Cartouche, tu viens me trouver pour que je fortifie ta vanité. Mais je veux avoir le cœur net de cette affaire : jusqu'à ce que je sache à fond ce qu'il en est, je garde ma main derrière mon dos. On peut être le prince le plus piteux du monde, mais il faut rester gentilhomme sans tache.

Le prince s'était levé, pâle comme un linge.

— Gotthold, dit-il, vous me poussez à bout. Prenez garde, Monsieur,... prenez garde !

— Me menacerais-tu, par hasard, ami Othon ? Ce serait là une jolie conclusion.

— Quand m'avez-vous jamais vu employer mon pouvoir au profit d'une animosité privée ? s'écria Othon. Adressées à un simple particulier, vos paroles seraient une insulte impardonnable, mais sur moi il vous est facile de lancer vos traits en toute sécurité. Je devrais même, vraiment, m'arrêter à vous faire compliment de votre rude franchise. Je vous dois plus que le pardon, je vous dois mon admiration, pour le courage que vous déployez en bravant ce... ce formidable monarque, comme un Nathan devant David. Mais, Monsieur, vous venez de déraciner, sans merci aucune, une vieille affection. Vous me laissez bien dénué, en vérité... Mon dernier lien est brisé. J'en atteste le ciel, pourtant, j'ai essayé de bien faire. Et voilà ma récompense : je me trouve seul ! Je ne suis pas un galant homme, dites-vous ? Mais c'est vous pourtant qui avez pu, en tout ceci, trouver de quoi ricaner ! Et, bien qu'il me soit clair comme le jour maintenant où vos sympathies ont été se loger, moi je vous en épargnerai la raillerie.

Gotthold bondit. — Othon, êtes-vous fou ? s'écriat-il. Parce que je vous demande d'où proviennent certaines sommes, et parce que vous refusez...

— Monsieur de Hohenstockwitz, dit Othon, j'ai cessé de désirer votre aide en mes affaires. J'en ai entendu assez et vous avez suffisamment foulé ma vanité aux pieds. Que je ne sache pas gouverner, que je ne sache pas aimer, c'est fort possible, vous me le répétez avec toutes les apparences de la sincérité. Mais Dieu m'a accordé une vertu : je sais pardonner. Je vous pardonne. Même en ce moment, et troublé par la colère, je sais comprendre ma faute, et, partant, votre excuse. Et si j'exprime le désir qu'à l'avenir vous m'épargniez votre conversation, Monsieur, ce n'est pas par aucun ressentiment, non certes, mais c'est que, par le ciel! aucun homme au monde ne saurait supporter pareil traitement! Ayez la satisfaction, Monsieur, d'avoir arraché des larmes à votre souverain... d'avoir vu cet homme, à qui vous avez si souvent reproché son bonheur, réduit au dernier point de la solitude et de la douleur. Pas un mot de plus! Moi, votre prince, Monsieur, je revendique le dernier mot, et ce dernier mot sera : le pardon.

Sur ce, Othon sortit de l'appartement. Le docteur Gotthold se trouva seul, et en lutte avec les sentiments les plus opposés : le chagrin, le remords et l'amusement. Marchant de long en large devant sa table, il se demanda, les mains levées au ciel, lequel des deux était le plus à blâmer en cette malheureuse rupture.

Au bout d'un instant il alla chercher dans un bahut une bouteille de vin du Rhin et un gobelet du plus beau rubis de Bohême. Le premier verre le consola un peu et lui réchauffa le cœur. Après le second il commença à envisager les ennuis présents comme de la cime d'une montagne ensoleillée. Un peu plus tard, plein de cette satisfaction factice et regardant la vie au travers de ce milieu doré, il dut admettre, avec un sourire et un soupir à demi satisfait, qu'il avait peut-être été un peu rude dans sa manière d'agir avec son cousin.

— Il a dit vrai, après tout, ajouta le bibliothécaire

repentant, il a dit vrai... A ma façon d'ermite, j'adore la princesse.

Et, alors, rougissant plus profondément, et presque en cachette bien qu'il fût seul dans cette grande galerie, il but son dernier verre à Séraphine, jusqu'à la dernière goutte.

CHAPITRE XI

LA PROVIDENCE DE ROSEN. ACTE PREMIER :
ELLE ENTORTILLE LE BARON

A une heure suffisamment avancée, ou, pour être plus exact, à trois heures de l'après-midi, madame de Rosen sortit de par le monde. Elle descendit majestueusement l'escalier, et traversa le jardin, une mantille noire jetée sur la tête, et la queue de sa robe de velours balayant sans souci la poussière.

A l'autre extrémité de ce long jardin, dos à dos avec la villa de la comtesse, s'élevait le palais où le premier ministre vaquait à ses affaires et à ses plaisirs. La comtesse parcourut rapidement cette distance (considérée comme suffisante pour les apparences, suivant les idées indulgentes de Mittwalden), introduisit une clef dans la petite porte, ouvrit, monta un étage, et entra sans cérémonie dans le cabinet de Gondremark.

C'était une pièce large et aérée. Sur les murs, des livres ; sur la table, des papiers ; sur le parquet, encore des papiers ; ici et là quelque tableau plus ou moins dénué de draperies ; sur l'âtre en tuiles bleues, un grand feu clair et pétillant; la lumière entrant à flots par une coupole. Au milieu de tout cela, le grand baron Gondremark, en manches de chemise, son travail pour la journée bien fini, et l'heure de la récréation arrivée.

Son expression, son naturel même, semblaient avoir subi un changement complet. Gondremark chez lui paraissait en tous points l'antipode du Gondremark officiel. Il avait un air de joyeuseté massive qui lui seyait bien; une bonhomie sensuelle rayonnait sur ses traits, et avec ses belles manières il avait mis de côté son expression sinistre et rusée. Il se prélassait, chauffant au feu sa vaste masse... Un noble animal!

— Eh! cria-t-il. Enfin!

Sans mot dire, la comtesse entra dans la chambre, se jeta sur une chaise, et croisa les jambes. Dans ses dentelles et ses velours, avec son généreux étalage d'un bas noir luisant au milieu de jupons blancs comme la neige, avec son fin profil et son embonpoint svelte, elle offrait un contraste singulier avec le satyre intellectuel, noir, énorme, assis au coin du feu.

— Vous m'envoyez chercher bien souvent! dit-elle. Cela devient compromettant.

Gondremark se mit à rire. — A propos, dit-il, que diable faisiez-vous donc? Vous n'êtes pas rentrée avant le matin.

— Je faisais la charité, dit-elle.

De nouveau le baron se mit à rire, haut et longtemps; car en manches de chemise c'était un fort gai personnage. — Il est heureux que je ne sois pas jaloux, remarqua-t-il. Mais vous connaissez ma façon de voir : le plaisir et la liberté vont de pair. Je crois ce que je crois. Ce n'est pas grand'-chose, mais enfin j'y crois. Et maintenant, venons aux affaires. Vous n'avez pas lu ma lettre?

— Non, dit-elle. J'avais mal à la tête.

— Bon. Alors j'ai des nouvelles pour vous, s'écria Gondremark. Je brûlais de vous voir, hier au soir et tout ce matin : car, hier après-midi, j'ai posé les dernières pierres de mon édifice. Le vaisseau est au port. Encore un coup d'épaule et j'en aurai fini avec mon existence de factotum auprès de la princesse Ratafia. Oui, c'est fait. J'ai l'ordre, écrit en entier de la main de Ratafia ; je le porte sur mon cœur. Ce soir, à minuit, le prince Tête-de-Plume doit être saisi dans son lit, et, comme le bambino de l'histoire, lestement enlevé dans une berline. Et pas plus tard que demain matin il sera à même de jouir d'une vue superbe et romantique du haut de son donjon de Felsenburg. Bonsoir, Tête-de-Plume ! On déclare la guerre, je tiens la dame dans le creux de ma main. Longtemps j'ai été indispensable : maintenant je serai suprême.

— Voilà longtemps, ajouta-t-il avec exultation, voilà longtemps que je porte cette intrigue sur mes épaules, comme Samson les portes de Gaza... Maintenant je laisse tomber le fardeau...

Elle s'était levée brusquement, un peu pâle :

— Est-ce vrai ? s'écria-t-elle.

— Je vous dis ce qu'il en est, assura-t-il. Le tour est joué.

— Jamais je ne croirai cela, dit-elle. Un ordre ? De sa propre main ! Non, jamais je ne croirai cela, Henri !

— Je vous le jure, fit-il.

— Ah! que vous font les serments, à vous... ou à moi? Par quoi jureriez-vous? Par le vin, l'amour et les chansons? Tout cela n'est guère commissoire, dit-elle. Elle se rapprocha tout près de lui, et, lui posant la main sur le bras : — Quant à l'ordre, non, Henri, jamais ! Jamais je ne croirai cela. Je mourrai sans y croire. Vous avez quelque idée secrète. Qu'est-ce? Je ne puis deviner, mais il n'y a pas là un mot de vrai.

— Voulez-vous que je vous le montre? demanda-t-il.

— Bah ! Vous ne sauriez. Cela n'existe pas, répliqua-t-elle.

— Saducéenne incorrigible ! s'écria-t-il. C'est bon, je vais vous convertir. Vous verrez cet ordre. Il se dirigea vers la chaise sur laquelle il avait jeté son habit, et tirant un papier de la poche, il le lui présenta. — Lisez ! dit-il.

Elle s'en saisit avidement; et, en lisant, ses yeux jetèrent un éclair.

— Eh ! s'écria le baron, voilà une dynastie qui tombe, et c'est moi qui l'ai renversée. Vous et moi, nous héritons. Il sembla grandir. Un moment plus tard, il lui tendit la main en riant. — Donnez-moi le poignard ! dit-il.

Mais elle mit prestement le papier derrière elle, se retourna vers lui, et le regarda bien en face, les sourcils froncés : — Non, dit-elle. Vous et moi nous avons d'abord un compte à régler. Me croyez-vous aveugle? Jamais elle n'aurait donné ce papier qu'à un seul homme... et cet homme est son amant ! Vous voilà donc son amant, son complice, son maître! Oh! je le crois facilement, car je connais votre pouvoir. Mais que suis-je, moi? s'écria-t-elle, moi que vous trompez!

— De la jalousie! s'écria Gondremark. Anna, jamais je n'aurais cru cela! Je vous déclare pourtant, par tout ce qu'il y a de croyable, que je ne suis pas son amant. Cela pourrait être, je suppose, mais je n'ai jamais osé risquer la déclaration. Cette gamine est si peu réelle... une poupée minaudière. Elle veut, elle ne veut plus. Impossible de compter sur elle, sacrebleu! Du reste, jusqu'ici j'en suis venu à mes fins sans cela, et je tiens l'amant en réserve. Mais, écoutez, Anna, ajouta-t-il sévèrement, tâchez donc de ne pas vous laisser aller à ces lubies, ma fille! Vous savez... pas de conflagrations! J'entretiens cette créature dans l'idée que je l'adore, et si elle entendait souffler mot de vous et de moi, elle est tellement sotte, bégueule, hargneuse, qu'elle serait bien capable de tout gâter.

— Tatata! Tout cela, c'est fort bien, répliqua la dame. Mais, enfin, avec qui passez-vous tout votre temps? Et à quoi dois-je croire, à vos paroles ou à vos actions?

— Anna, le diable vous emporte! Êtes-vous donc aveugle? s'écria Gondremark. Vous me connaissez, pourtant. Me croyez-vous vraiment capable d'être amoureux d'une pareille précieuse? Après avoir vécu si longtemps ensemble, me prendre encore pour un troubadour... c'est raide! S'il est quelque chose que je méprise, dont je ne veux pas, c'est bien ces personnages de tapisserie. Une femme humaine, une femme de mon espèce, oui, parlons-en. Vous êtes, vous, justement la compagne qu'il me faut. Vous avez été faite pour moi. Vous m'amusez comme la comédie. Du reste, qu'aurais-je à gagner à vous donner le change ? Si je ne vous aimais pas, à quoi me serviriez-vous ? A rien. C'est clair comme bonjour.

— M'aimez-vous, Henri ? demanda-t-elle d'un air langoureux. M'aimez-vous vraiment ?

— Je vous aime, vous dis-je... Après moi-même c'est vous que j'aime le plus. Je serais tout dérouté, si je vous perdais.

— Eh bien, dit-elle en pliant le papier qu'elle mit dans sa poche, je veux vous croire. Je me joins au complot. Comptez sur moi ! A minuit, dites-vous ? C'est Gordon, à ce que je vois, que vous avez chargé de l'affaire. Parfait : rien ne l'arrêtera.

Gondremark examina la comtesse d'un air soupçonneux. — Pourquoi prenez-vous ce papier ? demanda-t-il. Allons, donnez !

— Non, répondit-elle. Je le garde. C'est moi qui vais préparer le coup ; vous ne pouvez pas l'arranger sans moi, et, pour mener les choses à bonne fin, il faut, il faut que j'aie ce papier. Où trouverai-je Gordon ? Chez lui ? — Elle parlait avec un sang-froid un peu fiévreux.

— Anna, dit Gondremark menaçant — l'expression sombre et bilieuse de son rôle du palais remplaçant l'air aimable et bon garçon de sa vie privée, — Anna, je vous demande ce papier... une fois, deux fois, trois fois !

— Henri, répondit-elle, en le regardant bien en face, prenez garde ! Je ne supporte pas que l'on me donne des ordres.

Tous deux avaient pris un air dangereux, et le silence dura pendant un espace de temps fort appréciable. Mais elle s'empressa d'avoir le premier mot, et avec un rire franc et clair : — Ne faites donc pas l'enfant ! dit-elle. Vraiment vous m'étonnez. Si ce que vous m'assurez est vrai, vous n'avez aucune raison de vous méfier de moi, ni moi de vous trahir. Le difficile, c'est de faire sortir le prince de son palais, sans scanda . Ses gens lui sont dévoués, le chambellan est son esclave : un seul cri pourrait tout ruiner.

Gondremark la suivit sur ce nouveau terrain.

— Il faudra, dit-il, qu'on les saisisse... qu'ils disparaissent avec lui.

— Et en même temps tout votre beau projet ! s'écria-t-elle. Jamais, quand il part à la chasse, il n'emmène ses gens : un enfant éventerait la chose. Non, non, ce plan-là est idiot... il doit avoir été inventé par Ratafia. Ecoutez-moi plutôt. Vous n'ignorez pas que le prince m'adore ?

— Je sais, dit-il. Cette pauvre Tête-de-Plume... je contrecarre tout son destin !

— Eh bien, continua-t-elle, si je l'attirais hors du palais, seul, dans quelque petit coin du parc bien tranquille... au Mercure volant par exemple ? On pourrait placer Gordon dans les buissons, faire attendre la voiture derrière le Temple... Pas un cri, pas de bataille, pas de trépignements : le prince disparaît, tout simplement. Hein ? qu'en dites-vous, suis-je une alliée utile ? Mes beaux yeux sont-ils bons à quelque chose ? Ah ! Henri, ne perdez pas votre Anna, elle est puissante !

Il tapa sur la cheminée, de sa main ouverte.

— Sorcière ! s'écria-t-il. Vous n'avez pas dans toute l'Europe votre égale en diablerie !... Bons à quelque chose, vos yeux ? Mais, l'affaire va sur des roulettes !

— Alors, embrassez-moi, et je pars. Il ne faut pas que je manque ma Tête-de-Plume.

— Un instant, un instant ! Pas si vite ! Sur mon âme, je voudrais reposer ma confiance en vous ; mais vous êtes en toutes choses une diablesse si capricieuse, que je n'ose pas. Que diantre, Anna !... Non, ce n'est pas possible !

— Vous vous méfiez de moi, Henri ? s'écria-t-elle.

— Heu, heu ! méfiance n'est pas le mot... je vous connais. Une fois loin de moi, avec ce papier dans la poche, qui sait ce que vous en feriez ? Ce n'est pas vous du moins... ni moi qui pourrais le dire. C'est que, voyez-vous, ajouta-t-il en regardant la comtesse dans les yeux, et en secouant la tête d'un air paterne, vous êtes malicieuse comme un vrai singe.

— Je vous jure, s'écria-t-elle, sur mon salut !...

— Je n'ai aucune curiosité d'entendre vos serments, dit le baron.

— Vous croyez que je suis sans religion ? Vous me croyez dénuée de tout honneur ? C'est bien, écoutez, dit-elle, je ne discuterai pas, mais une fois pour toutes je vous dis ceci : laissez-moi cet ordre, et le prince est arrêté ; reprenez-le, et, aussi vrai que je vous parle, je fais tout chavirer. Ayez pleine confiance, ou redoutez-moi, vous avez le choix. Et elle lui offrit le papier.

Le baron, fortement intrigué, demeura irrésolu,

comparant les deux dangers. Une fois il avança la main, mais la laissa retomber.— C'est bien, fit-il enfin. Puisque vous appelez cela de la confiance...

Elle l'interrompit : — Plus un mot, dit-elle. Ne gâtez pas la situation. Maintenant que vous vous êtes montré bon camarade sans rien savoir, je condescends à m'expliquer. Je vais au palais tout arranger avec Gordon. Bien, mais comment voulez-vous qu'il m'obéisse? Et comment pourrai-je prévoir l'heure? Cela pourra être à minuit, peut-être aussi bien à la brune... Pure affaire de chance. Pour agir, il me faut donc liberté entière; il faut que je tienne les rênes de l'aventure. Et maintenant votre Viviane part. Donnez l'accolade à votre chevalier! — Et elle ouvrit les bras avec un sourire radieux.

— Allons, dit-il, quand il l'eut embrassée, tout homme a sa marotte! Je bénis Dieu que la mienne ne soit pas pire. Partez!... Je viens de confier un pétard à un enfant.

CHAPITRE XII

LA PROVIDENCE DE ROSEN. ACTE DEUXIÈME : ELLE INFORME LE PRINCE

La première idée de madame de Rosen fut de retourner à sa villa, et de reviser sa toilette. Quoi qu'il pût advenir de l'aventure, elle avait le ferme dessein de rendre visite à la princesse, et elle ne voulait certes pas paraître à son désavantage, auprès d'une femme qu'elle aimait si peu.

Ce fut l'affaire de quelques minutes. La Rosen, en fait de toilette, avait l'œil du maître. Elle n'était pas de celles qui balancent des heures entières dans une indécision fabienne au milieu de leurs falbalas, pour se montrer en fin de compte tout simplement fagotées. Un regard au miroir, une boucle ajustée, un désordre voulu et artistique dans la coiffure, une rose-thé au sein, et en un instant le tableau est parachevé.

— Oui, cela suffit, dit-elle. Que la voiture me suive au palais, qu'elle m'y attende dans une demi-heure !

La nuit tombait. Dans la capitale d'Othon, le long des rues bordées d'arbres, les boutiques commençaient à s'éclairer de lampes, quand la comtesse s'embarqua dans sa grande entreprise. Elle avait le cœur gai. Le plaisir et l'ardeur semblaient prêter des ailes à sa beauté, et elle le sentait. Elle fit halte devant la devanture scintillante du joaillier ; elle remarqua avec approbation certain costume à la fenêtre de la modiste ; et quand elle parvint à la promenade des Tilleuls, sous les arches ombragées, où se croisaient les promeneurs le long des allées obscures, elle fut s'asseoir sur un banc, et s'abandonna au plaisir du moment. Il faisait froid, mais elle n'en sentait rien, car elle avait chaud au cœur. Dans ce coin noir ses pensées brillaient vives comme l'or et les rubis du joaillier. Ses oreilles, écoutant vaguement, transposaient en musique le bruit de tous ces pas autour d'elle.

Qu'allait-elle faire? Elle possédait ce papier qui était la clef de tout. Othon, Gondremark et Ratafia, l'Etat même, tremblaient dans sa balance, légers comme la poussière : le contact de son petit doigt, d'un côté ou de l'autre, suffisait pour la faire basculer ; et elle riait tout bas, en songeant à sa prépondérance écrasante, et tout haut à l'idée des folies innombrables auxquelles elle pourrait la faire servir. Le vertige de la toute-puissance, maladie des Césars, ébranla un instant sa raison : « Oh ! que le monde est fou ! » pensa-t-elle. Et de nouveau, grisée par son triomphe, elle éclata de rire.

Un enfant, le doigt dans la bouche, s'était arrêté à quelque distance de l'endroit où elle s'était assise, et regardait d'un air d'intérêt nébuleux cette dame qui riait toute seule. Elle l'appela, mais l'enfant hésitait. Sur l'instant, avec cette singulière passion qu'on voit déployer par toute femme dans les occasions les plus triviales et pour un but semblable, la comtesse se résolut à vaincre cette méfiance. Et bientôt, en effet, l'enfant se trouva sur ses genoux, tâtant sa montre, et la regardant avec des yeux écarquillés.

— Si tu avais, demanda la Rosen, un ours en terre-cuite et un singe en porcelaine, lequel des deux aimerais-tu mieux casser?

— Mais je n'ai ni l'un ni l'autre, remarqua l'enfant.

— Eh bien, dit-elle, voilà un florin tout neuf pour acheter l'un et l'autre, et je te le donne tout de suite, à condition que tu répondes. Allons, lequel des deux?... L'ours en terre-cuite, ou le singe en porcelaine?

Mais l'oracle sans culotte ne fit que contempler le florin avec de grands yeux : l'oracle se refusait à parler. La comtesse lui donna le florin, et un petit baiser, le reposa à terre, et reprit son chemin d'un pas leste et élastique.

— Et moi, lequel casserais-je bien? se demanda-t-elle en passant avec délice sa main dans le dérangement soigné de sa chevelure. Lequel? Et de ses beaux yeux elle consulta le ciel. — Les aimé-je tous les deux, ou ni l'un ni l'autre? Un peu... passionnément... pas du tout? Tous les deux, ou ni l'un ni l'autre? Tous les deux, je crois... Mais, dans tous les cas, je vais bien arranger Ratafia.

Avant qu'elle eût passé les grilles, monté jusqu'au perron et mis pied sur la terrasse aux larges dalles, il était nuit close. La façade du palais était criblée de fenêtres lumineuses, et le long du parapet brillaient nettement les lampes élevées sur les balustres. Quelques lueurs fanées, d'ambre et de ver luisant, languissaient encore au ciel d'occident ; elle s'arrêta un instant pour les regarder mourir.

— Et penser, se dit-elle, que me voilà la Destinée incarnée, une Norne, une Parque, une Providence !... et que je ne puis encore deviner pour qui je vais me déclarer ! Quelle femme, à ma place, ne se sentirait pas pleine de prévention, ne se considérerait pas comme déjà engagée ? Mais, Dieu merci, je suis née juste.

Les fenêtres d'Othon brillaient comme les autres. Elle les regarda avec un élan de tendresse. « Comment se sent-on quand on est abandonné ? pensa-t-elle. Pauvre cher fou !... Cette femme mérite vraiment qu'il ait connaissance de cet ordre. »

Sans plus tarder, elle entra au palais, et requit une audience particulière du prince Othon. Le prince, lui fut-il répondu, était dans ses appartements, et désirait être seul. Elle fit alors passer son nom, et quelqu'un revint dire que le prince priait qu'on lui pardonnât, mais qu'il ne pouvait voir personne. — C'est bien, j'écrirai, dit-elle. Et elle griffonna quelques lignes, plaidant une urgence de vie et de mort : « Au secours, mon prince, y ajouta-t-elle, personne, excepté vous, ne peut me venir à l'aide ! »

Cette fois-ci, le messager revint avec plus de célérité, et pria la comtesse de vouloir bien le suivre : le Prince daignait recevoir Madame la Comtesse de Rosen.

Othon était assis au coin du feu, dans le grand cabinet d'armes. Les lames et les cuirasses reflétaient de toutes parts autour de lui la lumière changeante du foyer. Sa figure portait la trace de larmes ; il avait l'air triste et aigri, et ne se leva pas pour recevoir la visite. Il salua, et congédia le domestique. L'espèce de tendresse universelle qui, chez la comtesse, servait à la fois de cœur et de conscience, fut vivement émue à ce spectacle de douleur et de faiblesse. Elle entra de suite dans son rôle : sitôt qu'ils se trouvèrent seuls, elle fit un pas en avant, et, avec un geste superbe :

— Debout ! s'écria-t-elle.

— Madame de Rosen, répondit tristement Othon, vous vous servez de termes étranges. Vous parlez de vie et de mort. Et qui donc, Madame, menace-t-on ? Qui, ajouta-t-il amèrement, peut être assez dénué pour qu'Othon de Grunewald puisse lui être de secours ?

— Apprenez d'abord, dit-elle, le nom des conspirateurs : la princesse et le baron de Gondremark... Ne devinez-vous pas le reste ? — Et, comme il gardait toujours le silence : — C'est vous, s'écria-t-elle, en le désignant du doigt, c'est vous qu'ils menacent. Votre traîtresse et mon coquin se sont abouchés ensemble, et vous ont condamné. Mais ils ont compté sans vous et sans moi. Nous faisons partie carrée, mon prince, en amour comme en politique. Ils ont joué l'as... Nous couperons avec l'atout. Allons, mon partenaire, abattrai-je ma carte ?

— Madame, dit-il, expliquez-vous. En vérité, je ne comprends pas.

— Eh bien, dit-elle, regardez. Et elle lui remit le mandat d'arrêt.

Il le prit, l'examina, puis tressaillit. Et alors, toujours sans parler, il cacha son visage dans ses mains.

— Eh quoi ! Prenez-vous les choses avec ce découragement ? Autant chercher du vin dans le seau à lait, que de l'amour dans le cœur de cette enfant. Finissez-en, et soyez un homme ! Après la ligue des lions, faisons la conjuration des souris, et jetons bas tout ce bel échafaudage. Vous étiez assez vif hier au soir, quand il n'y avait rien en jeu et que tout était à la plaisanterie. Eh bien, voici qui vaut mieux... Voici qui est vivre, en vérité !

Il se leva avec assez d'alacrité, et sur son visage rougissant apparut un air de résolution.

— Madame de Rosen, dit-il, je ne suis ni insensible ni ingrat : en ceci je ne vois que la continuation de votre amitié. Il me faut néanmoins désappointer vos espérances. Vous semblez attendre de moi quelque effort de résistance ; mais pourquoi résister ? Je n'y ai presque rien à gagner, et maintenant que j'ai lu ce papier et que le dernier coin de mon paradis imaginaire est bouleversé, ce ne serait qu'hyperbole de parler d'Othon de Grunewald comme de quelqu'un qui ait encore quelque chose à perdre. Je n'ai pas de parti, pas de politique ; je n'ai pas d'orgueil, ni rien de quoi m'enorgueillir. En vue de quel gain, en raison de quel principe humain voudriez-vous que je combatte? Aimeriez-vous à me voir me démener et mordre comme une belette prise au piège? Non, Madame! Annoncez à ceux qui vous ont envoyée, que je suis tout prêt à partir. J'aimerais au moins éviter tout scandale.

— Vous partez! s'écria-t-elle. Vous partez, de votre propre volonté?

— Je ne puis peut-être pas dire cela tout à fait, répondit-il. Mais je pars de bonne volonté. Depuis longtemps je désire un changement, et voici qu'on me l'offre. Pourquoi refuser? Dieu merci, je ne suis pas assez dénué d'esprit pour faire une tragédie d'une pareille farce. — Il donna une chiquenaude au papier sur la table. — Vous pouvez donc annoncer que je suis prêt, dit-il de son grand air.

— Ah! fit-elle, vous êtes plus en colère que vous ne voulez l'admettre.

— Moi, Madame, en colère? Quelle folie! De tous côtés on s'est donné la tâche de m'apprendre ma faiblesse, mon instabilité, combien peu je suis propre aux affaires du monde. Je suis un *plexus* de faiblesses, Madame... un prince impotent, un gentilhomme douteux. Et vous même, par deux fois, tout indulgente que vous êtes, vous avez dû réprouver ma légèreté. Comment pourrais-je concevoir de la colère? Je puis souffrir, me voyant traiter ainsi, mais j'ai l'esprit assez honnête pour comprendre les raisons de ce coup d'État.

— Qui donc a pu vous mettre de telles idées en tête! s'écria-t-elle, tout étonnée. Vous vous imaginez avoir mal agi? Mais, mon prince, n'était-ce que vous êtes jeune et beau, je vous détesterais pour vos vertus ! Vous les poussez presque jusqu'au vulgaire. Et cette ingratitude...

— De grâce, comprenez-moi bien, Madame, répliqua le prince en rougissant plus fort. Il ne s'agit pas plus ici de reconnaissance que d'orgueil. Vous vous trouvez (par quelle circonstance? je ne sais, mais sans doute poussée par votre bienveillance) mêlée à des affaires qui ne regardent que ma famille : il vous est impossible de savoir ce que ma femme, votre souveraine, peut avoir eu à souffrir. Il ne vous appartient pas, ni à moi non plus, de porter jugement. Je me reconnais en faute, et ce serait d'ailleurs une bien vaine jactance que de parler d'amour, et de regimber en même temps devant une petite humiliation. On a écrit et répété sur tous les tons qu'on doit mourir pour l'amour de sa dame... pourquoi n'irait-on point en prison ?

— L'amour ? Mais en quoi l'amour vous oblige-t-il à vous laisser claquemurer? s'écria la comtesse, en appelant aux murs et au plafond. Dieu sait que je fais cas de l'amour autant qu'âme qui vive : ma vie en fait foi. Mais je n'admets pas l'amour, du moins chez un homme, sans la réciproque... Hors cela, ce n'est que sornette.

— Moi, Madame, bien que, j'en suis certain, il soit impossible de comprendre l'amour plus tendrement que la personne à qui je suis redevable de tant de bonté, je le comprends d'une façon plus absolue, répondit le prince. Mais, à quoi bon tout cela? Nous ne sommes pas ici pour tenir cour de troubadours.

— Mais enfin, répliqua-t-elle, vous oubliez une

chose : si elle conspire avec Gondremark contre votre liberté, elle peut tout aussi facilement conspirer avec lui contre votre honneur.

— Mon honneur ? répéta-t-il. Vous... une femme ! Vraiment vous m'étonnez. Si je n'ai pas réussi à conquérir son amour ou à remplir mon rôle d'époux, quel droit me reste-t-il ? Quel honneur pourrait survivre à pareille défaite ? Aucun que je puisse reconnaître. Je suis redevenu un étranger. Si ma femme ne m'aime plus, j'irai en prison, puisqu'elle le veut... Et si elle en aime un autre, où pourrais-je être mieux placé ? A qui la faute, sinon à moi ? Madame de Rosen, vous parlez comme ne le font que trop de femmes, c'est-à-dire dans le langage des hommes. Moi-même, si j'avais succombé à la tentation (et Dieu sait que j'en fus bien près), j'aurais tremblé, mais néanmoins j'aurais espéré et demandé son pardon. Et pourtant c'eût été une trahison en dépit de l'amour. Madame, poursuivit-il avec une irritation croissante, laissez-moi dire ceci : là où un mari, par sa fatalité, par sa complaisance, par ses fantaisies déplacées, a lassé la patience de sa femme, je ne permettrai à personne, homme ou femme, de la condamner. Elle est libre. C'est l'homme qui s'est trouvé être indigne.

— Parce qu'elle ne vous aime pas ? Vous savez bien qu'elle est incapable d'un tel sentiment !

— Dites plutôt que c'est moi qui suis incapable de l'inspirer !. fit Othon.

Madame de Rosen éclata de rire. — Mais, fou que vous êtes, je suis amoureuse de vous, moi-même !

— Ah ! Madame, vous êtes si compatissante, répliqua le prince en souriant. Mais voici une discussion bien oiseuse. Je sais ce que j'ai à faire. Peut-être même, pour vous égaler en franchise, pourrais-je ajouter que je vois ici mon avantage et que je l'embrasse. Je ne suis pas sans esprit d'aventure. Ma position est fausse... elle est reconnue pour telle par acclamation publique : me reprochez-vous, alors, d'en sortir ?

— Si vous y êtes résolu, pourquoi chercherais-je à vous en dissuader ? dit la comtesse : j'avoue sans vergogne que j'y gagne. Partez donc, vous emportez mon cœur avec vous, ou plus du moins que je ne voudrais. Cette nuit je ne pourrai dormir, songeant à votre malheur. Mais n'ayez crainte, pour rien au monde je ne voudrais vous gâter : vous êtes si fou, mon prince, et si héroïque !

— Hélas, Madame, s'écria Othon, et ce malheureux argent ? J'eus tort de l'accepter, mais vous avez une si étrange persuasion. Je puis encore cependant, Dieu merci, vous offrir un équivalent.

Il alla prendre quelques papiers sur la cheminée.
— Voilà les titres, Madame, dit-il. Là où je vais, ils ne peuvent certes m'être d'aucune utilité, et maintenant il ne me reste aucun espoir de pouvoir autrement reconnaître votre bonté. Vous fîtes ce prêt sans formalités, n'écoutant que votre bon cœur. Les rôles sont maintenant quelque peu changés : le soleil du prince actuel de Grunewald va disparaître, et je vous connais trop bien pour douter que vous ne mettiez encore une fois toute cérémonie de côté et que vous n'acceptiez

la seule chose qu'il soit possible au prince de vous donner. S'il est un seul plaisir sur lequel je puisse compter à l'avenir, ce sera de savoir que ce paysan est sûr de sa place et que ma généreuse amie n'y aura rien perdu.

— Ne comprenez-vous pas l'odieux de ma position? s'écria la comtesse. Cher prince, c'est votre chute qui inaugure ma fortune!

— Et je vous reconnais bien là, répliqua Othon, de vouloir me pousser à la résistance! Mais, quoi qu'il en soit, cela ne saurait changer en rien nos relations. Il faut donc, pour la dernière fois, que je vous enjoigne mes ordres de prince. — Et, de son air le plus digne, il l'obligea à prendre les titres.

— Leur contact même me fait horreur! s'écria-t-elle.

Il se fit un silence de quelques moments. — A quelle heure, reprit Othon, si tant est que vous le sachiez, dois-je être arrêté?

— Altesse, dit madame de Rosen, à l'heure qu'il vous plaira. Et, s'il vous plaisait de déchirer ce papier, jamais!

— Je préférerais que cela fût vite fait, dit le prince. Je ne prendrai que le temps de laisser une lettre pour la princesse.

— Alors, dit-elle, je vous ai conseillé de combattre: cependant je dois vous dire que si votre intention est de vous laisser plumer sans crier il est temps que j'aille arranger les détails de votre arrestation. J'ai offert, elle hésita un moment, j'ai offert d'arranger la chose dans l'intention, mon cher ami, sur l'honneur, dans l'intention de vous être utile. Eh bien, puisque vous ne voulez pas profiter de ma bonne volonté, aidez-moi de votre côté : aussitôt que vous serez prêt, rendez-vous vers le Mercure volant, où nous nous rencontrâmes la nuit dernière. Cela ne gâtera rien pour vous, et, à parler franchement, cela sera plus commode pour nous.

— Mais certainement, chère Madame, dit Othon. Étant si parfaitement préparé au mal principal, je n'irai pas chercher querelle aux affaires de détail. Allez donc, avec ma reconnaissance la plus profonde, et aussitôt que j'aurai écrit quelques lignes pour prendre congé, je m'empresserai d'aller au rendez-vous. Ce soir je ne rencontrerai certes pas un cavalier aussi dangereux, ajouta-t-il avec un sourire de galanterie

Aussitôt madame de Rosen partie, il en appela fortement à son sang-froid. C'était une misérable impasse, et il voulait, si faire se pouvait, s'y conduire avec quelque dignité. Pour ce qui touchait au fait capital, il ne se sentait aucune hésitation, aucune crainte. Il était sorti, après sa conversation avec Gotthold, si désolé, si cruellement humilié, qu'il accueillait presque avec soulagement l'idée de la prison : c'était là du moins une démarche qu'il semblait impossible à personne de blâmer. C'était aussi une issue à ses difficultés.

Il s'assit pour écrire à Séraphine, et soudain son courroux se ralluma. La somme de ses tolérances se montait, à ses yeux, à quelque chose de monstrueux. Plus monstrueux encore lui apparaissaient l'égoïsme, la froideur, la cruauté, qui avaient nécessité cette tolérance et la reconnaissaient de la sorte. La plume qu'il avait prise lui trembla dans la main. Il fut tout étonné de voir que sa résignation s'était envolée, mais il lui était impossible de la ressaisir.

En quelques mots chauffés à blanc il fit ses adieux à sa femme, baptisant son désespoir du nom d'amour, appelant sa colère un pardon. Puis il jeta un seul regard d'adieu sur ce palais qui ne devait plus être le sien, et sortit en toute hâte, prisonnier de l'amour ou de l'orgueil.

Il passa par le corridor particulier qu'il avait si souvent parcouru en de moindres occasions. Le concierge lui ouvrit; l'air froid et généreux de la nuit et la pureté glorieuse des étoiles le reçurent sur le seuil. Il regarda autour de lui, et respira profondément les saines senteurs de la terre. Il leva les yeux vers le spectacle immense du firmament, et se sentit tout calmé. Sa vie, petite et fiévreuse, se réduisit à ses vraies proportions, et il s'apparut à lui-même, lui le grand martyr au cœur de feu, comme un point obscur sous la fraîche coupole de la nuit. Il sentait déjà ses griefs irréparables s'assoupir; le grand air vivifiant et la paisible nature calmèrent et réduisirent son émotion, comme par leur musique silencieuse.

— C'est bien, dit-il, je lui pardonne. Si cela peut lui être bon à quoi que ce soit... je lui pardonne. Et, d'un pas rapide, il traversa le jardin, entra dans le parc, et se dirigea vers le Mercure volant.

Une silhouette noire se détacha de l'ombre du piédestal, et s'avança vers lui.

— J'ai à vous demander pardon, fit observer une voix, si je me trompe en vous prenant pour le prince : on m'a donné à entendre que vous viendriez ici préparé à me rencontrer.

— Monsieur Gordon, sans doute? dit Othon.

— Le colonel Gordon, répondit l'officier. C'est chose assez délicate que de s'embarquer dans une affaire comme celle-ci, et je suis fort soulagé de voir que tout paraît devoir se passer agréablement. La voiture se trouve tout proche. Aurai-je l'honneur de suivre Votre Altesse?

— Colonel, dit le prince, j'en suis arrivé à cet heureux moment de ma vie où je puis recevoir des ordres et non en donner.

— Une observation des plus philosophiques, dit le colonel... pardieu, une observation pleine d'à-propos! Cela pourrait être du Plutarque. Je n'ai pas la plus distante parenté avec Votre Altesse (ni du reste avec qui que ce soit de cette principauté), sans cela mes ordres me seraient fort déplaisants. Mais puisqu'il en est ainsi, et puisque de mon côté il n'y a rien contre nature ni même de malséant, et que Votre Altesse prend la chose en bonne part, je commence à croire que nous pourrons passer notre temps ensemble d'une façon admirable, Monseigneur... oui, admirable. Après tout, le geôlier n'est qu'un compagnon de captivité.

— Puis-je vous demander, monsieur Gordon, dit le prince, ce qui vous a induit à accepter un office si dangereux et, j'ose l'espérer, si ingrat?

— Question fort naturelle, en vérité, répondit l'officier de fortune. Ma solde, pour le moment, est doublée.

— C'est bien, Monsieur, je n'aurai pas la présomption de critiquer une raison semblable, répondit Othon. J'aperçois, du reste, la voiture.

En effet, un carrosse à quatre chevaux, que ses lampes rendaient visible, attendait à l'intersection de deux des allées du parc. Un peu plus loin, une vingtaine de lanciers étaient alignés sous l'ombre des arbres.

CHAPITRE XIII

LA PROVIDENCE DE ROSEN. ACTE TROISIÈME : ELLE ÉCLAIRE SÉRAPHINE

Après avoir pris congé du prince, madame de Rosen se hâta d'aller trouver le colonel Gordon. Elle ne se contenta pas de diriger les préparatifs de l'arrestation, mais elle voulut, en personne, accompagner l'officier de fortune jusqu'au Mercure volant.

Le colonel lui offrit le bras, et la conversation entre les deux conspirateurs fut vive et gaie. A vrai dire la comtesse était en proie à un tourbillon de plaisir et d'exaltation, sa langue trébuchait sur les rires, ses yeux scintillaient, les couleurs, dont son teint manquait un peu d'habitude, rendaient la perfection à son visage. Encore un peu et Gordon se fût trouvé à ses pieds ; ainsi du moins pensait-elle, tout en dédaignant l'idée.

Cachée derrière quelque massif de lilas, elle se divertit fort du grave décorum de l'arrestation, et écouta la conversation des deux hommes s'éteindre le long du sentier. Peu après, le roulement de la voiture et le trot des chevaux résonnèrent dans la nuit tranquille, passèrent rapidement dans l'éloignement, puis s'évanouirent dans le silence. Le prince était enlevé.

Madame de Rosen regarda sa montre. Il y avait encore le temps, pensa-t-elle, pour la bonne bouche de la soirée, et elle se hâta de retourner au palais : la crainte de voir arriver Gondremark lui prêta des ailes. Elle fit passer son nom, avec une pressante requête, pour obtenir une audience de la princesse Séraphine. Comme comtesse de Rosen sans autre qualification, elle était sûre de se voir refusée; mais comme émissaire du baron, car ce fut pour telle qu'elle se donna, elle obtint l'entrée immédiatement.

La princesse était attablée, seule, feignant de dîner. Ses joues étaient plaquées de rouge, et elle avait les yeux battus; elle n'avait ni mangé ni dormi; sa toilette même était négligée. Bref, elle était mal en point, tourmentée, et se sentait mal à l'aise au physique comme au moral. La comtesse fit une comparaison rapide, et sa propre beauté n'en brilla que plus vivement.

— Vous venez, Madame, de la part de M. de Gondremark, dit la princesse d'une voix traînante. Asseyez-vous. Qu'avez-vous à me dire?

— A vous dire? répéta madame de Rosen. Oh! bien des choses!... Bien des choses que je préférerais ne pas dire, et bien des choses aussi que je voudrais dire mais qu'il me faut taire. Car je suis comme saint Paul, Altesse, et je désire toujours faire ce qui m'est interdit. Enfin, pour parler catégoriquement... c'est bien le mot? j'ai été porter votre ordre au prince. Il n'en pouvait croire ses yeux. « Ah! s'est-il écrié, chère madame de Rosen, ce n'est pas possible, cela ne peut être ! Il faut que je l'entende de vos lèvres ! Ma femme est une enfant mal conseillée. Elle est étourdie, elle n'est pas cruelle ! « Mon prince, lui dis-je, une enfant, et par conséquent cruelle : l'enfant tue les mouches ». Il eut de la peine à comprendre cela.

— Madame de Rosen, dit la princesse d'un ton parfaitement calme, bien que la colère eût mis des roses sur son visage, qui vous a envoyée ici, et pourquoi ? Expliquez votre commission !

— Oh ! Madame, vous me comprenez parfaitement, j'en suis sûre, répliqua madame de Rosen. Je ne possède pas votre philosophie. J'ai le cœur sur la main... pardonnez-m'en l'indécence ! Ce n'est qu'un petit cœur... et je me lave les mains si souvent !

— Dois-je comprendre que le prince a été arrêté ? demanda la princesse en se levant.

— Pendant que vous étiez là à dîner ! dit la comtesse, qui resta nonchalamment assise.

— C'est bien. Vous avez fait votre commission. Je ne vous retiens plus.

— Oh ! non, Madame ! Avec votre permission, je n'ai pas encore fini. J'ai dû supporter bien des choses ce soir pour votre service. J'ai souffert. Oui, j'ai eu à souffrir pour votre service ! — Tout en parlant, elle déploya son éventail. Quelque précipité que pût être son pouls, l'éventail se balançait avec langueur. Rien ne trahissait son émotion, que l'éclat de ses yeux et de son teint, et le triomphe presque insolent avec lequel elle regardait la princesse. Il y avait entre elles d'anciennes rivalités, sur plus d'un compte. Ainsi du moins le pensait la Rosen, et maintenant avait sonné l'heure de la victoire... victoire sur toute la ligne.

— Vous n'êtes pas à mon service, que je sache, madame de Rosen, dit Séraphine.

— Non, Madame, en vérité, répliqua la comtesse. Mais toutes deux nous servons le même maître, comme vous le savez ; ou, si vous ne le savez pas, j'ai alors le plaisir de vous en informer. Votre conduite est si légère... si légère, répéta-t-elle — et l'éventail, comme un papillon, flotta un peu plus haut, — qu'il se peut bien que vous ne compreniez pas.

La comtesse replia son éventail, le plaça sur ses genoux, et se redressa dans une position moins langoureuse. — En vérité, continua-t-elle, j'aurais regret de voir n'importe quelle jeune femme dans votre situation. Vous avez débuté possédant tous les avantages, la naissance, un mariage excellent... tout à fait jolie, même, et voyez où vous en êtes venue ! Ma pauvre enfant, quand on y songe ! Mais il n'est rien au monde, observa la comtesse d'un grand air, qui produise autant de maux que l'étourderie. — Elle rouvrit l'éventail et s'éventa avec complaisance.

— Je ne vous permettrai pas plus longtemps de vous oublier ainsi ! s'écria Séraphine. Je crois vraiment que vous êtes folle.

— Folle ? Non, répliqua la Rosen. Assez saine d'esprit pour savoir que vous n'oserez pas rompre avec moi ce soir, et pour profiter de ce savoir. J'ai laissé mon pauvre joli Prince Charmant pleurant à chaudes larmes pour sa poupée de cire. J'ai le cœur tendre, moi. J'aime mon joli prince. Vous, jamais vous ne comprendrez cela, mais je meurs d'envie de lui rendre sa poupée, à mon prince, d'essuyer ses pauvres yeux, et de le renvoyer heureux... Oh! petite sotte que vous êtes! s'écria la comtesse en se levant et en étendant vers la princesse l'éventail fermé qui commençait à trembler dans sa main. O poupée de cire! n'avez-vous donc ni cœur, ni sang, ni nature quelconque? C'est un homme, enfant, un homme, qui vous aime! Oh! cela ne vous arrivera pas deux fois; ce n'est pas chose commune, allez! Que de femmes, belles et spirituelles, recherchent cela en vain! Et vous, misérable petite pensionnaire, vous foulez pareil trésor aux pieds! vous, stupéfiée par votre vanité! Avant d'essayer de gouverner des royaumes, tâchez donc de savoir vous conduire à votre foyer. Le foyer, voilà le royaume de la femme!

Elle s'arrêta et se prit à rire, d'un petit rire étrange à voir et à entendre. — Je vais vous dire, poursuivit-elle, une de ces choses que je ne voulais pas vous dire: femme pour femme, cette Rosen vaut mieux que vous, ma princesse, mais vous n'aurez jamais la douleur de vous en rendre compte. Quand j'apportai votre ordre au prince, quand je vis sa figure, mon âme fut attendrie. Oh! je vous parlerai avec franchise : ici, entre mes bras, je lui ai offert le repos.

Elle fit un pas en avant, d'un air superbe, les bras étendus. Séraphine recula. — Oh! ne craignez rien, s'écria la comtesse, ce n'est pas à vous que j'offre cet ermitage. De par le monde entier il n'y a qu'une personne qui voudrait vous offrir pareille chose... et vous l'avez renvoyée. « Si cela peut lui causer du plaisir, s'est-il écrié, je porterai la couronne du martyre : j'en embrasserai les épines ». Je vous le dis franchement, je lui ai remis l'ordre entre les mains, et l'ai supplié de résister. Vous qui avez trahi votre époux, vous pouvez me trahir auprès de Gondremark. Mon prince, lui, n'a voulu trahir personne. Comprenez bien ceci, s'écria la comtesse : c'est purement par sa condescendance que vous vous trouvez encore là, sur ce siège. Il ne tenait qu'à lui (et je lui en avais donné les moyens) d'intervertir les rôles. Il a refusé, et s'est laissé mettre en prison, au lieu de vous y mettre.

Ce fut avec une pénible émotion que la princesse prit alors la parole : — La violence de votre langage, commença-t-elle, me choque et me chagrine, mais je ne puis trouver de la colère contre une chose qui, quelque déplacée qu'elle soit, fait honneur à votre cœur. Il était juste que je susse tout ceci. Je veux bien condescendre à vous le dire, ce fut avec un regret profond que je me vis forcée à cette démarche. De plusieurs façons j'admets le prince... j'admets son amabilité. Ce fût notre grand malheur, ce fut en partie ma faute, que nous nous soyons trouvés si mal assortis. J'ai de l'estime, une estime sincère pour toutes ses qualités. Si nous n'étions que de simples particuliers je penserais tout comme vous. Il est difficile, je le sais, de faire la part des considérations d'État. Ce n'est qu'avec la plus grande répugnance que j'ai obéi à la voix d'un devoir plus élevé. Et aussitôt que j'oserai le faire, eu égard au salut de l'État, le prince sera remis en liberté, je vous le promets.

Bien des personnes dans ma position eussent été intimidées par votre hardiesse. Je ne suis pas... Et pour un moment elle regarda la comtesse d'un air assez piteux, je ne suis pas tout à fait aussi inhumaine que vous croyez.

— Et vous pouvez, s'écria la comtesse, faire peser ces difficultés d'État dans la balance, contre l'amour d'un homme !

— Madame de Rosen, ces difficultés sont affaires de vie et de mort pour beaucoup de gens, pour le prince, peut-être même pour vous, entre autres, répondit la princesse avec dignité. Quoique jeune, Madame, j'ai appris, et dans une dure école, à reconnaître que mes propres sentiments ne doivent jamais venir qu'en dernière considération.

— O innocence d'oiselet ! s'écria l'autre femme. Est-il possible vraiment que vous ignoriez, que vous ne soupçonniez pas l'intrigue au milieu de laquelle vous vous mouvez ! Je ne puis m'empêcher de vous prendre en pitié. Nous sommes toutes deux femmes, après tout... pauvre enfant, pauvre enfant, et naître femme c'est naître dupe. Quoique je déteste toutes les femmes, allons, en considération de votre folie, je vous pardonne. Altesse... elle tira une révérence profonde et théâtrale et reprit son jeu d'éventail, je vais à présent vous insulter, trahir celui qu'on prétend être mon amant, et s'il vous plaît de faire usage du pouvoir que je vais placer sans réserve entre vos mains, me ruiner moi-même, toute chère que je me suis. Ah ! quelle comédie à la française !... Vous trompez, je trompe, ils trompent ! Mais j'entre maintenant en scène. Ainsi donc, la lettre.

Oui. Madame, voici la lettre : voyez : le cachet en est intact, tel que je le trouvai ce matin auprès de mon lit ; car j'étais de méchante humeur, et du reste je reçois souvent, beaucoup trop souvent de ces faveurs. Pour l'amour de vous, pour l'amour de mon Prince Charmant, pour l'amour de cette grande principauté dont la responsabilité pèse si lourdement sur votre conscience, ouvrez la lettre, et lisez !

— Dois-je comprendre, demanda la princesse, que cette lettre me concerne en quoi que ce soit ?

— Comme vous voyez, répliqua la Rosen, je ne l'ai pas ouverte. Mais elle m'appartient, et je vous prie de faire l'expérience.

— Je ne puis y jeter les yeux avant vous, dit Séraphine, fort sérieusement. Il pourrait s'y trouver des choses que je ne devrais pas voir. C'est une lettre personnelle.

La comtesse déchira l'enveloppe, regarda le billet, et le jeta à la princesse. Celle-ci le prit, reconnut l'écriture de Gondremark, et lut ces lignes :

« Chère Anna, venez à l'instant. Ratafia s'est exécutée : on va emballer son mari. Ceci met la mijaurée entièrement en mon pouvoir. Le tour est joué, il faudra maintenant qu'elle trotte à ma guise, ou elle me dira pourquoi. Venez vite !

» Henri. »

— Remettez-vous, Madame, dit la comtesse, remarquant, non sans alarme, la pâleur de Séraphine. C'est en vain que vous tenteriez de combattre Gondremark, il a bien d'autres ressources que sa faveur à la cour. Il pourrait demain vous abattre d'un mot. Sans cela je ne l'aurais pas trahi de la sorte : mais Henri est un homme, lui... Il joue avec vous tous comme avec autant de marionnettes. Maintenant du moins vous savez à quoi vous avez sacrifié mon prince. Madame !... ne prendrez-vous pas un doigt de vin ? J'ai été cruelle !

— Cruelle ? Non, Madame, mais salutaire, dit Séraphine avec un sourire spectral. Merci, non, je n'ai besoin d'aucun service. La surprise première m'a affectée. Donnez-moi un peu de temps. Il faut que je réfléchisse.

Elle se prit la tête entre les mains, et pendant quelque temps contempla la tempête confuse de ses pensées. — Cette information, dit-elle enfin, me parvient à l'heure où j'en ai le plus besoin. Je n'aurais pas pu faire ce que vous avez fait, cependant je vous en remercie... J'ai été bien déçue dans le baron de Gondremark.

— Eh ! Madame, laissez donc Gondremark, et songez au prince ! s'écria la Rosen.

— Vous parlez de nouveau au point de vue particulier, dit la princesse, mais je ne vous blâme pas. Mes pensées à moi sont plus affolées. Cependant, comme je crois que vous êtes une amie sincère de mon... du... comme je veux croire que vous êtes en vérité une amie pour Othon, je vais vous remettre à l'instant l'ordre de sa mise en liberté. Donnez-moi l'encrier. Là !

Et elle écrivit à la hâte, assurant son bras sur la table, car elle tremblait comme un roseau.

— Souvenez-vous, Madame, reprit-elle en lui présentant l'ordre, qu'il ne faut pas vous en servir ni en parler pour le moment. Avant que je n'aie vu le baron, toute mesure irréfléchie... Je me perds au milieu de mes pensées. Ce choc soudain m'a tout ébranlée.

— Je vous promets de n'en point faire usage, dit la comtesse, avant que vous ne m'en donniez permission, bien qu'il fût fort à désirer que le prince en reçût la nouvelle pour réchauffer son pauvre cœur. Mais, j'allais oublier : il a laissé une lettre. Souffrez, Madame, que j'aille vous la chercher. Voici la porte, si je ne me trompe. Et elle essaya de l'ouvrir.

— Le verrou est poussé, dit Séraphine en rougissant.

— Oh! oh! fit la comtesse.

Il se fit un silence. — J'irai la chercher moi-même, dit Séraphine. En attendant, laissez-moi, je vous prie. Je vous remercie certainement, mais — comme une faveur — je vous demanderai de me laisser seule.

La comtesse fit une profonde révérence, et se retira.

CHAPITRE XIV

OU L'ON RACONTE LA CAUSE ET LE COMMENCEMENT DE
LA RÉVOLUTION

Quelque brave qu'elle pût être, et brave d'intelligence, la princesse, dès qu'elle se trouva seule, dut se cramponner à la table pour ne pas tomber. Les quatre coins de son univers s'étaient écroulés. Jamais elle n'avait vraiment aimé ce Gondremark ni mis en lui une entière confiance, elle avait toujours considéré la fausseté de son amitié comme chose possible. Mais de là à le trouver dénué de toutes ces vertus publiques pour lesquelles elle l'avait honoré, à ne plus voir en lui qu'un vulgaire intrigant qui s'était servi d'elle pour ses propres fins, le pas certes était grand, et la descente vertigineuse. La lumière et la nuit se succédaient tour à tour dans son cerveau; un instant elle croyait, l'instant d'après elle ne pouvait plus croire. Elle se retourna, et sans regarder, de la main chercha le billet. Mais la Rosen, qui s'était souvenue de reprendre le mandat au prince, n'était pas femme à négliger de reprendre aussi son billet à la princesse. La Rosen était femme d'expérience, et chez elle les plus violentes émotions aiguisaient plutôt qu'elles ne troublaient la vigueur de la raison.

Cela rappela l'autre lettre à Séraphine, celle d'Othon. Elle se leva, sortit rapidement, et, le cerveau toujours tourbillonnant, s'élança dans le cabinet d'armes. Le vieux chambellan était à son poste. La vue d'une autre personne épiant sa détresse (c'était là du moins son impression) souleva en elle une colère enfantine.

— Sortez! s'écria-t-elle. Puis, comme le vieillard était à mi-chemin vers la porte, elle se ravisa : — Restez. Aussitôt que le baron de Gondremark arrivera, qu'on lui dise de se rendre ici.

— Je vais en donner l'ordre, dit le chambellan.

— Il y avait une lettre... commença Séraphine, puis elle s'arrêta.

— Son Altesse, dit le chambellan, trouvera une lettre sur la table. Je n'ai reçu aucun ordre, sans cela j'aurais épargné ce dérangement à Son Altesse.

— Non, non, non! s'écria-t-elle. Je vous remercie. Je désire être seule.

Quand il fut parti, elle se précipita sur la lettre. Son esprit était encore dans l'obscurité; sa raison brillait par instants pour s'éteindre de nouveau : telle la lune par une nuit de tempête, parmi les nuages. Ce fut par éclairs qu'elle lut ces mots :

« Séraphine, avait écrit le prince. Je n'écrirai pas une syllabe de reproche : j'ai vu votre ordre, et je pars. Que me reste-t-il à faire? J'ai gaspillé mon amour, je n'en ai plus. Inutile de dire que je vous pardonne. Maintenant, du moins, nous sommes séparés à jamais. De votre propre gré, vous me libérez de mon esclavage volontaire. Librement je vais en prison. Voici le dernier mot que vous aurez de moi, soit d'amour, soit de colère. Je sors de votre vie. Respirez librement; vous êtes débarrassée de l'époux qui vous permit de l'abandonner, du prince qui vous livra ses pouvoirs, du mari amoureux qui mettait son orgueil à vous défendre en votre absence. Comment l'en avez-vous récompensé? Cela, votre cœur vous le criera plus haut que mes paroles : un jour viendra où vos vains rêves se dissiperont comme autant de nuages, où vous vous sentirez seule. Alors votre souvenir se reportera vers

» Othon. »

Elle lut avec horreur: ce jour dont il parlait, ce jour était déjà venu! Elle se trouvait seule. Elle avait été déloyale, cruelle. Le remords commença à s'étendre sur Séraphine. Puis une voix plus perçante encore se fit entendre, et sa vanité bondit sur la scène. Dupée!... Impuissante!.. Elle! S'être trahie elle-même en cherchant à trahir son mari, avoir vécu de flatterie toutes ces années, avoir niaisement avalé la pilule, comme un Jocrisse parmi des aigrefins... elle, Séraphine! Son esprit si vif en saisit toutes les conséquences: elle pressentit sa chute prochaine, sa disgrâce publique, entrevit l'odieuse folie, la honte de son histoire ébruitée par toute l'Europe. Elle se rappela la médisance, qu'elle avait si royalement bravée, et ne se sentit plus, hélas! le courage de l'affronter. Passer pour la maîtresse de cet homme! Peut-être à cause de cela!...

Elle ferma les yeux devant cette perspective mortelle. Prompte comme la pensée, elle saisit un poignard à lame brillante, parmi les armes qui étincelaient sur les murailles. Oui, elle y échapperait encore! Il était une issue de cet amphithéâtre monstrueux rempli de têtes branlantes, de chuchotements, de bourdonnements, où en pensée elle se voyait déjà martyrisée sans pitié. Coûte que coûte, au prix de n'importe quelle souffrance, ce gros rire huileux serait étouffé. Elle ferma les yeux, murmura une prière, et pressa l'arme contre son sein.

La sensation incroyablement vive de la piqûre lui arracha un cri, et pour ainsi dire la réveilla par une pensée... elle l'avait échappé belle... et c'était plus qu'elle ne méritait! Une petite goutte de rubis fut tout ce qu'il resta de ce grand acte de désespoir. Mais la douleur avait eu un effet tonique, et toute idée de suicide s'était dissipée.

Au même instant un bruit régulier se fit entendre dans la galerie, et elle reconnut le pas du grand baron, ce pas qui avait si souvent jusqu'ici été le bienvenu et qui, même maintenant, lui remonta le cœur comme un appel au combat. Elle cacha le poignard dans les plis de sa robe et, se redressant de toute sa hauteur, fièrement campée, rayonnante de courroux, elle attendit l'ennemi.

Le baron fut annoncé, et entra. Pour lui Séraphine était une détestable corvée. Tel que l'écolier avec son Virgile, il n'avait ni l'envie ni le loisir d'apprécier sa beauté. Cependant, quand il la vit ainsi, illuminée par la colère, de nouveaux sentiments le remuèrent: une admiration franche, une brève étincelle de désir. Ces sentiments il les accueillit avec joie, pour lui ils étaient autant de moyens. — S'il me faut jouer l'amoureux, pensa-t-il (car là était sa préoccupation constante), je crois vraiment que je vais pouvoir y mettre de l'âme !

En même temps, avec sa lourde grâce habituelle, il s'inclina devant la princesse.

— Je me propose, dit-elle d'une voix étrange qu'elle ne se connaissait pas encore, de remettre le prince en liberté et de ne pas poursuivre la guerre.

— Ah ! Madame, répliqua-t-il, c'est tout comme je m'y attendais. Le cœur, je le savais, vous saignerait quand il faudrait vraiment en venir à ce procédé si désagréable. Ah ! Madame, croyez-moi, je ne suis pas indigne d'être votre allié : je sais combien de qualités vous possédez, vous, auxquelles je suis étranger, et je les compte comme les meilleures armes que renferme l'arsenal de notre alliance... La femme sous la reine, la pitié, l'amour, la tendresse, le sourire qui récompense ! Moi je ne puis qu'ordonner ; je suis le fronceur de sourcils. Mais vous !... Et pourtant vous avez le courage de réprimer ces douces faiblesses. A l'appel de la raison vous savez les fouler aux pieds. Combien de fois n'ai-je pas admiré tout cela, même à votre face ; oui, même à votre face, ajouta-t-il tendrement, comme s'il se délectait au souvenir de certains instants d'admiration plus particulière. Mais maintenant...

— Mais maintenant, monsieur de Gondremark, s'écria-t-elle, l'heure de ces déclarations est passée.

M'êtes-vous fidèle, ou êtes-vous un traître? Regardez dans votre cœur et répondez. C'est votre cœur que je veux connaître.

— Nous y voilà! pensa Gondremark. — Vous, Madame, s'écria-t-il en faisant un pas en arrière, craintivement eût-on dit, mais non sans une joie timide, c'est vous, c'est vous-même qui me commandez de regarder dans mon cœur!

— Pensez-vous que j'aie peur? dit-elle en le regardant, le teint si coloré, les yeux si ardents, et sur les lèvres un sourire d'une signification si profonde, que le baron chassa ses derniers doutes.

— Ah! Madame, s'écria-t-il en se laissant tomber à genoux. Séraphine! Me le permettez-vous vraiment? Auriez-vous deviné mon secret? Eh, bien, oui, c'est vrai... Avec joie je place ma vie en votre pouvoir. Je vous aime, je vous aime avec ardeur, comme une égale, comme une maîtresse, comme un frère d'armes, comme une femme adorable, désirée, douce... O mon épouse, s'écria-t-il, tombant dans le dithyrambe, ô épouse de ma raison et de mes sens, aie pitié... pitié de mon amour!

Elle l'écouta, avec étonnement d'abord, puis avec rage, et enfin avec mépris. Les paroles de cet homme l'offensaient jusqu'à l'écœurement. En le voyant se vautrer lourdement sur le parquet, elle se sentait prise de ce rire qu'on ne connaît que dans le cauchemar.

— Quelle honte! cria-t-elle. Ah! odieux... grotesque! Que dirait la comtesse!

Pendant quelques instants le grand baron de Gondremark, cet excellent politique, demeura à genoux dans un état d'esprit qu'il vous est sans doute permis de prendre en pitié. Sa vanité saignait sous sa poitrine de fer, elle se démenait furieuse. Que ne pouvait-il reprendre toutes ces paroles absurdes... même quelques-unes seulement !... Si encore il n'avait pas lâché ce mot d'épouse ! Cela lui hurlait à l'oreille, pendant qu'il repassait ses paroles en revue. Il se leva chancelant, et alors, dans ce premier moment où l'agonie jusqu'alors silencieuse se répand en paroles et la langue trahit tout ce qu'il y a de pire et de plus caché dans l'homme, il se permit une riposte qu'il devait regretter pendant les six semaines suivantes.

— Ah ! fit-il, la comtesse ! Maintenant, je comprends l'émotion que je remarque chez Votre Altesse !

Cette insolente réplique de faquin fut accentuée par un ton plus insolent encore. Il s'éleva dans Séraphine un de ces ouragans qui, plus d'une fois déjà, avaient obscurci sa raison. Elle s'entendit rugir... et, quand l'ouragan fut passé, elle jeta loin d'elle le poignard ensanglanté, vit Gondremark trébucher à reculons, la bouche ouverte, pressant la main sur sa blessure. Un instant après, avec des imprécations qu'elle n'avait jamais entendues jusque-là, il s'élança sur elle avec rage, et la saisit au moment où elle se rejetait en arrière. Mais à cet instant même il glissa et s'affaissa. Elle avait à peine eu le temps de parer l'attaque meurtrière, qu'il roulait déjà à ses pieds.

Il se souleva sur le coude. Elle, blanche de terreur, regardait.

— Anna ! cria-t-il. Au secours, Anna ! Puis la

force lui manqua, et il retomba, mort selon toute apparence.

Courant par la chambre, Séraphine se tordait les mains, et se lamentait tout haut. Elle n'avait plus conscience que d'un tumulte de terreur universel. Il ne lui restait plus qu'une idée : un désir fou de se réveiller de ce cauchemar.

On frappa à la porte ; elle s'élança et la retint fermée, haletant comme une bête fauve, les bras animés de toutes les forces de la folie, jusqu'à ce qu'elle eût poussé le verrou. Après ce succès, un certain calme se rétablit dans sa raison. Elle retourna contempler sa victime. Les coups à la porte devenaient plus bruyants... Oui, oh ! oui, il était mort ! Elle l'avait tué ! Avec son dernier soupir il avait appelé la Rosen. Ah ! qui appellerait jamais ainsi Séraphine ?... Elle l'avait tué. Elle dont la main irrésolue avait à peine réussi à faire jaillir une goutte de sang de son propre sein, elle avait trouvé assez de force pour jeter ce colosse à terre, d'un seul coup !

Et toujours, à la porte, les coups devenaient plus tumultueux, contrastant davantage avec le décorum d'un palais tel que celui de Mittwalden. Une esclandre se préparait, dont elle n'osait envisager les conséquences. Mais, en même temps, parmi les voix qui commençaient déjà à l'appeler par son nom, elle crut reconnaître celle du chancelier. Lui ou un autre, il faudrait bien que quelqu'un entrât le premier.

— Est-ce que M. de Greisengesang est là ? demanda-t-elle à travers la porte.

— Oui, Altesse, répondit le vieux gentilhomme.

Nous avons entendu des cris, une chute. Serait-il arrivé quelque accident?

— Non, rien, dit Séraphine. Mais je désirerais vous parler. Renvoyez les autres.

Elle haletait entre les phrases, mais maintenant son esprit était lucide. Elle laissa retomber de chaque côté les plis de la portière, avant de retirer le verrou. Ainsi précautionnée contre tout coup d'œil du dehors, elle laissa entrer l'obséquieux chancelier, et verrouilla de nouveau la porte.

Greisengesang se démena un instant dans les rideaux, de sorte qu'ils en émergèrent tous deux en même temps.

— Dieu du ciel! s'écria-t-il. Le baron!

— Je l'ai tué, dit-elle. Oh! tué!...

— Mon Dieu, fit le vieux gentilhomme, voici qui n'a guère de précédents. Querelle d'amoureux, ajouta-t-il lamentablement, *redintegratio*... Là il s'arrêta. — Mais, chère Madame, reprit-il soudain, au nom de tout ce qui est possible, qu'allons-nous faire? Ceci est excessivement grave. Moralement parlant, Madame, c'est épouvantable. Je prends la liberté, Altesse, de vous parler comme à une fille, une fille que j'aime quoique avec respect... et je dois dire que je ne puis vous cacher que, moralement, ceci est fort douteux. Et puis, oh! mon Dieu, nous avons là un cadavre!

Elle l'avait observé attentivement. Son espoir se fondit en mépris. Elle se détourna avec dédain d'une pareille faiblesse, et dans cet acte même sentit les forces lui revenir.

— Voyez s'il est mort! dit-elle. Pas un mot d'explication ou de défense : elle eût dédaigné de se justifier devant un si pauvre sire. — Voyez s'il est mort ! — Ce fut tout.

Avec la plus grande componction, le chancelier s'approcha, et, à ce même instant, le baron roula les yeux. — Il vit ! cria le vieux courtisan, qui se retourna avec effusion vers Séraphine. Madame, il vit encore !

— Eh bien, alors, secourez-le ! dit Séraphine sans bouger de place. Pansez sa blessure !

— Mais, Madame, je n'en ai pas les moyens, protesta le chancelier.

— Ne pouvez-vous pas prendre votre mouchoir, votre cravate, n'importe quoi enfin ? s'écria-t-elle. Et en même temps elle déchira un volant de sa légère robe de mousseline, et le jeta à terre. — Prenez ! dit-elle. Alors, pour la première fois, elle se trouva directement face à face avec Greisengesang.

Le chancelier leva les mains au ciel et détourna la tête d'un air d'angoisse : l'étreinte du baron dans sa chute avait déchiré le tissu délicat du corsage de la princesse. — Oh ! Altesse, s'écria Greisengesang, ce désordre terrible dans votre toilette !...

— Ramassez ce volant, dit-elle, l'homme pourrait mourir.

Tout tremblant, Greisengesang se retourna vers le baron, et fit quelques tentatives futiles et maladroites pour le secourir. — Il respire encore, répétait-il. Tout n'est pas encore fini... il n'est pas encore passé.

— Et maintenant, dit-elle, si c'est là tout ce que vous savez faire, partez ! Faites venir des porteurs, il faut qu'il soit à l'instant transporté chez lui.

— Mais, Madame, s'écria le chancelier, si les gens

de la ville venaient à voir ce spectacle navrant...
ciel! l'Etat croulerait, soupira-t-il en fausset.

— Il y a une litière au palais, répondit-elle. Votre devoir est de faire mettre cet homme en sûreté. Je vous en donne l'ordre : sur votre vie, voyez à l'exécuter !

— Je le vois bien, chère Altesse, fit-il, parlant comme par hoquets. Clairement je le vois. Mais comment? Qui trouver? Les gens du prince... ah! oui. Ils lui portaient affection. Ceux-là, entre tous peut-être, seront fidèles.

— Non, non, pas ceux-là! s'écria-t-elle. Prenez Sabra, mon domestique de confiance.

— Sabra! Le grand-maçon! répliqua le chancelier tout épouvanté. S'il venait seulement à apprendre ceci, il ferait sonner le tocsin... Nous serions tous égorgés!

Séraphine mesura froidement la profondeur de son avilissement.

— Prenez donc qui vous pourrez, dit-elle enfin, et faites venir la litière ici !

Une fois seule, elle courut vers le baron et, le cœur soulevé de dégoût, essaya d'arrêter elle-même l'épanchement du sang. Le contact de la peau de ce grand charlatan la révoltait jusqu'au bout des pieds. A ses yeux sans expérience, la blessure semblait mortelle. Cependant elle se raidit contre le frisson, et étancha, du moins avec plus d'habileté que le chancelier, cette ouverture saignante. Des yeux moins prévenus par la haine eussent vraiment admiré le baron dans son évanouissement; il semblait si grand, si superbement proportionné; c'était là une si puissante machine, subitement arrêtée; et ses traits, délivrés pour le moment, à la fois de colère et de toute dissimulation, révélaient un modèle si pur! Mais chez Séraphine il n'en fut pas ainsi. Sa victime, étendue à terre et frémissant de temps en temps, sa large poitrine découverte, la transfixait par sa laideur : et pendant l'espace d'un éclair son âme s'envola vers Othon.

Dans le palais commençaient déjà à s'entendre des rumeurs, des pas courant çà et là, des voix élevées ; les échos du grand escalier cintré répondaient à une clameur confuse. Bientôt le parquet de la galerie cria sous une marche lourde et précipitée : c'était le chancelier qui revenait, suivi de quatre des valets d'Othon portant une litière. Ces gens, quand ils furent introduits dans le cabinet, regardèrent avec stupeur la princesse échevelée, et le blessé étendu à terre. Toute parole leur était interdite, mais leurs pensées se criblaient de réflexions irrespectueuses. On emballa Gondremark, on tira les rideaux de la litière que les valets remportèrent, et le chancelier, tout pâle, suivit le cortège.

Séraphine courut à la fenêtre. En pressant le front contre la vitre, elle pouvait voir la terrasse où les lumières rivalisaient entre elles, et, plus loin, l'avenue de lampes qui réunissait le palais à la ville, enfin au-dessus de tout, la nuit creuse et les plus grandes étoiles. Au bout d'un instant, la petite procession sortit du palais, et s'engagea dans l'allée scintillante : la couche balancée entre ces quatre porteurs, le pensif chancelier toujours en arrière-garde. Pleine de pensées étranges, elle les vit disparaître, les yeux fixés sur cette scène mais l'esprit jetant de tous côtés des regards inquiets sur l'effondrement de sa vie et de ses ambitions. Personne en qui elle pût maintenant se confier:... personne dont la main fût amie ou de qui elle osât attendre même la plus élémentaire loyauté ! Avec l'écroulement de Gondremark s'écroulaient aussi son parti et sa courte popularité.

Elle demeura là, blottie sur le banc de la fenêtre, le front contre la fraîcheur de la vitre, sa robe déchirée la protégeant à peine, son âme se débattant au milieu de l'amertume de ses pensées.

Cependant les conséquences s'amoncelaient, et dans le silence trompeur de la nuit s'ourdissait la ruine, fermentait la révolte rouge. La litière était sortie par les grilles du palais et avait pénétré dans la ville. Par quelle panique volante, par quel frémissement de l'air s'en était propagé la nouvelle, nul ne saurait le dire. Mais la commotion du palais s'était déjà répandue dans la région des bourgeois, et y avait trouvé un écho. La rumeur, de son puissant murmure, en bruissait déjà par la ville. Sans savoir pourquoi, les hommes sortaient de leurs maisons ; les groupes se formaient le long du boulevard ; sous les rares réverbères et les grands tilleuls, la foule devenait noire.

Et ce fut au milieu de cette foule expectante que se présenta le spectacle inusité d'une litière fermée, et qu'on vit, trottant menu derrière le cortège, le grand dignitaire d'Etat, le chancelier Greisengesang. Sur son passage on regarda en silence ; lui passé, les murmures débordèrent comme d'une chaudière bouillante. Les groupes se séparèrent. Peu à peu, l'un suivant l'autre, la foule entière se forma en procession, et fit escorte à la litière fermée. Bientôt quelques orateurs plus hardis que leurs compagnons commencèrent à presser le chancelier de questions. Jamais de sa vie ce dernier n'avait eu plus grand besoin de ce bel art du mensonge, de l'exercice duquel il avait, jusque-là, si grassement vécu. En cet instant critique, cependant, il broncha; la peur, sa passion capitale, le trahit. On le pressa plus fort, il devint incohérent. Et en ce moment, de la litière cahotée, s'échappa un gémissement. Ce fut comme un signal. A l'émoi qui sur l'instant agita et resserra la foule, le chancelier, avec la clairvoyance de la terreur, reconnut le grincement de l'horloge qui va sonner l'heure fatale; mais pendant dix secondes (qui feront amende pour plus d'un de ses péchés) il s'oublia lui-même. Tirant un des porteurs par la manche : Courez dire à la princesse qu'il faut fuir ! lui souffla-t-il à l'oreille. Tout est perdu ! — Et un instant après il se débattait, balbutiant, pour sa vie, au milieu de la cohue.

Cinq minutes plus tard, le domestique effaré se précipitait dans le cabinet d'armes. — Tout est perdu ! cria-t-il. Le chancelier vous fait dire de fuir !

Au même moment, par la fenêtre, Séraphine vit la marée noire de la populace envahir l'avenue scintillante. — Merci, Georges ! dit-elle. Je vous remercie. Partez. Et comme cet homme hésitait encore, elle ajouta : Partez, je vous en prie ; voyez à vous sauver.

C'est ainsi que, sortant par le même corridor particulier, et à peu près deux heures plus tard, Amélie-Séraphine, dernière princesse, suivit Othon-Jean-Frédéric, dernier prince de Grunewald.

LIVRE TROISIÈME

HEUREUSE INFORTUNE

CHAPITRE I

LA PRINCESSE CENDRILLON

Attiré par le tumulte croissant, le portier avait disparu de l'entrée dérobée : la porte demeurait ouverte à la nuit sombre. Pendant que Séraphine s'enfuyait par les terrasses, les clameurs et le piétinement de la populace se rapprochaient du palais condamné. C'était comme une charge de cavalerie. Plus clair que les autres tintait le bruit des lampes brisées ; et par-dessus toute cette rumeur elle pouvait entendre son nom passant de bouche en bouche parmi les braillards. Un clairon sonna à la porte du corps de garde, un coup de feu partit ; puis, avec mille hurlements, le palais fut enlevé d'assaut.

Pressée par ces bruits et ces voix sinistres, la princesse remonta le long jardin comme un oiseau, effleurant à peine les marches des escaliers à la lueur des étoiles, traversa le parc, qui à cet endroit se resserrait, et, à l'extrémité la plus éloignée, pénétra dans le rude asile de la forêt. C'est ainsi que, d'un bond, elle quitta la lumière joyeuse des soirées princières, et ce sant pour toujours d'être dame souveraine, tombant de toute la hauteur de la vie civilisée, s'enfuit à travers les bois, Cendrillon déguenillée.

Elle marcha droit devant elle, d'abord par une éclaircie de la forêt encombrée de taillis et de bouleaux, allant là où la conduisait la lumière des étoiles. Plus loin elle dut pénétrer sous la noire colonnade d'une sapinière dont les longues branches se rejoignaient au-dessus d'elle comme un toit de chaume. A cette heure pas un souffle. Dans ce donjon des bois, l'horreur de la nuit se faisait sentir comme une présence mystérieuse, et elle avançait à tâtons, se heurtant aux troncs d'arbres, et prêtant en vain, de temps en temps, une oreille fiévreusement tendue.

Cependant le terrain montait toujours, ce qui l'encourageait, et bientôt elle déboucha sur une colline rocheuse qui s'élevait au-dessus de cette mer de forêts. Aux alentours se dressaient d'autres cimes, soit plus hautes, soit plus basses, séparées par de noirs vallons feuillus ; en haut le ciel ouvert et l'éclat d'étoiles innombrables ; au loin, vers l'horizon d'occident, le vague relief des montagnes. La gloire de la nuit immense s'empara de son âme : ses yeux brillèrent de concert avec les étoiles. Elle plongea ses regards dans la fraîcheur de la nuit, comme elle eût plongé ses mains dans l'onde d'une source, et, sous l'effet de ce choc éthéré, son cœur recommença à battre avec plus de calme.

Le soleil qui navigue dans l'espace, sillonnant d'or l'azur du jour, et envoyant son signal aux myriades humaines, n'a rien à signifier à l'homme individuel. La lune, telle qu'une viole, ne sait que louer ou pleurer notre destinée particulière. Seules les étoiles, sereines confidentes, s'entretiennent avec chacun de nous comme des amies ; comme des vieillards pleins de sagesse et riches en tolérance, elles écoutent en souriant le récit de nos misères ; et par leur double balance, si infimes à l'œil, si vastes à notre imagination, elles rappellent constamment à notre esprit le caractère double de la nature et de la destinée humaines.

Là siégeait la princesse, dans sa beauté contemplant la beauté, tenant chapitre avec ces bienveillants conseillers. La mémoire fit jouer devant elle, colorées comme autant de tableaux, claires comme une voix à l'oreille, les scènes tumultueuses de la soirée : la comtesse et son éventail dansant, le grand baron à genoux, le sang sur le parquet, les coups à la porte, le balancement de la litière descendant l'avenue de lampes, le messager, les cris de la populace se ruant à la charge. Tout cela cependant à distance, comme une fantasmagorie : elle gardait en même temps conscience de la paix et du silence réconfortants de la nuit. Ses yeux se tournèrent du côté de Mittwalden : par-dessus les collines qui déjà en masquaient la vue, une lueur rouge intermittente dénonçait l'incendie. Bien... c'était fort bien. Mieux valait au moins qu'elle tombât avec une tragique grandeur, éclairée par un palais en flammes. De pitié pour Gondremark, elle n'en éprouvait pas l'ombre ; pas la moindre trace, non plus, de souci pour le sort de Grunewald. Cette période de sa vie était close à jamais. Il n'en survivait que la douleur d'une vanité blessée.

Elle n'avait plus qu'une idée bien claire : fuir. Une autre, plus obscure et repoussée à demi, bien qu'elle y obéît : fuir dans la direction du Felsenburg. Elle avait un devoir à remplir. Elle avait à délivrer Othon. Ainsi parlait son esprit, froidement ; mais son cœur accueillait bien l'idée de ce devoir, avec ardeur même, et ses mains brûlaient du désir de sentir encore une fois l'étreinte de la tendresse.

Elle se leva : ce souvenir l'avait fait tressaillir. Elle se replongea dans le taillis, descendant de l'autre côté. Les bois la reçurent, se refermèrent sur elle, et de nouveau elle recommença à errer fiévreusement dans le noir, sans encouragement, sans direction. Ici et là, à la vérité, par quelques crevasses du toit forestier, un faible rayon l'attirait ; ici et là un arbre se détachait d'entre ses voisins avec quelque force de contour ; ici et là encore, un effet, dans le feuillage, noirceur plus notable ou lueur douteuse, relevait, mais seulement pour l'exagérer, l'oppression solide de la nuit et du silence. Et alors l'obscurité informe semblait redoubler, et l'oreille de la nuit se tendre, pour écouter ses pas. Quelquefois elle s'arrêtait court, alors le silence grandissait, montait autour d'elle, venait lui serrer la gorge, et elle se reprenait à courir, trébuchant, tombant parfois, mais n'en courant que plus fort. Au bout de quelque temps la forêt tout entière commença à s'agiter, à bondir avec elle. Le bruit de sa course folle à travers le silence s'étendit d'échos en échos, et remplit la nuit de nouvelles terreurs. La panique la poursuivait, la panique la guettait entre les arbres, dont les branches crochues la happaient au passage, l'obscurité s'animait et se peuplait de formes et de figures étranges. Elle étouffait, et continuait à fuir devant ses craintes. Et pourtant, dans son dernier réduit, la raison, déchirée par ces bourrasques de terreur, brillait encore, quoique d'une lumière agitée. Elle comprenait, mais sans pouvoir agir en conséquence ; elle comprenait qu'il faudrait bien s'arrêter, et néanmoins elle courait toujours.

La folie n'était pas bien loin, quand elle se trouva soudain dans une étroite clairière ; en même temps les sons d'alentour devinrent plus bruyants, et elle eut conscience de certaines formes vagues, de certains espaces blanchâtres, et à cet instant le sol parut s'effondrer. Elle tomba ; avec un choc extraordinaire de tous ses sens elle se remit debout, puis perdit connaissance.

Quand elle revint à elle, elle se trouva plongée jusqu'à mi-jambe dans l'onde glaciale d'un ruisseau, la main appuyée contre le rocher d'où l'eau se précipitait ; ses cheveux étaient trempés par les gouttelettes. Elle vit la cascade blanche, les étoiles qui tremblotaient dans le bouillonnement, l'écume jaillissante, et en haut, de chaque côté, les grands sapins s'abreuvant avec sérénité de la lumière des étoiles. Alors, soudainement tranquillisée, elle entendit avec joie le ferme plongeon de la petite cataracte dans son bassin.

Elle sortit en grimpant, toute ruisselante. C'eût été le suicide de la vie ou de la raison, que de s'aventurer de nouveau, en dépit d'une faiblesse si amplement prouvée, dans l'horreur noire du taillis. Mais là, dans l'allée de ce ruisseau, avec les étoiles pour lui tenir douce compagnie, et la lune qui bientôt apparut, nageant dans le ciel, elle pouvait attendre le jour sans alarmes.

La ruelle de sapins descendait rapidement la colline, serpentant par les bois ; c'était un chemin plus large que ne le demandait le ruisseau, et de loin en loin s'y étendaient quelques tapis de gazon onduleux, anses retirées de la forêt où sommeillait la lueur étoilée. Prenant donc bravement patience, elle se mit à marcher de long en large sur une de ces pelouses. Tantôt elle regardait la colline et pouvait voir le petit torrent accourir au-devant d'elle par une série de cascades ; tantôt elle s'approchait du bord où il glissait silencieusement parmi les joncs ; tantôt encore, avec une admiration toujours nouvelle, elle contemplait la grande compagnie assemblée au firmament.

La soirée avait été froide d'abord, mais, à cette heure, la brise de la nuit était tempérée ; du fond des bois, comme une respiration profonde et calme, s'élevait un air doux ; la rosée tombait abondamment sur le gazon et les pâquerettes bien closes. C'était là la première nuit que la jeune femme passait à ciel ouvert, et maintenant que ses terreurs s'étaient dissipées, elle se sentait touchée jusqu'au fond de l'âme par cette aménité paisible, cette sérénité. L'armée du ciel ne laissait tomber que des regards bienveillants sur la princesse errante, et l'honnête ruisseau n'avait pour elle que des mots d'encouragement.

A la fin elle commença à s'apercevoir de l'accomplissement d'une révolution merveilleuse, auprès de laquelle l'incendie du palais de Mittwalden n'était que l'éclair d'une amorce. La mine avec laquelle les sapins semblaient la regarder commença à changer insensiblement ; le gazon lui-même, quelque court qu'il fût, et aussi l'escalier tournant du ruisseau, prirent peu à peu un air de fraîcheur solennelle. Et cette lente transfiguration pénétrait jusqu'à son cœur, en faisait jouer les cordes, le faisait palpiter d'un grave frémissement.

Elle jeta les yeux autour d'elle ; la face entière de la nature lui répondit. d'un air plein de mystérieuse signification, le doigt sur les lèvres, laissant filtrer son heureux secret. Elle leva la tête : le ciel était presque vide d'étoiles, le peu qui s'attardaient encore à leur poste y brillaient d'une lueur faible et altérée, et songeaient à s'évanouir. Et le ciel lui-même avait pris une couleur merveilleuse, car maintenant le bleu foncé de la nuit s'était fondu, adouci, éclairci, et une teinte sans nom lui avait succédé, cette teinte qu'on ne voit jamais que comme l'avant-coureur du jour. — Oh ! s'écria-t-elle d'une voix entrecoupée par la joie. Oh !... c'est l'aube !

D'un trait, elle franchit le ruisseau, releva ses jupes, et se mit à courir dans le crépuscule des allées. Et tout en courant, ses oreilles prenaient note de maints légers bruits plus admirables que la musique même : car, au fond de leurs habitations, petits nids bâtis au coude des bras géants, les chanteurs aux yeux brillants, au cœur gonflé, amoureux chaudement serrés l'un contre l'autre, commençaient à se réveiller pour la journée. Son cœur se fondait en tendresse et se coulait vers eux, et eux de leur côté, du haut de leurs petits perchoirs dans les claires-voies de la cathédrale forestière, examinaient du coin de l'œil la princesse en guenilles qui voltigeait ainsi au-dessous d'eux, sur le tapis de mousse et de gazon.

Elle se fut bientôt frayé un passage jusqu'au sommet d'une certaine colline, et put voir au loin devant elle l'inondation silencieuse du jour qui s'avançait de l'Est, envahissante et blanche. L'obscurité tremblait devant l'invasion, et se résolvait en lumière ; une à une, comme les lampes dans les rues d'une cité humaine, les étoiles s'éteignaient. La blancheur devenait argent brillant, l'argent s'échauffait et devenait or, l'or s'allumait et devenait une flamme pure et vivante, et alors le front de l'Orient se barra d'écarlate prismatique. Le jour avait commencé à respirer, respiration profonde, ferme et froide ; au loin, des lieues alentour, les bois poussaient un soupir et frissonnaient. Puis, d'un seul bond, le soleil monta à la surface. Avec un tressaillement, les yeux de Séraphine reçurent les premières flèches du jour, et se baissèrent sous le choc. De tous côtés les ombres s'élancèrent de leurs embûches et s'étendirent au ras de terre. Le jour était là, nu, éclatant ; et sur la pente raide et déserte de l'Orient le soleil, vainqueur de tous ses rivaux, continuait à monter, lentement, royalement.

Pour un instant Séraphine, adossée à un sapin, se sentit faiblir, raillée par le bonheur bruyant des bois. L'asile de la nuit, les transformations joyeuses et émouvantes de l'aurore, tout cela était passé, et maintenant, sous l'œil brillant du jour, elle se retournait inquiète, et regardait autour d'elle en soupirant. A quelque distance de là, plus bas dans la futaie, une colonne de fumée montait dans le ciel, pour se fondre dans l'or et l'azur. Là-bas, sans aucun doute, étaient des êtres humains, se réchauffant au foyer : des doigts humains en avaient réuni les brindilles, c'était une haleine humaine qui avait fait jaillir, qui avait soutenu la flamme naissante. En ce moment le feu, ayant pris, se jouait et se reflétait rouge sur la face de son créateur. A cette pensée elle se sentit glacée, infime et perdue au milieu de ce grand air. Le choc électrique des jeunes rayons de soleil, la beauté des bois, beauté qui n'avait rien d'humain, commençaient à la fatiguer, à l'intimider. L'abri d'une maison, la retraite d'un appartement, le foyer net et bien garni, enfin tout ce qui dénote et embellit le chez-soi de l'homme, commençait à la tirer en avant comme par une corde. La colonne de fumée pénétrant dans une zone d'air mouvant se mit à s'incliner et à s'étendre de côté comme un pennon. Alors, comme si ce changement eût été un appel, Séraphine s'enfonça de nouveau dans le labyrinthe des bois.

En quittant le terrain élevé elle laissait le grand jour derrière elle ; dans le bocage s'attardaient encore le crépuscule bleuâtre du matin et la fraîcheur saisissante de la rosée. Mais ici et là, au-dessus de ce champ d'ombre, la gloire du jour se reflétait déjà sur les cimes de quelques sapins déployés ; ici et là encore, par les brèches des collines, les rayons faisaient une grande entrée lumineuse. Séraphine suivait hâtivement les sentiers : elle avait perdu de vue la fumée-pilote qui flottait dans une autre direction, et au milieu de cette grande solitude cherchait à s'orienter sur le soleil. Bientôt, cependant, de nouveaux signes, troncs d'arbres abattus, rejetons aux coupures blanches, fagots de branches vertes et piles de bois à brûler, commencèrent à annoncer le voisinage de l'homme, et la guidèrent en avant, jusqu'à ce qu'elle arrivât enfin à la clairière d'où s'élevait la fumée. Une hutte se montrait dans l'ombre claire, tout près du ruisseau qui faisait sa descente par une série de petites cascades ; et sur le seuil, la princesse aperçut un bûcheron au teint basané et aux traits durs qui, les mains derrière le dos, examinait le ciel.

Elle alla droit à lui, vision aux yeux lumineux, à la beauté hagarde, splendidement vêtue, piteusement déguenillée. Les diamants des pendants scintillaient encore à ses oreilles, et, agité par la course, un sein mignon se montrait et se cachait tour à tour entre les dentelles déchirées de son corsage. A cette heure ambiguë, en la voyant ainsi sortir du silence des bois, l'homme recula devant la princesse comme devant quelque esprit lutin.

— J'ai froid, dit-elle, et je suis lasse. Laissez-moi me reposer auprès de votre feu.

Le bûcheron, quoique visiblement troublé, ne répondit pas.

— Je vous payerai, ajouta-t-elle, et aussitôt elle se repentit de la promesse, effrayée peut-être par l'étincelle qu'elle vit briller dans les yeux effarés de l'homme. Mais, comme d'habitude, l'échec ne fit que ranimer son courage. Elle le poussa de côté, et entra ; il la suivit, plongé dans un étonnement superstitieux.

L'intérieur de la hutte était rude et sombre, mais sur la pierre qui servait de foyer les brindilles et quelques branches sèches brûlaient avec le crépitement animé et toutes les changeantes beautés du feu. Cette vue seule suffit pour la remettre ; elle se blottit au plus près sur le sol, frissonnant à la chaleur, et plongeant avec ravissement ses regards dans la flamme dévorante. Le bûcheron contemplait toujours l'étrangère, la ruine de ses riches vêtements, ses bras nus, ses dentelles déchirées, et les bijoux. Il ne trouvait pas un mot à dire.

— Donnez-moi à manger, dit-elle ; ici, près du feu.

Il déposa alors par terre une cruche d'un méchant vin, du pain, un morceau de fromage et une poignée d'oignons crus. Le pain était aigre et dur, le fromage comme de la corne, l'oignon même, qui avec la truffe et la nectarine partage la place d'honneur parmi les fruits de la terre, ne peut guère à l'état cru être considéré comme un mets de princesse. Pourtant elle mangea, sinon avec appétit, du moins avec courage. Et quand elle eut mangé elle ne dédaigna pas la cruche. Jamais de toute sa vie elle n'avait goûté d'une nourriture grossière ni bu après quelqu'un ; mais une femme de courage accepte toujours une position inattendue plus aisément que l'homme le plus brave. Et pendant tout ce temps le bûcheron continuait à l'observer furtivement, et l'on voyait dans ses yeux le vil conflit de la peur et de la cupidité.

Elle y lut clairement ses idées, et comprit qu'il était temps de partir.

Elle se leva et lui offrit un florin. — Cela vous dédommagera-t-il? demanda-t-elle.

Mais maintenant l'homme retrouva sa langue.

— Il me faut plus que cela, dit-il.

— C'est tout ce que j'ai à vous donner, répliqua-t-elle, et elle passa outre avec sérénité. Au fond du cœur pourtant elle tremblait, car elle avait vu l'homme avancer la main comme pour l'arrêter, et son œil inquiet se tourner du côté de la hache. Un sentier battu partait de la clairière vers l'Occident, elle s'y engagea d'un pas rapide, sans jeter un regard derrière elle. Mais sitôt que le plus léger tournant du sentier l'eut cachée aux yeux du bûcheron, elle se glissa entre les arbres et se prit à courir jusqu'à ce qu'elle se crût en sûreté.

Le soleil était déjà assez fort pour percer en mille endroits le chaume des sapins entrelacés, et faire flamboyer leurs troncs rouges; les rayons dardaient dans les nefs ombragées, et allumaient dans le gazon mille bijoux étincelants. La résine de ces grands arbres flattait les sens plus délicatement que tous les parfums de l'Arabie : sous la vigoureuse lumière du soleil matinal chaque sapin brûlait l'encens de ses propres senteurs; de temps à autre, une brise s'élevant balançait ces encensoirs enracinés, faisant voltiger les ombres et les pierreries ensoleillées, promptes comme l'hirondelle, pressées comme un essaim affairé qui s'éloignait en murmurant.

Elle marchait toujours, montant ou descendant, au soleil ou à l'ombre; tantôt le long des crêtes dénudées, parmi les rocs et les bouleaux, avec les lézards et les serpents ; tantôt par les bocages profonds aux piliers sombres ; tantôt elle suivait les sinuosités d'un sentier dans les dédales des vallons, tantôt encore elle se retrouvait au sommet d'une colline, et pouvait voir les montagnes dans le lointain, et les grands cercles que les oiseaux traçaient dans le ciel.

De loin elle voyait quelquefois un hameau à demi caché dans la verdure, et alors elle se détournait pour l'éviter. Au bas, elle distinguait la ligne écumante d'un torrent, et plus près pouvait assister à la naissance silencieuse des filets d'eau sourdissant entre les pierres ou filtrant à travers les mousses vertes. Dans les vallons plus favorisés, toute une famille de ces jeunes ruisseaux se réunissait et allait résonner dans les pierres, ou s'étendre en mare et offrir ainsi une baignoire aux passereaux, ou bien encore tomber à pic du haut de quelque rocher, en verges cristallines. Elle saisissait tout cela, pendant sa course précipitée, avec un ravissement de surprise, un attendrissement plein de joie. Toutes ces impressions étaient si étranges, elles lui arrivaient si directement au cœur, elles étaient si neuves, si pleines de couleur et de parfum, et si bien encnàssées, couronnées par le dôme bleu de l'air du ciel !

A la fin, et déjà bien fatiguée, elle arriva au bord d'une mare assez large mais peu profonde ; çà et là quelques pierres s'y élevaient en îlots ; des roseaux en frangeaient le rivage ; les aiguilles de sapins en tapissaient le fond, et les sapins eux-mêmes, dont les racines s'y avançaient en promontoires, y miraient silencieusement leurs verts reflets. Elle avança à petits pas, se pencha sur l'eau et se contempla avec étonnement : un fantôme hâve aux yeux brillants, habillé des restes de sa robe de princesse. Tantôt la brise secouait l'image, tantôt les mouches venaient la troubler : cela la fit sourire et, du sein des cercles s'élargissant, le reflet lui sourit en réponse, d'un air bienveillant.

Longtemps elle demeura là, assise à la chaleur du soleil, s'apitoyant sur ses bras nus, tout meurtris, blessés par les chutes, s'émerveillant de se voir sale, et ne pouvant croire que vraiment elle eût été si longtemps en un si étrange désordre.

Enfin, avec un soupir, elle commença à faire sa toilette devant ce miroir forestier. Elle se purifia de toutes les traces de son aventure, enleva ses bijoux qu'elle empaqueta dans un mouchoir, remit de l'ordre dans sa robe déchirée et défit les bandeaux de ses cheveux. Elle les fit tomber autour de sa figure, et la mare la refléta ainsi voilée. Elle se souvint alors qu'Othon lui disait autrefois que ses cheveux sentaient la violette, et essaya d'y retrouver cette senteur ; mais elle secoua la tête, et se prit pour un instant à rire tout bas et tristement.

Le rire lui fut renvoyé par un écho enfantin. Elle leva la tête, et aperçut deux bambins qui la regardaient : une petite fille, et un garçon plus petit encore, tous deux plantés comme des jouets au bord de la mare, sous les branches d'un haut sapin. Séraphine n'aimait pas les enfants ; mais cette vue lui fit bondir le cœur.

— Qui êtes-vous ? leur cria-t-elle d'une voix rauque.

Les petits se serrèrent l'un contre l'autre et reculèrent, et le cœur de la jeune femme lui reprocha d'avoir effrayé des créatures si bizarres, si mignonnes, et pourtant animées de sens. Elle se rappela les oiseaux, et de nouveau regarda ses deux visiteurs : ils étaient à peine plus gros... mais si incomparablement plus innocents ! Sur leurs figures franches, comme sur le miroir d'un lac, elle vit la réflexion de leurs craintes ; et ce fut avec une intention toute de bienveillance qu'elle se leva.

— Venez, n'ayez pas peur de moi ! leur dit-elle en faisant un pas vers eux.

Mais, hélas ! dès le premier moment les deux pauvres bambins tournèrent dos à l'approche de la princesse, et s'enfuirent à toutes jambes.

La désolation la plus complète se fit dans le cœur de Séraphine... Vingt-deux ans, près de vingt-trois ans, et pas une créature qui l'aimât, pas une, excepté Othon ! Et Othon lui-même, voudrait-il jamais pardonner ? Mais c'eût été la mort ou la folie, que de se laisser aller à pleurer, seule, au milieu de ces bois. En toute hâte elle éteignit cette idée comme on éteint sous le pied un papier brûlant ; en toute hâte elle enroula de nouveau sa chevelure, et, poursuivie par la terreur, le sein tout défaillant de douleur, elle se remit en route.

Il était dix heures passées quand elle rencontra le grand chemin, qui, en cet endroit, véritable rivière de soleil, montait la côte entre deux bois superbes.

Là, mourant de fatigue, sans souci des conséquences, et reprenant quelque courage au voisinage humain et civilisé de la route, elle s'étendit sur la marge de gazon, à l'ombre d'un arbre. Le sommeil s'abattit sur elle, d'abord avec quelque chose ressemblant à l'horreur d'un évanouissement, mais pour l'embrasser ensuite avec douceur aussitôt qu'elle eut cessé de résister. C'est ainsi que, pendant un peu de temps, elle fut enlevée à ses fatigues et à ses douleurs, et remise entre les bras de son Père. Et là, en attendant, son corps dans ses parures en lambeaux demeurait exposé au bord de la grande route. De chaque côté les oiseaux sortirent des bois, voletant et s'appelant les uns les autres, pour disserter en leur langue sur cette étrange apparition.

Le soleil continuait son chemin. L'ombre avait déjà abandonné les pieds de la dormeuse, et, se raccourcissant de plus en plus, se trouvait sur le point de la découvrir entièrement, quand les oiseaux se signalèrent de l'un à l'autre le roulement d'une voiture. A cet endroit la montée était fort raide : le roulement s'approchait avec la plus grande délibération, et il se passa bien dix minutes avant qu'un certain gentilhomme parût sur la scène, marchant d'un pas sobre et rassis le long de la marge de gazon qui bordait la grande route. De temps en temps ce personnage s'arrêtait, sortait un calepin de sa poche pour y enregistrer quelque note au moyen d'un crayon. Un espion qui se fût trouvé assez près l'eût pu entendre marmotter, ainsi qu'un poète qui scande des vers. Le bruit des roues était encore faible dans la distance, et il était évident que le voyageur avait de beaucoup devancé son équipage.

Il se trouvait déjà fort près de l'endroit où gisait la princesse endormie, quand son regard tomba sur elle ; mais alors il fit un soubresaut, remit son carnet dans sa poche, et s'approcha. Tout près d'elle se trouvait une borne ; il s'y assit, et se livra froidement à la contemplation. La princesse était couchée sur le côté, toute ramassée ; l'un de ses bras nus supportait son front, l'autre s'étendait inerte et potelé. Son jeune corps, tel qu'une chose qu'on aurait jetée à terre, donnait à peine signe de vie ; le souffle même ne l'agitait pas. Une fatigue mortelle se révélait ainsi dans toutes les langues que peut parler la chair assoupie. Le voyageur eut un froid sourire. Comme s'il n'eût à regarder là qu'une statue, il fit, comme à contre-cœur, l'inventaire des charmes de la princesse. L'impression qu'elle produisait, dans ce touchant abandon de l'oubli, le remplit de surprise. L'incarnat du sommeil la parait comme une fleur.

— Parole d'honneur, pensa-t-il, jamais je n'aurais cru qu'elle pût être si jolie... Et dire, ajouta-t-il, qu'il m'est interdit de faire usage d'un seul mot de tout ceci !

Il avança sa canne et la toucha. A ce contact elle se réveilla, et, poussant un cri et le regardant avec des yeux effarés, elle se releva sur son séant. Il fit un signe de tête :

— J'espère, dit-il, que Votre Altesse a bien dormi ?

Mais elle ne répondit que par un son inarticulé.

— Remettez-vous, dit-il. Et certes, il lui offrait en son propre maintien un bel exemple de sang-froid. Ma berline est là, toute proche, et j'aurai, je l'espère du moins, le divertissement rare d'enlever une princesse souveraine.

— Sir John! fit-elle enfin.

— Aux ordres de Votre Altesse, répliqua-t-il.

Elle se leva vivement. — Oh! venez-vous de Mittwalden? s'écria-t-elle.

— J'en suis parti ce matin même, dit-il. Et s'il existe quelqu'un qui ait encore moins de chance que vous d'y jamais retourner, le voici devant vous.

— Le baron... commença-t-elle. Puis elle s'arrêta.

— Madame, répondit Sir John, le motif était bon, et vous êtes une véritable Judith. Néanmoins, après les heures qui se sont écoulées depuis cet épisode, ce sera sans doute un soulagement pour vous d'apprendre qu'il ne va pas trop mal. Je fus prendre de ses nouvelles ce matin avant de partir. Pas trop mal, c'est ce qu'on m'a dit, mais il souffre vivement. Eh! oui... vivement : on entendait ses gémissements de l'autre chambre.

— Et le prince, demanda-t-elle, en sait-on quelque chose?

— L'on prétend, répliqua Sir John, toujours avec cet air délibéré dans lequel il se complaisait, que sur ce point-là Votre Altesse est la mieux informée.

— Sir John, dit-elle vivement, vous fûtes assez généreux, il y a un instant, pour m'offrir votre voiture. Menez-moi, je vous en supplie, menez-moi au Felsenburg. J'ai là une affaire de la plus haute importance.

— Je n'ai rien à vous refuser, dit le vieux gentilhomme, et cette fois avec un sérieux parfait. Tout ce qu'il m'est possible de faire pour vous, Madame, je le ferai avec plaisir. Aussitôt que ma berline arrivera, elle sera à vos ordres pour vous transporter où bon vous semblera. Mais, ajouta-t-il, reprenant sa manière première, je remarque que vous ne me demandez rien au sujet de votre palais.

— Que m'importe? dit-elle. Il m'a semblé qu'il brûlait.

— C'est prodigieux, dit le baronnet. Il vous a semblé... La perte de quarante toilettes vous laisse vraiment froide? Certes, Madame, j'admire cette force de caractère. Et l'Etat? Au moment de mon départ le gouvernement siégeait, — le nouveau gouvernement, dont deux des membres au moins ne vous sont pas inconnus de nom : Sabra, qui, je crois, a eu l'avantage de se former à votre service... un laquais, si je ne me trompe? et notre vieil ami le chancelier, ce dernier occupant une position quelque peu subalterne. Mais dans ces convulsions les premiers seront les derniers, et les derniers seront les premiers, comme dit l'Ecriture.

— Sir John, dit-elle d'un air de vérité parfaite, je suis sûre que vous avez les meilleures intentions, mais ces affaires-là ne m'intéressent point.

Le baronnet fut complètement décontenancé, et l'apparition de sa berline fut la bienvenue. Pour dire quelque chose il proposa de marcher à sa rencontre, ce qui fut fait.. Avec grande courtoisie il fit monter la princesse, prit place à côté d'elle ; puis de divers réceptacles (car la berline était aménagée de la façon la plus parfaite) il tira des fruits, un pâté de foies truffés et une bouteille d'un crû délicat. Ainsi approvisionné, il se mit à la servir d'un air paternel, l'invitant sans cesse à de nouveaux efforts. Pendant tout ce temps, comme s'il se fût senti contraint par les lois de l'hospitalité, il demeura innocent de toute ombre de moquerie. Sa bienveillance semblait si réelle, du reste, que Séraphine fut émue de reconnaissance.

— Sir John, dit-elle, au fond vous me détestez. Pourquoi êtes-vous si bon pour moi ?

— Ah ! chère Madame, dit-il, sans toutefois nier l'accusation, j'ai l'honneur d'être grand ami de votre mari, et quelque peu son admirateur.

— Vous ? s'écria-t-elle. On m'a dit que vous écriviez des choses bien cruelles sur nous deux.

— Tel, en effet, a été le chemin étrange qui nous amena à faire connaissance, dit Sir John. J'avais écrit, Madame, des choses tout particulièrement cruelles (puisque cruel est le mot) touchant votre belle personne. Votre époux me mit en liberté, me donna un passeport, commanda une berline pour moi, et ensuite, avec une ardeur toute juvénile, me provoqua en duel. Connaissant le caractère de sa vie de ménage, cet entrain et cette loyauté me parurent tout à fait charmants. Ne craignez rien, me dit-il, si je suis tué il n'y aura personne pour s'en apercevoir... Il paraît que vous eûtes vous-même, Madame, précisément la même idée ! Mais je m'écarte de mon sujet. Donc, je lui expliquai alors comme quoi ce qu'il me proposait était impossible, que je ne pouvais pas me battre : « Pas même si je vous souffletais ? » fit-il. Très drôle ! Ah ! que je voudrais mettre cela dans mon livre ! Bref, je fus vaincu. Je pris ce jeune homme en ma haute faveur, et sur-le-champ je déchirai ma petite chronique scandaleuse ; c'est là un des avantages dont vous êtes redevable à votre mari.

Séraphine demeura quelque temps en silence. Peu lui importait d'être incomprise par ceux qu'elle méprisait, elle n'avait rien de ce désir constant d'approbation qui possédait Othon : elle allait droit de l'avant, la tête haute. Devant Sir John, cependant, après ce qu'il venait de dire, devant l'ami de son mari, elle était prête à se courber.

— Que pensez-vous de moi ? demanda-t-elle brusquement.

— Je vous l'ai déjà dit, répliqua Sir John ; je pense que vous avez encore besoin d'un verre de mon bon vin.

— Voyons, dit-elle, ceci est indigne de vous ; vous n'avez pas coutume d'avoir peur de parler. Vous dites que vous avez de l'admiration pour mon mari ; eh bien, pour l'amour de lui, parlez-moi franchement !

— J'admire votre courage, dit le baronnet. Hors cela, ainsi que vous l'avez deviné et même exprimé, il y a peu de sympathies entre nos deux natures.

— Vous parliez de scandale ? poursuivit Séraphine. Y a-t-il eu un grand scandale ?

— Considérable, dit Sir John.

— Et vous y avez cru ? demanda-t-elle.

— Oh ! Madame, dit Sir John, quelle question !

— Merci pour cette réponse, dit Séraphine. Et maintenant je vous affirme, sur mon honneur, sur mon âme, en dépit de tous les scandales du monde, que je suis aussi honnête femme qu'âme qui vive.

— Nous ne nous entendrions peut-être pas sur la définition du mot, fit observer Sir John.

— Oh ! s'écria-t-elle, je me suis conduite abominablement envers lui, je le sais, aussi n'est-ce pas cela que je veux dire ! Mais, vous qui admirez mon mari, je veux absolument que vous me compreniez, moi : je puis le regarder sans rougir.

— Cela se peut, Madame, dit Sir John, et je n'ai, du reste, pas la présomption de penser le contraire.

— Vous ne voulez pas me croire ! s'écria-t-elle. Vous me croyez une épouse coupable ?... Vous pensez que cet homme était mon amant !

— Madame, répondit le baronnet, quand je déchirai mes papiers, je promis à votre excellent époux de ne plus m'occuper de vos affaires, et je vous assure, pour la dernière fois, que je n'ai aucun désir de vous juger.

— Mais, en attendant, vous ne voulez pas m'acquitter. Ah ! s'écria-t-elle, il m'acquittera, lui... il me connaît mieux !

Sir John sourit.

— Ma détresse vous fait sourire ? demanda Séraphine.

— Non, Madame, mais votre aplomb féminin, dit Sir John. Un homme n'aurait probablement pas eu le courage d'une telle exclamation... exclamation qui néanmoins est fort naturelle, et de plus, je n'en doute pas, parfaitement fondée. Veuillez cependant noter ceci, Madame (puisque vous me faites l'honneur de me consulter sérieusement) : je n'éprouve aucune pitié pour ce que vous appelez votre détresse. Vous avez été parfaitement égoïste, et vous en récoltez les conséquences. Si une seule fois vous aviez un peu songé à votre mari, au lieu de penser uniquement à vous, vous ne vous trouveriez pas en ce moment seule, fugitive, avec du sang sur vos mains, et réduite à entendre, des lèvres d'un vieil Anglais morose, des vérités plus amères encore que la médisance.

— Je vous remercie, dit-elle, toute frémissante. Cela est tout à fait exact. Veuillez faire arrêter la voiture !

— Non, mon enfant, dit Sir John, pas avant que je ne vous voie maîtresse de vous-même.

Il se fit une longue pause, pendant laquelle la berline roula entre les rochers et les bois.

— Et maintenant, reprit-elle avec un calme parfait, me tenez-vous pour maîtresse de moi ? Je vous requiers, comme gentilhomme, de me laisser descendre.

— Je pense, répliqua-t-il, que vous avez tort. Continuez, je vous en prie, à faire usage de ma voiture !

— Sir John, dit-elle, quand la mort même m'attendrait là, assise sur ce tas de pierres, je descendrais. Je ne vous blâme point, je vous remercie. Je sais maintenant ce que je suis pour les autres. Mais, plutôt que de respirer l'air en compagnie de quelqu'un qui peut avoir pareille opinion de moi, je !... Elle poussa un long : « Oh ! » et se tut.

Sir John tira le cordon de la voiture, mit pied à terre, et lui offrit la main pour descendre ; mais elle refusa son aide.

La route était maintenant sortie des vallées par lesquelles elle se déroulait, et en était arrivée à cette portion qui contourne en corniche le front abrupt de Grunewald sur cette frontière septentrionale. L'endroit où ils se trouvaient était à un angle saillant ; une roche hardie et quelques sapins tordus par le vent le surplombaient. A leurs pieds la plaine bleue s'étendait au loin, et allait se fondre dans le ciel ; en avant la route allait grimpant par une succession de zigzags vers le donjon, campé sur une roche élevée qui bouchait la vue de ce côté.

— Là, dit le baronnet, indiquant la tour du doigt, vous voyez votre but, le Felsenburg. Je vous souhaite un bon voyage, et regrette de ne pas pouvoir vous être plus utile.

Il remonta à sa place, donna le signal, et la voiture partit.

Séraphine demeura au bord de la route, regardant sans voir, droit devant elle. Sir John était déjà relégué hors de ses pensées : elle le détestait, cela était suffisant, car tout ce que Séraphine détestait ou méprisait tombait à l'instant même dans les proportions lilliputiennes, et cessait dès lors d'occuper son attention. En ce moment elle était du reste bien autrement préoccupée. Cette dernière entrevue avec Othon, entrevue qu'elle ne lui avait pas encore pardonnée, commençait à se montrer sous un jour fort différent. Othon était venu la trouver, tout frémissant encore sous le coup d'une insulte récente, ayant à peine eu le temps de recouvrer haleine après avoir livré bataille pour elle. Sachant cela, maintenant, quelle nouvelle valeur venait s'attacher à ses paroles ! Oui, il l'aimait... c'était là de la vaillance, et non pas de la faiblesse. Et elle ? Etait-elle incapable d'amour ? C'était à le croire, hélas ! Et Séraphine renfonça ses larmes, brûlant de revoir Othon, de tout expliquer, de demander à deux genoux pardon pour ses péchés, et, si maintenant toute autre forme d'amende était devenue impossible, de lui rendre au moins la liberté dont elle l'avait privé.

Elle se remit en route avec ardeur le long de la chaussée, perdant de vue et retrouvant tour à tour le haut donjon perché sur la hauteur devant elle, et bleui par l'air des montagnes, selon les tournants que prenait le chemin parmi les ravins et les rochers.

CHAPITRE II

OU IL EST TRAITÉ D'UNE VERTU CHRÉTIENNE

Montant dans sa prison roulante, Othon y trouva, blotti dans un coin, un second occupant. La lampe ne donnait pas à l'intérieur, et d'ailleurs ce personnage baissait le nez : le prince ne put donc distinguer en lui qu'une simple silhouette d'homme.

Le colonel suivit son prisonnier, la portière claqua, et incontinent les quatre chevaux partirent au grand trot.

Au bout d'un certain temps le colonel rompit le silence : — Messieurs, dit-il, autant eût valu rester chez soi, que de voyager ainsi sans causer. Le rôle que je joue vous paraît sans doute moins qu'aimable ; mais, d'autre part, vous avez en moi un homme de goût, quelque peu lettré aussi, et dont la conversation, je me flatte, n'est point sans un certain fond de solidité instructive. Condamné éternellement au corps de garde, ceci est pour moi une belle occasion : de grâce, messieurs, ne me la gâtez pas. J'emporte la fine fleur de la cour... moins le beau sexe, il est vrai :

un grand écrivain, dans la personne de monsieur le docteur...

— Gotthold ! s'écria Othon.

— Oui, dit le docteur avec amertume. Il paraît qu'il nous faut voyager ensemble. Votre Altesse n'avait pas compté là-dessus !

— Qu'en concluez-vous ? s'écria le prince ; que c'est moi qui vous ai fait arrêter ?

— La conclusion est assez simple.

— Colonel, fit le prince, faites-moi une grâce : justifiez-moi auprès de M. de Hohenstockwitz !

— Messieurs, dit alors le colonel, vous êtes tous deux arrêtés en vertu du même mandat, signé de la princesse Séraphine, régente, contresigné du baron de Gondremark, premier ministre, et daté d'avant-hier, le douze. Je révèle, comme vous voyez, ajouta-t-il, le secret de la prison.

— Othon, dit Gotthold, pardonne-moi mes soupçons !

— Je ne sais guère, Gotthold, si je le puis.

— Et moi, s'interposa le colonel, je suis certain que Votre Altesse est trop magnanime pour hésiter un moment. Mais qu'elle me permette un avis ! Chez moi, dans mon pays, la religion que nous pratiquons nous apprend que la grâce entre dans l'âme par divers chemins : je vais vous proposer d'en essayer un avec moi.

Sur ce, le colonel alluma une lampe qu'il accrocha dans un coin de la voiture ; puis, tirant de dessous le siège un panier de mine avenante, d'où s'allongeait le goulot de plus d'une séduisante bouteille, il s'écria gaiement : *Tu spem reducis...*

finissez le passage, monsieur le Docteur ! Je me trouve, Messieurs, pour ainsi dire, votre hôte : et aussi bien je suis persuadé que, comprenant toute la délicatesse de ma position, vous ne pouvez ni l'un ni l'autre me refuser cet honneur. Messieurs, je bois à la santé du Prince !

— Ma foi, colonel, répliqua ce dernier, nous avons en vous un hôte des plus joyeux. Je bois à la santé du colonel Gordon !

Et là-dessus chacun de vider son verre complaisamment. En ce moment même le carrosse, dévalant sur la grande route, redoublait de vitesse.

A l'intérieur, brillante lumière, chaude humeur. Le vin ranimait les joues pâles de Gotthold. Devant les glaces filaient, naines ou géantes, les ombres fantasques de la forêt, des échappées de ciel étoilé, minces filets ou nappes immenses de pâle lumière. Par une fenêtre ouverte pénétraient les âcres senteurs nocturnes des bois. Le roulement de la voiture, cadencé par le trot des chevaux, riait à l'oreille. Le trio vidait verre sur verre, multipliant toasts, saluts, compliments mutuels. Peu à peu une langueur béate s'étendit sur la compagnie ; les intervalles de douce méditation se prolongèrent, interrompus seulement, de temps à autre, par quelque petit accès d'un rire paisible et confidentiel.

— Othon, fit Gotthold, brisant l'un de ces silences, je ne te demande plus de me pardonner. Moi, les rôles changés, je ne le pourrais pas !

— Bah ! c'est façon de parler. Moi je te pardonne, quoique tes soupçons et tes paroles me restent encore sur le cœur. Et non pas les tiennes seulement. Il serait futile, colonel, étant donné les ordres que vous exécutez, de chercher maintenant à vous cacher nos dissensions de famille : à cette heure, tout cela c'est le secret de la comédie. Eh! bien, Messieurs, qu'en pensez-vous, puis-je pardonner à ma femme ? Je le puis, il est vrai, et je le fais. Mais de quelle façon ? Certes je ne m'abaisserai jamais jusqu'à la vengeance, mais certes aussi la princesse ne sera jamais plus la même à mes yeux.

— Un instant, Altesse, répliqua le colonel. Vous me permettrez de croire, j'espère, que j'ai affaire à des chrétiens. Nous reconnaissons bien, j'imagine, que nous ne sommes tous que de misérables pécheurs.

— Parlez pour vous, colonel ! s'écria Gotthold. Quant à moi, réchauffé par ce vin généreux, je n'admets rien de semblable. Je réfute votre thèse.

— Quoi ! Monsieur, est-il possible ! N'avez-vous donc jamais failli ? Et pourtant, il y a un instant à peine, ne vous entendis-je pas demander pardon ? A votre Dieu ? Point. A un simple compagnon de misère !

— A cela je me rends, dit Gotthold. Vous êtes fort en matière d'argument, monsieur le colonel.

— Pardieu, Monsieur, je suis flatté de votre opinion ! Mon Dieu, oui, je fus dans mon temps assez solidement ferré, à l'Université d'Aberdeen. Mais, pour en revenir à cette question du pardon, tout cela, Monsieur, ne tient qu'à des notions mal digérées, et aussi (ce qui est peut-être plus pernicieux encore) à une trop grande régularité d'existence. Dogme pur, mauvaise morale : voilà la clef de la sagesse. Vous, Messieurs, vous avez tous deux trop de mérite pour être gens à pardonner.

— Le paradoxe est un peu forcé, dit Gotthold.

— Un moment, colonel ! dit le prince. Je vous absous volontiers de toute mauvaise intention, mais vos paroles n'en sont pas moins d'une ironie mordante. Pensez-vous vraiment qu'il me soit agréable de m'entendre féliciter sur mes vertus au moment même où j'expie (en toute justice, je suis prêt comme vous à l'admettre) mes longues iniquités ?

— Oh ! pardon, prince ! Vous ne savez pas ce que c'est que d'avoir été expulsé du cours de théologie, que d'avoir été cassé. Je le sais, moi, cassé pour négligence de service ! A parler vrai, Altesse, j'étais gris. Maintenant, poursuivit le colonel tout en cherchant son verre de la main, je ne me grise plus. Quand on a appris, comme moi, à connaître tous les défauts de son caractère, quand on en est venu à ne plus se considérer que comme un simple toton titubant au travers de la vie, on commence, voyez-vous, à se faire de nouvelles idées au sujet du pardon. Le jour où j'aurai réussi à me pardonner à moi-même, je me sentirai capable de ne plus pardonner aux autres, pas avant. Mais en vérité, Monseigneur, ce jour me paraît encore fort éloigné. Alexandre Gordon, ministre de l'Evangile, mon père, fut homme de bien... et dur en diable à son prochain. Moi, je suis mauvais : voilà toute la différence ; et je maintiens que quiconque est incapable de pardonner une offense, quelle qu'elle soit, ne sera jamais qu'un blanc-bec en ce monde.

— J'ai pourtant entendu parler de vos duels, colonel, hasarda Gotthold.

— Autre chose tout à fait, Monsieur, répliqua le soldat. Simple affaire d'étiquette : et, du reste, je m'en flatte, en toute fraternité chrétienne.

Là-dessus, le colonel tomba dans un sommeil profond. Ses compagnons s'entre-regardèrent en souriant.

— Drôle de corps! fit Gotthold.

— Et singulier gardien! ajouta le prince. Pourtant, il dit vrai.

— En y regardant de plus près, reprit Gotthold d'un air rêveur, c'est bien à nous-mêmes que nous ne pouvons pardonner, quand il nous semble si impossible de pardonner aux autres. On retrouve dans le tissu de toute querelle quelque fil de sa propre quenouille.

— Mais n'y-a-t-il pas des pardons qui déshonorent? demanda Othon. Le respect qu'on se doit à soi-même n'impose-t-il pas une borne à la tolérance ?

— Bah ! Où est l'homme, Othon, qui se respecte sincèrement? Aux yeux du pauvre soldat de fortune que voilà, nous semblons peut-être d'honorables gentilshommes. A nos propres yeux, que sommes-nous vraiment ? Au dehors, portiques de carton peint... au dedans, flasque *deliquium*, impotence mortelle !

— Moi, oui, dit Othon. Mais toi, Gotthold? Toi, étudiant infatigable, esprit éclairé, travailleur voué au bien de tes semblables, méprisant plaisirs et tentations... Ah ! tu ne sauras jamais combien je t'envie !

— Othon, qu'un mot suffise, mot dur à dire pourtant. Je bois, Othon ! Je bois en cachette. Oui, je bois trop. Cette faiblesse a enlevé à mes études, à tout mon travail, l'influence salutaire qu'ils eussent pu avoir. Elle m'a gâté le caractère. Dans notre entretien de l'autre jour, pour combien, crois-tu, comptait dans la chaleur de mes paroles le pur amour de la vertu ; pour combien la fièvre léguée par le vin de la veille ? Hélas ! oui, nous ne sommes que de misérables pécheurs, comme le proclamait tout à l'heure ce pauvre compagnon qu'en mon orgueil j'osais contredire. De misérables pécheurs, Othon, placés pour un instant en ce monde, connnaissant le bien, choisissant le mal, nus et honteux sous le regard de Dieu !

— Dirais-tu vrai ? murmura le prince. Mais que sommes-nous, alors ? Le meilleur.....

Mais Gotthold l'interrompit. — Il n'y a pas de meilleur dans l'homme. Je ne suis pas meilleur, probablement je ne suis pas pire non plus, que toi ou que ce misérable dormeur. Je ne suis qu'une prétention, une pose, voilà tout. Maintenant tu sais ce que je vaux.

— Ce qui ne change en rien mon affection, répondit Othon doucement. Remplis ton verre, Gotthold : buvons à ce qu'il reste de bon dans cette mauvaise vie. Buvons à notre vieille amitié. Et ensuite oublie tes causes de courroux, quelque justes qu'elles puissent être, et bois avec moi à ma femme, ma femme envers qui j'ai si mal agi, qui a si mal agi envers moi ; que j'ai abandonnée, abandonnée je le crains, je ne le crains que trop, au danger. Qu'importe que nous soyons bons ou mauvais, tant que nous pouvons aimer, être aimés ?

— Voilà, s'écria le docteur, qui est bien parlé ! Voilà la vraie réplique au pessimisme ! Voilà le grand miracle de l'humanité ! Ainsi tu m'aimes encore ? Tu peux pardonner à ta femme ? Maintenant alors nous pouvons crier à la conscience : « Bas, là ! » comme à un chien mal dressé qui jappe aux ombres.

Les deux amis tombèrent dans le silence, le docteur tambourinant des ongles sur son verre vide.

La voiture déboucha rapidement de la vallée sur la corniche qui ceint le front de Grunewald surplombant le territoire de Gérolstein. D'un côté, au bas du talus, glissant entre les pieds de la forêt grimpante, une cascade écumait blanchement à la lueur des étoiles ; au delà, sur la plaine, s'étendait la nuit noire, nue. Du côté de la montagne la lumière des lampes caressait en courant la face des précipices ; les pins rabougris scintillaient un instant de toutes leurs aiguilles pour disparaître aussitôt dans la traînée sombre. Roues et fers tonnaient sur le granit. Parfois, aux tournants rapides du chemin, Othon apercevait de l'autre côté du ravin les cavaliers de l'escorte courant, bien serrés botte à botte, à travers la nuit.

Enfin, au-dessus d'eux, campé sur une avancée hardie et se dessinant fièrement contre le ciel étoilé, apparut le Felsenburg.

— Regarde, Gotthold, dit alors le prince, voilà notre destination !

Gotthold parut sortir d'un songe.

— Je me demandais, fit-il, puisqu'il y a danger, pourquoi tu n'as pas résisté ? On m'a dit que tu es parti de ton propre mouvement. Ne devrais-tu pas plutôt être là, maintenant, pour la protéger ?

Le prince devint tout pâle.

CHAPITRE III

LA PROVIDENCE DE ROSEN. ACTE DERNIER : OU ELLE DISPARAÎT AU GALOP

Quand l'active comtesse sortit, après son entrevue avec Séraphine, ce n'est pas trop de dire qu'elle commençait à avoir terriblement peur. Elle s'arrêta dans le corridor et, en vue de Gondremark, se mit à récapituler ses derniers faits et gestes. En un instant l'éventail se trouva en réquisition. Mais son inquiétude était hors de la portée d'un éventail. — La petite a perdu la tête, pensa-t-elle. Puis elle ajouta, lugubrement : — J'ai été trop loin. Et sur-le-champ elle se décida à la récession.

Or, le *Mons Sacer* de madame de Rosen se trouvait être une certaine villa rustique située dans la forêt, villa que dans un vif moment poétique elle avait nommée Tannen-Zauber, mais que le reste du monde appelait simplement Kleinbrunn.

Ce fut là que, mettant sa pensée en action, elle se fit conduire à bride abattue, après s'être croisée avec Gondremark à l'entrée de l'avenue du palais, sans toutefois avoir l'air de l'apercevoir. Et comme

Kleinbrunn se trouvait à deux bonnes lieues de Mittwalden et au fond d'un étroit vallon, elle passa la nuit sans qu'aucune rumeur de la révolte ne parvînt jusqu'à elle ; les collines avoisinantes interceptaient du reste toute lueur de l'incendie. Cette nuit-là, madame de Rosen ne dormit pas bien. Les conséquences possibles de sa délicieuse soirée l'inquiétaient sérieusement. Elle se voyait déjà condamnée à un séjour prolongé au milieu de sa solitude, ainsi qu'à une longue correspondance défensive, avant de pouvoir oser retourner auprès de Gondremark. D'autre part, elle avait examiné, pour passer le temps, les titres qu'Othon lui avait remis, et là aussi elle avait trouvé cause de désappointement. Par ces temps de troubles elle se sentait assez peu de goût pour la propriété foncière, et de plus elle était persuadée qu'Othon avait payé plus cher que la ferme ne valait. Et, enfin, l'ordre pour la remise en liberté du prince brûlait positivement les doigts de l'intrigante comtesse.

Tout bien considéré, le jour suivant vit une dame, belle et élégante, en amazone et en chapeau à larges bords, tourner bride à la porte du Felsenburg ; non pas, peut-être, avec aucune intention bien claire, mais pour suivre ses habitudes expérimentales sur la vie.

Le gouverneur, Gordon, appelé à la barrière, accueillit la toute-puissante comtesse de son air le plus galant, bien qu'au grand jour du matin il parût singulièrement âgé.

— Ah ! monsieur le gouverneur, dit-elle, nous avons quelques surprises pour vous ! Et elle lui fit un signe de tête plein de signification.

— Eh ! Madame, laissez-moi mes prisonniers ! dit-il. Et si vous vouliez seulement vous joindre à la bande, j'en serais, pardieu, heureux pour la vie !

— Vous me gâteriez, n'est-ce pas ? demanda-t-elle.

— J'essayerais... j'essayerais, répliqua le gouverneur en lui offrant le bras.

Elle accepta, ramassa sa traîne, et, attirant le colonel plus près : — Je viens voir le prince, dit-elle. Non, homme de peu de foi, c'est pour affaire d'Etat !... Un message de ce stupide Gondremark qui me fait courir comme un postillon. Ai-je l'air d'un courrier, monsieur Gordon ? Et elle lui planta un regard droit dans les yeux.

— Vous avez l'air d'un ange, Madame, riposta le gouverneur en prenant les façons d'une galanterie raffinée.

La comtesse éclata de rire : — Un ange à cheval ! dit-elle. Bon train !

— Vous êtes venue, vous avez vu, vous avez conquis, dit Gordon avec un beau geste, et tout charmé de sa propre grâce et de son esprit. Dans la berline, Madame, vous fûtes l'objet de nos toasts : nous bûmes à votre santé force rasades d'un vin excellent... à la plus belle femme, pardieu, et aux plus beaux yeux de Grunewald ! De ma vie je n'ai vu la pareille... qu'une seule fois, dans mon pays à moi, quand j'étais un blanc-bec au collège... Thomasine Haig était son nom. Sur ma parole, je vous assure qu'elle vous ressemblait comme deux gouttes d'eau.

— Ainsi donc vous étiez fort gais, dans cette

berline ? demanda la comtesse en étouffant un bâillement avec beaucoup de grâce.

— Ma foi, oui : la conversation fut des plus agréables. Mais nous prîmes ensemble un verre de plus peut-être que ce brave garçon de prince n'a coutume de boire, dit le gouverneur, et je m'aperçois que ce matin il n'a pas toute sa vivacité ordinaire... Mais nous le regaillardirons avant la soirée. Voici sa porte.

— C'est bien, lui dit-elle tout bas, laissez-moi reprendre haleine... Non, non, attendez ! Tenez-vous prêt à ouvrir la porte !

Et la comtesse, se redressant comme sous une inspiration, développa sa belle voix dans *Lascia ch'io pianga*. Quand elle fut arrivée au point convenable et qu'elle eut donné un essor lyrique à ses soupirs pour la liberté, sur un signe d'elle la porte fut ouverte toute grande, et l'œil brillant, le teint un peu relevé par l'exercice du chant, elle flotta au-devant du prince. Ce fut une belle entrée théâtrale ; et pour le mélancolique prisonnier cette vue fut un rayon de soleil.

— Ah ! Madame, s'écria-t-il en courant à elle. Vous ici !

Elle jeta un coup d'œil significatif à Gordon, et, quand la porte se fut refermée, elle se jeta au cou d'Othon.

— Vous voir ici, vous ! gémit-elle en se cramponnant à lui.

Mais, dans cette enviable situation, le prince se maintint avec quelque raideur, et en un instant la comtesse se fut remise de son accès.

— Mon pauvre enfant, dit-elle, mon pauvre

enfant ! Asseyez-vous ici, près de moi, et racontez-moi tout. Le cœur me saigne vraiment de vous voir ainsi ! Comment se passe le temps ?

— Madame, répliqua le prince en prenant place auprès d'elle et retrouvant toute sa galanterie, le temps ne passera que trop vite jusqu'à votre départ. Mais il faut que je vous demande les nouvelles. Je me suis amèrement reproché mon inertie d'hier soir. Votre conseil était sage : c'était mon devoir de résister... Oui, vos conseils étaient sages et nobles. J'y ai songé depuis avec admiration. Vous avez un noble cœur.

— Othon, dit-elle, épargnez-moi. Etait-ce même bien ? Je me le demande. Mon pauvre enfant, moi aussi j'ai des devoirs à remplir... et quand je vous vois ils s'évanouissent tous, toutes mes bonnes résolutions s'envolent.

— Et les miennes, comme toujours, arrivent trop tard, répondit-il avec un soupir. Oh ! que ne donnerais-je pas pour avoir résisté ! Que ne donnerais-je pas pour la liberté !

— Eh bien !... Que donneriez-vous ? demanda-t-elle. Et l'éventail rouge s'ouvrit. Ses yeux seulement, comme derrière un rempart, brillaient sur lui.

— Moi ! Que voulez-vous dire ? Madame, s'écria-t-il, vous avez quelque nouvelle pour moi !

— Oh !... oh ! dit la dame d'un ton ambigu.

Il se jeta à ses pieds. — Ne badinez pas avec mes espérances ! supplia-t-il. Dites, chère madame de Rosen, dites ! Vous ne sauriez être cruelle, ce n'est pas dans votre nature. Que voulez-vous que je vous donne ? Je n'ai rien à donner... je ne possède rien. Je ne puis que supplier.

— Ne suppliez pas, Othon, ce serait trop. Vous connaissez ma faiblesse. Epargnez-moi ! Soyez généreux !

— Oh ! Madame, dit-il, c'est à vous d'être généreuse, d'avoir pitié. Il lui prit la main et la pressa ; il la couvrit de caresses et de supplications. La comtesse supporta un siège fort agréable, et à la fin se laissa fléchir. Elle se leva soudain, entr'ouvrit fiévreusement son corsage, et jeta à terre l'ordre, encore tout tiède de son sein.

— Voilà ! s'écria-t-elle. Je le lui ai arraché ! Faites-en usage et ma ruine est certaine. Et elle se détourna comme pour voiler l'intensité de son émotion.

Othon se précipita sur le papier en jetant un cri : — Oh ! qu'elle soit bénie... qu'elle soit bénie ! Et il en baisa l'écriture.

La Rosen était d'un naturel singulièrement aimable, mais le rôle commençait à dépasser ses forces. — Ingrat ! s'écria-t-elle. C'est moi qui le lui ai arraché ; pour l'obtenir j'ai trahi mon parti... et c'est elle que vous remerciez !

— Pouvez-vous m'en blâmer ? dit le prince. Je l'aime.

— Eh ! je le vois bien... Tandis que moi ?

— Vous, madame de Rosen, vous êtes l'amie la plus chère, la meilleure, la plus généreuse ! dit-il en se rapprochant d'elle. Vous seriez l'amie la plus parfaite, si vous n'étiez si adorable. Vous qui avez tant d'esprit, vous ne pouvez ignorer le charme que vous exercez. Quelquefois vous

vous amusez à jouer avec ma faiblesse, et quelquefois aussi je prends plaisir à cette comédie... Mais pas aujourd'hui. Aujourd'hui vous vous montrerez l'amie loyale, sérieuse, l'amie solide, et vous souffrirez que j'oublie que vous êtes belle et que je suis faible. Voyons, chère comtesse, aujourd'hui laissez-moi me reposer sur vous.

Il lui tendit la main en souriant et elle la prit franchement. — Je crois, en vérité, que vous m'avez ensorcelée, dit-elle. Puis, avec un éclat de rire, elle ajouta : — Allons, je brise ma baguette de fée, et il ne me reste plus qu'à vous faire mon meilleur compliment : vous vous êtes acquitté là d'un discours bien difficile à faire. Vous êtes aussi adroit, mon prince, que je suis... charmante. Et appuyant avec une profonde révérence sur ce dernier mot, certes elle en prouva toute la vérité.

— Ce n'est pas bien maintenir le traité, madame, dit le prince en saluant, que de vous montrer si belle.

— C'est mon dernier trait, répondit-elle. Je suis désarmée. Je ne tire plus qu'à poudre, ô mon prince ! Et maintenant j'ai à vous dire ceci : si vous vous décidez à quitter la prison, vous êtes libre, et je suis perdue. Choisissez !

— Madame de Rosen, répondit le prince, c'est tout choisi, et je pars. Le devoir m'appelle, devoir trop négligé par la Tête-de-Plume. Mais, n'ayez crainte, vous n'y perdrez rien. Je propose, au contraire, que vous me meniez, comme un ours enchaîné, au baron de Gondremark. J'ai perdu toute vergogne ; pour sauver ma femme je ferai tout ce qu'il pourra réclamer ou imaginer... Il sera satisfait au gré de son appétit. Fût-il énorme comme le Léviathan, rapace comme la tombe, je le contenterai. Et vous, la fée de notre pièce, vous en aurez tout l'honneur.

— Accepté ! s'écria-t-elle. Admirable ! Dorénavant plus de Prince Charmant, mais bien Prince Sorcier, Prince Solon. Partons de suite. Mais... ajouta-t-elle en se reprenant, une minute ! Laissez-moi, cher prince, vous rendre ces titres ! Ce fut vous qui eûtes cette fantaisie pour la ferme, moi je ne l'ai jamais vue. Ce fut votre désir de rendre service à ces paysans... Et puis, poursuivit-elle avec un changement de ton comique, je préférerais de l'argent comptant.

Ils se mirent tous deux à rire. — Me voici donc de nouveau fermier, dit Othon en prenant les papiers, et écrasé de dettes !

La comtesse toucha un timbre, et le gouverneur reparut.

— Monsieur le Gouverneur, dit-elle, je vais m'enfuir avec Son Altesse. Le résultat de notre entrevue est que nous nous entendons en tous points, et que le coup d'Etat est fini. Voici l'ordre.

Le colonel Gordon ajusta ses besicles d'argent sur son nez. — Oui, dit-il, la princesse, c'est fort bien. Mais le mandat, madame, était contresigné.

— Par Henri, dit la Rosen. C'est vrai, et je suis ici pour le représenter.

— Eh bien, Altesse, reprit l'officier de fortune,

il ne me reste plus qu'à vous féliciter de l'avantage que je perds, moi. Vous voilà repris d'assaut par la beauté, et je demeure seul à m'en lamenter. Le docteur, pourtant, me reste encore, *probus, doctus, lepidus, jucundus...* un homme lettré.

— Eh! oui, il n'est rien dit, en effet, touchant ce pauvre Gotthold, fit le prince.

— La consolation du gouverneur ? Voudriez-vous donc le laisser absolument dénué ?

— Altesse, reprit Gordon, oserai-je espérer que durant cette éclipse temporaire vous m'avez vu remplir mon rôle avec tout le respect convenable, avec tact, même, pourrais-je ajouter ? C'est avec intention que j'ai adopté ces façons enjouées. Il m'a semblé que la gaieté et le bon vin seraient les meilleurs adoucissements.

— Colonel, dit Othon en lui tendant la main, votre compagnie suffisait. Je ne vous remercie pas seulement de votre agréable humeur, j'ai encore à vous remercier d'une leçon de philosophie dont j'avais quelque peu besoin. J'espère bien que ceci ne sera pas notre dernière entrevue ; en attendant, et en souvenir de notre singulière rencontre, laissez-moi vous offrir ces vers dont je m'occupais justement tout à l'heure. Je suis si peu poète, et les barreaux d'une prison m'ont si mal inspiré, que ces lignes pourront passer au moins pour une curiosité.

La physionomie du colonel s'éclaircit quand il reçut le papier : les besicles d'argent remontèrent à la hâte sur son nez. — Ah! dit-il, des alexandrins, c'est la mesure tragique. Altesse, je chérirai ceci comme une relique... Je ne devrais sans doute pas affirmer cela moi-même, mais vous ne sauriez vraiment me faire un cadeau mieux choisi !

> Dieux de l'immense plaine et des vastes forêts...

Excellent, dit-il. Parfait !

> ..... Et du geôlier lui-même apprendre des leçons.

Pardieu, voilà qui est fort civil !

— Allons, allons, monsieur le Gouverneur, vous pourrez lire ces vers quand nous serons partis. Ouvrez vos grilles rancunières ! s'écria la comtesse.

— Mille-pardons ! dit le colonel. Mais ces vers, voyez-vous, pour un homme de mon caractère, un homme de mes goûts... Et cette allusion si courtoise, cela me touche singulièrement, je vous assure. Puis-je vous offrir une escorte ?

— Non, non, répondit la comtesse, nous nous en allons *incognito*; tout comme nous sommes venus. Nous partirons ensemble, à cheval ; le prince prendra la monture du domestique. Vitesse et secret, c'est là tout ce que nous désirons, monsieur le colonel. Et elle prit les devants avec impatience.

Mais Othon avait encore à faire ses adieux au docteur Gotthold. Et le gouverneur, qui les suivait tenant ses lunettes d'une main et de l'autre son bout de papier, avait encore à faire part de son trésor poétique, morceau par morceau, à chaque personne qu'il rencontrait au fur et à mesure qu'il réussissait à déchiffrer le manuscrit. Et toujours son enthousiasme allait croissant. — Ma parole ! s'écria-t-il enfin avec tout l'air d'un homme qui vient de trouver le mot d'un mystère, ma parole, cela me rappelle les vers de Robbie Burns !

Tout cependant a une fin ; Othon finit par se retrouver aux côtés de madame de Rosen, marchant le long de la muraille de montagnes, pendant que le domestique suivait avec les deux chevaux. Autour d'eux, la lumière et la brise, le vol libre des oiseaux, les grands espaces du ciel et la vue immense ; tout près, les broussailles et les rochers hardis, le son et la voix des torrents ; au loin, l'émeraude de la plaine qui se fondait dans le saphir de l'horizon.

D'abord ils marchèrent en silence, car bien qu'il tâchât de temps en temps de se préparer à son en- entrevue avec Gondremark, l'esprit d'Othon était rempli des délices de la liberté et de la nature. Mais aussitôt qu'ils eurent contourné le premier promontoire escarpé, et que le Felsenburg eut disparu derrière la masse rocheuse, la dame s'arrêta.

— Ici, dit-elle, nous allons faire mettre pied à terre à ce pauvre Carl, et vous et moi nous allons piquer des deux. J'adore une course folle avec un bon compagnon.

Comme elle disait ces mots, juste au-dessous d'eux, au tournant de la route en lacet, apparut une berline de voyage qui s'avançait lourdement sur ses roues grinçantes : un peu à l'avance marchait un voyageur, posément, tranquillement, un carnet à la main.

— C'est Sir John ! s'écria Othon. Et il l'appela.

Aussitôt le baronnet remit son carnet dans sa poche, et regarda à travers un lorgnon. Puis il fit un signal de sa canne, et alors, lui de son côté et de l'autre Othon et la comtesse, avancèrent en hâtant le pas. La rencontre se fit à l'angle rentrant où un mince ruisseau faisait cascade le long d'une roche et s'éparpillait en pluie parmi les buissons. Le baronnet salua le prince avec la plus scrupuleuse formalité. Devant la comtesse, au contraire, il s'inclina avec un air d'étonnement moqueur.

— Est-il possible, Madame, demanda-t-il, que vous n'ayez pas appris les nouvelles ?

— Quelles nouvelles ? fit madame de Rosen.

— Nouvelles de première importance, répliqua sir John. Révolution dans l'Etat, la République proclamée, le palais brûlé de fond en comble, la princesse en fuite, Gondremark blessé.

Elle poussa un cri. — Henri... blessé !

— Blessé et souffrant le martyre, dit Sir John. Ses gémissements...

Des lèvres de la dame jaillit un jurement si énorme, qu'il eût fait, à des heures moins agitées, tressauter ses auditeurs. Elle courut à son cheval, grimpa en selle, et, sans même prendre le temps d'assurer son assiette, se mit à descendre la route au grand galop. Après un instant de surprise, le palefrenier se lança à sa poursuite. Leur impétueux passage effraya les chevaux de la berline qui faillirent se précipiter au bas de la roche. Elle continuait toujours sa course furieuse, dont les pierres renvoyaient l'écho, toujours suivie du domestique qui en vain cravachait sa monture pour la rejoindre. Au quatrième tournant une femme qui montait péniblement la route se rejeta en arrière en poussant un cri, et n'échappa à la mort que de l'espace de quelques doigts. Mais la comtesse n'avait ni un regard ni une pensée à gaspiller sur de pareils incidents : elle courait toujours à bride abattue, dévalant en zigzags l'escarpe de la montagne, et toujours le domestique s'efforçait à sa poursuite.

— Une dame fort impulsive ! dit Sir John. Qui aurait jamais pensé qu'elle se souciât de lui ?

Mais avant de pouvoir achever ces paroles, il se débattait déjà dans l'étreinte du prince.

— Ma femme ! la princesse !... Qu'en savez-vous ?

— Elle est là-bas, sur la route, fit Sir John d'une voix entrecoupée. Je l'ai quittée il y a vingt minutes.

Un moment plus tard, cet écrivain, à demi étouffé, se trouvait seul : le prince avait pris sa course, et dévalait la montagne derrière la comtesse.

CHAPITRE IV

ENFANTS PERDUS

Pendant que les pieds du prince couraient ainsi à toute vitesse, son cœur, qui d'abord avait de beaucoup devancé sa course, commençait à faiblir. Non pas qu'il eût cessé de s'apitoyer sur le malheur de Séraphine, ni qu'il ne désirât moins fiévreusement la revoir, mais le souvenir de sa froideur inexorable s'était réveillé en lui, et avait réveillé à son tour le manque d'assurance qui lui était habituel.

S'il avait accordé à Sir John le temps de tout dire, s'il avait seulement su qu'elle se dirigeait en toute hâte vers le Felsenburg, il serait allé, à sa rencontre avec ardeur. Mais dans les circonstances actuelles il commençait à se voir lui-même jouant encore une fois son rôle d'intrus, ayant l'air peut-être de profiter du malheur de sa femme et d'offrir, maintenant qu'elle était tombée, des caresses odieuses à celle qui, en temps prospères, l'avait repoussé avec mépris. Les plaies de sa vanité recommençaient à lui cuire ; de nouveau sa colère accaparait les façons d'une générosité hostile : oui, sans doute, il pardonnerait, il pardonnerait tout à fait ; il porterait aide à cette épouse sans amour ; il la sauverait, la consolerait ; mais il ferait tout cela avec une froide abnégation, imposant silence à son cœur, respectant la désaffection de Séraphine comme il eût respecté l'innocence d'un enfant.

C'est ainsi que, lorsqu'à l'un des tournants de la route il aperçut enfin la princesse, sa première idée fut de la rassurer au sujet de la pureté parfaite de son respect. Et sur-le-champ il cessa de courir au-devant d'elle, et s'arrêta net. Elle de son côté, poussant un petit cri, s'était mise à courir vers lui. Mais, en le voyant s'arrêter, elle s'arrêta aussi, frappée de remords, et enfin, timidement, comme une coupable, elle s'avança près de l'endroit où il se tenait.

— Othon, dit-elle, j'ai tout détruit !

— Séraphine ! fit-il, avec un cri comme un sanglot. Mais il ne bougea pas, retenu en partie par ses résolutions, en partie aussi frappé de stupeur par l'air de lassitude et le désordre de la jeune femme. Si alors elle eût gardé le silence, nul doute qu'ils ne fussent bientôt tombés dans les bras l'un de l'autre. Mais elle aussi s'était préparée à l'entrevue, et il fallut qu'elle gâtât cette heure d'or par des protestations.

— Tout, poursuivit-elle, j'ai tout détruit. Mais par pitié, Othon, écoutez-moi. Laissez-moi, non pas justifier, mais reconnaître mes fautes. La leçon a été si cruelle, j'ai eu le temps de faire de si amères réflexions, je vois le monde si changé ! J'ai été aveugle, aveugle comme les pierres. J'ai dédaigné le vrai bonheur, et vécu de chimères.

Mais quand le rêve s'est envolé, quand je vous eus trahi et quand je crus avoir tué... Elle s'arrêta.

— J'ai cru avoir tué Gondremark, fit-elle, devenant toute rouge ; et alors je me suis trouvée seule, comme vous l'aviez prédit.

Le nom de Gondremark piqua comme un éperon la générosité du prince.

— Eh bien, s'écria-t-il, et à qui la faute sinon à moi ? Que vous m'aimiez ou non, mon devoir était d'être à vos côtés. Mais j'étais fainéant, jusqu'à la moelle des os : il m'était plus aisé de vous abandonner, que de vous résister. Jamais je n'ai pu pratiquer ce qu'il y a de plus beau dans l'amour... combattre pour l'amour. Et pourtant, il était bien là, cet amour ! Maintenant qu'est tombé notre petit royaume pour rire, ruiné par mes démérites d'abord et ensuite par votre inexpérience... maintenant que nous sommes seuls ensemble, pauvres comme Job, un homme, une femme, rien de plus, laissez-moi vous conjurer de pardonner à la faiblesse et de vous reposer sur l'amour. Comprenez-moi bien ! s'écria-t-il, voyant qu'elle allait parler, et de la main lui imposant silence : — Mon amour est changé, il est purifié de toute prétention conjugale ; il ne demande pas, n'espère pas, ne désire même pas qu'on lui rende la pareille. Oubliez pour toujours le rôle dans lequel je vous ai tellement déplu, et acceptez avec franchise l'affection d'un frère !

— Othon, vous êtes trop généreux, dit-elle. Je sais que je ne mérite pas votre amour, je ne dois pas accepter ce sacrifice. Mieux vaut me quitter. Oh ! partez, et laissez-moi à mon sort !

— Non pas, dit Othon. Il faut d'abord nous tirer de ce guêpier où je vous ai conduite; mon honneur y est engagé. Je disais tout à l'heure que nous étions pauvres comme Job... mais voyez, pourtant : non loin d'ici je possède une maison où je vais vous conduire. Puisque Othon le Prince est à bas, il nous faut essayer ce que peut faire Othon le Chasseur. Voyons, Séraphine, montrez que vous me pardonnez, et occupons-nous de cette évasion... et allons-y aussi gaiement que possible. Vous disiez autrefois, chère amie, que, sauf comme époux et comme prince, j'étais un assez gentil compagnon. Je ne suis plus ni prince ni mari, vous pouvez donc sans remords agréer ma compagnie. Allons, voyons, ce serait sottise que de nous laisser prendre. Pouvez-vous encore marcher ? Oui ? Eh bien, en route !

Et il commença à prendre les devants.

Un peu plus bas, la route passait par une seule arche au-dessus d'un ruisseau assez considérable. Le long de cette eau babillarde, au fond d'une gorge verdoyante, descendait un sentier, ici rocheux, raboteux, s'accrochant aux flancs du ravin, là embarrassé de broussailles, ou bien encore s'étendant pendant quelques pas sur un gazon frais et uni, véritable rond-point des lutins. On voyait l'eau sourdre comme d'une éponge le long des parois de la montagne; le ruisseau, augmentant toujours de force et de volume, à chaque ressaut plongeait plus lourdement, formait un tourbillon plus large. Ce petit cours d'eau avait travaillé dur et longtemps, et sur son chemin avait accompli de grandes et admirables transformations;

il s'était creusé un chemin au travers de la roche intraitable, et maintenant, soufflant comme un dauphin, s'en élançait par l'orifice ; le long de ses humbles rives il avait miné les gros arbres forestiers à leur base, pour les emporter en radeaux, et dans ces rudes clairières, il avait introduit et cultivé des plates-bandes de primevères, planté des bocages de saules, et accordé sa faveur aux bouleaux argentés.

C'était parmi ces aimables décors que le sentier, compagnon civilisé du torrent, faisait descendre nos deux voyageurs : Othon passant le premier, mais s'arrêtant toujours aux endroits les plus difficiles pour prêter son assistance, et la princesse le suivant. De temps à autre, quand il se retournait pour l'aider, le visage de Séraphine s'illuminait à la vue du sien, ses yeux presque désespérés l'appelaient amoureusement. Lui, il voyait, mais n'osait comprendre. « Elle ne m'aime pas, se disait-il avec magnanimité... ce n'est que le remords, que la reconnaissance... ce ne serait pas d'un galant homme, ce ne serait pas même d'un homme loyal, de présumer de ces concessions compatissantes. »

A quelque distance, sur la descente du vallon, le torrent déjà assez puissant se trouvait soudainement barré par une digue grossière, et un tiers environ de ses eaux était détourné par une conduite de bois. L'onde limpide, cousine germaine de l'air, courait gaiement le long de ce rude aqueduc dont elle avait tapissé les flancs et le fond de plantes vertes. Le sentier, lui tenant compagnie de près, s'allongeait entre les églantiers et les roses sauvages. Bientôt, un peu à l'avance, le toit brun d'une maison et une grande roue à aubes, éparpillant des diamants au soleil, se montrèrent dans l'étroite ouverture de la gorge ; et au même instant la musique ronflante de la scierie commença à rompre le silence.

Entendant le bruit de leurs pas, le scieur se montra à sa porte, et, ainsi qu'Othon lui-même, fit un mouvement de surprise.

— Bonjour, scieur ! dit le prince. Il paraît que vous aviez raison et que j'avais tort. Je vous en apporte la nouvelle et vous conseille d'aller à Mittwalden. Mon trône s'est écroulé (grande en fut la chute !) et vos bons amis du Phénix sont à présent au pouvoir.

La figure rouge du scieur prit une expression de suprême étonnement. — Et Votre Altesse ?... fit-il d'une voix entrecoupée.

— Mon Altesse se sauve, dit le prince, droit à la frontière.

— Vous quittez Grunewald ! s'écria l'homme. Le fils de votre père... ce n'est pas chose à permettre !

— Alors vous nous arrêtez, l'ami ? demanda Othon en souriant.

— Vous arrêter, moi ! se récria l'homme. Pour qui Votre Altesse me prend-elle ? Mais, Monseigneur, il n'y a pas âme qui vive en Grunewald capable de mettre la main sur vous... Ça, je vous le certifie.

— Oh ! que si ! Bien des gens, au contraire, bien des gens. Mais de vous, qui m'avez montré tant de hardiesse au temps de ma puissance, j'attendrais plutôt de bons offices aujourd'hui dans ma détresse.

La figure du scieur prit une couleur de betterave.

— Ça, vous pouvez bien le dire, fit-il. Et en attendant, veuillez, vous et votre dame, entrer dans ma maison.

— Nous n'en avons pas le temps, répondit le prince, mais si vous vouliez avoir l'obligeance de nous donner ici même une coupe de vin, vous nous feriez plaisir, et nous rendriez un service du même coup.

Encore une fois le scieur rougit jusqu'à la nuque. Il se hâta d'apporter une cruche de vin et trois verres de cristal brillant. Votre Altesse, dit-il, ne doit pas supposer que j'aie l'habitude de boire. Cette fois-là, quand j'eus le malheur de vous rencontrer, j'étais un peu gris, ça je l'avoue : mais un homme plus sobre que moi d'habitude, je ne sais trop guère où vous le trouveriez. Même ce verre que je bois à votre santé (et à celle de la dame) est un agrément tout à fait extraordinaire.

On but le vin selon tous les rites de la courtoisie rustique; puis, refusant toute autre offre d'hospitalité, Othon et Séraphine continuèrent la descente du vallon qui, à cet endroit, commençait à s'élargir, et à se laisser envahir par les arbres de plus grande taille.

— Je devais une réparation à cet homme, fit observer le prince. Car lorsque nous nous rencontrâmes je me mis dans mon tort et lui fis un sanglant affront. J'en juge par moi-même sans doute, mais je commence à croire qu'une humiliation ne saurait faire de bien à personne.

— C'est parfois une leçon nécessaire, répondit-elle.

— Eh! mon Dieu... fit-il, péniblement embarrassé. Mais... songeons plutôt à notre sécurité. Mon scieur est très bien, mais je ne voudrais pas me reposer trop sur lui. Si nous suivons cette eau, elle nous mènera, mais après des tournants sans nombre, jusqu'à ma maison. Ici au contraire, en montant par cette clairière, nous trouverons un chemin plus court. Pour la solitude, c'est comme le bout du monde : à peine si les daims même le visitent. Etes-vous trop fatiguée, ou pensez-vous pouvoir passer par là?

— Choisissez le chemin! Othon. Je vous suis, dit-elle.

— Non, répliqua-t-il, d'un air et d'un ton singulièrement ébahi. Je voulais seulement dire que le sentier est rude; dans toute sa longueur ce n'est que futaies et ravines, et les ravines sont aussi profondes qu'épineuses.

— Montrez le chemin! dit-elle encore. N'êtes-vous point Othon le Chasseur?

Ils avaient percé le voile d'un épais taillis, et venaient de pénétrer sur une pelouse de la forêt, verte et vierge, entourée d'arbres solennels. Othon s'arrêta sur le bord, et regarda avec délice autour de lui; puis ses regards retournèrent à Séraphine qui, encadrée par cette douceur sylvestre, contemplait son époux avec des yeux inscrutables. Une défaillance de corps et d'âme s'appesantit sur lui, comme l'approche du sommeil : les cordes de son activité se détendirent, ses yeux s'attachèrent sur elle. — Reposons-nous! dit-il, et il la fit asseoir et prit place lui-même auprès d'elle, sur la pente d'un tertre.

Elle s'assit, les yeux baissés, comme une vierge attendant l'appel de l'amour, tiraillant le gazon de ses doigts effilés. La voix de la brise, se jouant dans la forêt, grandissait et se mourait, se rapprochait d'eux à la course pour s'éteindre au loin en murmures affaiblis. Plus près, sous la haute ramée, un oiseau chantait d'une voix inquiète, entrecoupée. Tout cela était comme un prélude hésitant : il semblait à Othon que le cadre de la nature entière attendait ses paroles, et toujours l'orgueil le retenait dans le silence. Plus il regardait cette main blanche et fine arrachant les brins d'herbe, plus le combat devenait dur entre l'orgueil et son bienfaisant adversaire.

— Séraphine, dit-il enfin, il importe que vous sachiez une chose : jamais je... Il allait dire : Jamais je ne vous ai soupçonnée. Mais était-ce bien vrai ? Et même, eût-ce été vrai, était-ce généreux d'en parler ? Il se fit un silence.

— Dites, je vous en prie, fit Séraphine. Par pitié, dites !

— Je voulais seulement dire, reprit-il, que je comprends tout, et que je ne puis vous blâmer. Je comprends combien la femme courageuse doit mépriser l'homme faible. Je crois que sur certains points vous eûtes tort, mais j'ai essayé de comprendre, et j'ai compris. Point n'est besoin d'oublier ni de pardonner, Séraphine, car j'ai tout compris.

— Je sais ce que j'ai fait, dit-elle. Je ne suis pas assez faible pour me laisser tromper par des paroles bienveillantes. Je sais ce que j'ai été... Je me vois moi-même. Je ne mérite pas même votre colère, comment mériterais-je votre pardon ? Dans toute cette catastrophe et toute cette misère, je ne vois que vous et moi, vous tel que vous avez toujours été, moi telle que j'étais alors... moi surtout. Oh! oui, je me vois : et que dois-je penser!

— Eh bien alors, dit Othon, changeons de rôles. C'est à nous-mêmes que nous ne savons pardonner quand nous nous refusons le pardon l'un à l'autre... ainsi me l'assurait un ami hier soir. Sur ces données, jugez avec quelle **générosité** je me suis pardonné à moi-même! Mais ne puis-je aussi trouver le pardon auprès de vous? Allons, pardonnez-vous... et pardonnez-moi!

En paroles elle ne répondit rien, mais elle étendit la main vers lui d'un geste rapide. Il s'en saisit, et les doigts satinés de la jeune femme disparurent, doucement nichés, entre les siens. Et l'amour passa et repassa de l'un à l'autre, en courants de tendresse et de rénovation.

— Séraphine, s'écria-t-il, oh! oublions le passé, laissez-moi vous servir, vous aider! Laissez-moi être votre esclave! Il me suffit de vous servir, d'être près de vous... Laisse-moi rester auprès de toi, chérie, ne me renvoie pas!

Il précipitait ses supplications comme un enfant effrayé. — Ce n'est pas de l'amour, dit-il je ne demande pas de l'amour, le mien suffit.

— Othon!... fit-elle, d'un ton de douleur.

Il leva la tête : le visage de Séraphine était transformé par une extase de tendresse mêlée d'angoisse. Ses traits, ses yeux surtout, tout changés, s'éclairaient de la lumière même de l'amour.

— Séraphine!... s'écria-t-il, puis encore une fois et d'une voix sourde : Séraphine!...

— Regardez autour de vous! dit-elle. Voyez cette clairière où les feuilles grandissent sur les jeunes arbres, où les fleurs commencent à se montrer... c'est ici que nous nous rencontrons, que nous nous rencontrons pour la première fois. Il vaut tellement mieux oublier, et renaître. Oh! je le vois, il est une tombe pour nos péchés : la miséricorde de Dieu, l'oubli de l'homme!...

— Séraphine, dit-il, qu'il en soit ainsi! Que tout ce qui a été ne soit plus pour nous qu'un rêve mensonger! Laissez-moi, comme un étranger, tout recommencer. J'ai fait un rêve, un long rêve, dans lequel j'aimais une jeune femme, belle et cruelle, en tout supérieure à moi, mais toujours froide comme la glace... Et de nouveau je rêve, je rêve qu'elle est toute changée, qu'elle s'est attendrie, qu'elle s'est réchauffée au feu de la vie, et qu'elle m'accueille. Et moi, qui n'ai d'autre mérite que mon amour d'esclave sans force, je reste là serré contre elle, n'osant faire un mouvement, crainte de me réveiller...

— Reste... près de moi... plus près! fit-elle, d'une voix profonde et altérée.

. . . .

C'est ainsi qu'ils se parlaient, au milieu des bois printaniers. Et pendant ce temps, à l'hôtel de ville de Mittwalden, on proclamait la République.....

POST-SCRIPTUM BIBLIOGRAPHIQUE POUR COMPLÉTER LE RÉCIT

Le lecteur bien renseigné sur l'histoire moderne n'aura besoin d'aucun détail touchant le sort de la République. Le meilleur exposé s'en trouve dans les Mémoires de M. Greisengesang (7 vol., Leipsig), rédigés par notre connaissance de passage le licencié Rœderer. M. Rœderer, avec trop de licence littéraire, fait faire à son héros puissante figure, le pose en Jupiter Tonnant, le représente comme le pivot de toute l'affaire. Mais, à part ce biais, son livre est complet et bien écrit.

Le lecteur connaît naturellement l'ouvrage de sir John Crabtree (2 vol., Londres : Longman, Hurst, Rees, Orme and Brown), ces pages si saines, si pleines de vigueur. Sir John, qui dans l'orchestre de ce roman historique, ne joue guère que du mirliton, s'attribue dans son livre le gros basson. Sa personnalité y apparaît peinte à grands traits, et la sympathie de Landor a contresigné l'admiration du public. Il est un point cependant sur lequel une explication semblerait nécessaire : le chapitre traitant de Grunewald fut, on se le rappelle, déchiré dans les jardins du palais, et de la main même de l'auteur. Comment alors se fait-il qu'il soit venu figurer en entier dans mes modestes pages, et comme le lion, pour ainsi dire, de la caravane ? Le fait est que cet éminent littérateur était homme de méthode : Juvénal en partie double, ainsi qu'on l'a irrévérencieusement appelé ; et quand il déchira les cahiers en question, ce fut plutôt, ainsi qu'il l'a expliqué depuis, avec le désir de donner quelque preuve dramatique de sa sincérité, qu'avec l'idée de les détruire absolument. Il possédait en effet à cette époque deux brouillons raturés, ainsi qu'une autre copie au net. Le chapitre fut cependant, comme le sait le lecteur, exclu en toute loyauté de ces fameux *Mémoires touchant Diverses Cours de l'Europe*. C'est à moi qu'il a appartenu de le donner au public.

La bibliographie nous permet encore d'obtenir quelques renseignements sur quelques-uns de nos personnages. J'ai en ce moment sous les yeux un petit volume (sans lieu ni date, non mis dans le commerce) intitulé : *Poésies, par Frédéric et Amélie*. Mon exemplaire est un de ceux présentés par l'auteur à divers de ses amis, et fut obtenu pour moi par M. Bain, du Haymarket. Le nom du premier propriétaire y est inscrit de la main même du prince Othon. L'épigraphe modeste : *La rime n'est pas riche*, peut, avec assez de probabilité, être attribuée au même auteur. Elle possède du reste une singulière justesse, car j'ai trouvé le volume fort ennuyeux. Les morceaux où j'ai cru trouver la main de la princesse sont particulièrement lourds et laborieux. Ce petit livre eut néanmoins un succès suffisant auprès du public auquel il était adressé, et j'ai rencontré certaines indications de l'existence d'un second effort du même genre, maintenant introuvable. Ici, du moins, nous pouvons prendre congé d'Othon et de Séraphine, que dis-je ? de *Frédéric* et d'*Amélie*, qui vieillissent tranquillement côte à côte, à la cour du père de la princesse, enfilant des rimes françaises et corrigeant ensemble leurs épreuves.

Toujours suivant les catalogues de livres, je remarque que M. Swinburne a dédié une ode vibrante et quelques sonnets pleins d'énergie à la mémoire de Gondremark. Ce nom se rencontre au moins deux fois dans les fanfares au son desquelles Victor Hugo énumère la phalange des grands patriotes. Et dernièrement, comme je supposais déjà ma tâche terminée, je tombai de nouveau sur la piste du politique renversé et de sa comtesse. Ce fut dans le *Journal de J. Hogg Cotterill, Esquire* (cet ouvrage si intéressant.)

Etant à Naples, M. Cotterill est « présenté (27 mai) à un baron et à une baronne de Gondremark : lui, un homme qui autrefois fit du bruit dans le monde ; elle, encore belle ; tous deux gens d'esprit. Elle me fit compliment sur mon français : jamais elle ne m'aurait pris pour Anglais, avait fort connu mon oncle, sir John, en Allemagne, reconnaissait en moi, comme un trait de famille, quelque chose de son grand air et de sa courtoisie étudiée, et me pria de la venir voir ». Et de nouveau (30 mai) : « Rendu visite à la baronne de Gondremark, — visite fort agréable. — Une femme excessivement intelligente, d'un esprit raffiné ; tout à fait de cette vieille école qui, hélas !

n'existe plus maintenant ; a lu mes *Remarques sur la Sicile* qui lui rappellent la manière de mon oncle, mais avec plus de grâce. Exprimé ma crainte qu'elle n'y eût rencontré moins de vigueur ; m'a assuré que non : une façon plus avenante de représenter les choses, plus de grâce littéraire, mais bien la même force de conception. Bref, juste ce que m'en disait Buttonhole. Fort encouragé. Je ressens une estime réelle pour cette patricienne. »

Ces rapports, apparemment, durèrent quelque temps, et quand M. Cotterill partit à la suite de Lord Protocol (et à bord du vaisseau de l'amiral Yardarm, ainsi qu'il a soin de nous en faire part) ; une des choses qui lui causèrent le plus de regrets fut de quitter « cette femme si spirituelle et si sympathique, qui me considère déjà comme son frère cadet ».

FIN

TABLE DES MATIÈRES

	Pages
Dédicace du Traducteur.	v
Dédicace de l'Auteur.	xv

LIVRE PREMIER

Prince errant.

I. Où le prince part en quête d'aventures.	3
II. Où le prince joue le rôle d'Haroun-al-Raschid.	9
III. Où le prince console l'âge et la beauté, et prêche la discrétion en matière d'amour.	24
IV. Où le prince, chemin faisant, récolte quelques opinions.	39

LIVRE DEUXIÈME

De l'Amour et de la Politique.

I. Ce qui advint dans la bibliothèque.	59
II. La cour de Grunewald. Fragment du manuscrit de l'étranger.	75
III. Le prince et le voyageur anglais.	84
IV. Pendant que le prince fait antichambre.	95
V. .....Gondremark est chez Madame.	103
VI. Le prince fait une conférence sur le mariage, avec commentaires pratiques sur le divorce.	113
VII. Le prince dissout le Conseil.	126

TABLE DES MATIÈRES

VIII. Le parti de la guerre se décide à agir. 139
IX. Le prix de la ferme de la Rivière, ou la gloriole est suivie de déboire. 149
X. Gotthold revise son opinion : chute complète. 166
XI. La Providence de Rosen. Acte premier : elle entortille le baron. 179
XII. La Providence de Rosen. Acte deuxième : elle informe le prince. 188
XIII. La Providence de Rosen. Acte troisième : elle éclaire Séraphine. 203
XIV. Où l'on raconte la cause et le commencement de la révolution 213

LIVRE TROISIÈME

Heureuse infortune.

I. La princesse Cendrillon. 231
II. Où il est traité d'une vertu chrétienne. 256
III. La Providence de Rosen. Acte dernier : où elle disparait au galop. 265
IV. Enfants perdus. 278

Post-scriptum bibliographique pour compléter le récit. 289

www.ingramcontent.com/pod-product-compliance
Lightning Source LLC
Chambersburg PA
CBHW071507160426
43196CB00010B/1449